U0084225

古典文獻研究輯刊

三九編

潘美月·杜潔祥 主編

第 7 冊

續經義考·春秋之部
（第四冊）

周懷文 著

國家圖書館出版品預行編目資料

續經義考・春秋之部(第四冊)／周懷文 著 -- 初版 -- 新北市：
花木蘭文化事業有限公司，2024〔民 113〕
目 4+236 面；19×26 公分
（古典文獻研究輯刊 三九編；第 7 冊）
ISBN 978-626-344-927-5（精裝）
1.CST：春秋（經書）2.CST：研究考訂
011.08   113009705

ISBN-978-626-344-927-5

古典文獻研究輯刊
三九編　第七冊　　　　　　　　ISBN：978-626-344-927-5

續經義考・春秋之部
（第四冊）

作　　者　周懷文
主　　編　潘美月、杜潔祥
總 編 輯　杜潔祥
副總編輯　楊嘉樂
編輯主任　許郁翎
編　　輯　潘玟靜、蔡正宣　美術編輯　陳逸婷
出　　版　花木蘭文化事業有限公司
發 行 人　高小娟
聯絡地址　235 新北市中和區中安街七二號十三樓
　　　　　電話：02-2923-1455 ／傳真：02-2923-1400
網　　址　http://www.huamulan.tw 信箱 service@huamulans.com
印　　刷　普羅文化出版廣告事業
初　　版　2024 年 9 月
定　　價　三九編 65 冊（精裝）新台幣 175,000 元

版權所有・請勿翻印

續經義考・春秋之部
（第四冊）

周懷文　著

目
次

L

來集之　四傳權衡　一卷　存

國圖、清華、中科院、南京、浙江、湖北藏順治九年（1652）蕭山來氏倘湖小築刻來子談經本

◎《明史》卷九十六《志》第七十二《藝文》一《春秋》：來集之《春秋志在》十二卷、《四傳權衡》一卷。

◎鄭方坤《經稗》卷八「鄭商人賈人」條引。

賴朝會　春秋略談　二卷　佚

◎同治《寧化縣志》卷四《人物志·藝文總目》四：賴朝會《四書尊聞》（艾南英序）、《春秋略談》二卷。

◎黎士弘《四書尊聞序》〔註1〕：此故寧化文學時見賴君所著之《四書尊聞》也。君名朝會，縣廩生。時邑人李西元仲，名噪海內。學使者前後按試，率第一。李公，他人士無敢抗行齒立，惟時見起，孤生年少，名在季、孟間。予為諸生也，早曾數面時見，通眉廣，皙白如玉，才氣飆發，時時屈坐人。寧邑故有田丁之亂。順治癸巳十月，叛丁詭稱原與邑人輸平講好。時見恃其丰采言論，可以一二語折服解紛，輕身墮術中，遂為見殺，死最慘。妻寡子幼，生平著述半零落無存。今所傳唯《尊聞》一書，以注為經，以己說為緯，通疑析義。其言之至者，往往達於精微。前明當辛巳、壬午間，秦楚寇盜縱橫，徵調星火，又邑叛民環伺肘腋，破城掠帑，如其取寄。乃時見方吮毫伸紙，取四子

〔註1〕錄自曾曰瑛《汀州府志》卷之三十九《藝文》一。

之書，朱標墨識，若甚有不可已之事者，亦可謂迂闊而遠於事情。且其時文體破壞，莊墨申韓諸書，下至稗官野史梵書道藏，皆可詮注行間，獵取上第。時見則獨斤斤執守，力持異說，句分章解，以始終繼述紫陽之緒論，豈不偉哉？東鄉艾千子兩過寧都，與時見相知，握手序其書，欲使有傳於天下後世也。歷數古今才人，年少而得奇禍者，大率高自標置，傲世揚己；不則識見不堅，依倚匪人，遂至狼藉崎嶇，身名俱敗。若時見，習一聖人之書，似可家修安坐；乃酈生妄冀憑軾之功，夷甫遽及排牆之酷；蜂竟予螫，虎不擇人。時見之死，亦失於不自量力也。然妻孤苦立節，受天子旌表；其子又思刻其遺編，以為其親不朽計，庶或可少慰幽冥乎？

◎賴朝會（～1653），字時見。福建寧化人。生員。死於寇難。著有《春秋略談》二卷、《四書尊聞》。

藍光策 春秋公法比義發微 六卷 存

國圖藏光緒二十五年（1899）圖書公司總局刻本

國圖、上海、湖北藏光緒二十七年（1901）尊經書局刻本

國圖、南京、浙江、遼寧、湖北藏宣統三年（1911）南洋印刷官廠鉛印本

臺中縣文聽閣圖書有限公司 2010 年晚清四部叢刊・第三編據光緒二十七年（1901）尊經書局刻本影印本

◎孫殿起《販書偶記》卷二：《春秋公法比義發微》六卷，資陽藍光策撰。宣統辛亥鉛字排印本。

◎藍光策，四川資陽人。光緒十四年（1888）舉人。弱冠入尊經書院。入民國，代理江蘇桃園縣知事，署理銅山、沐陽等縣，任知事。1915 年任泗陽縣知事，委派靖江縣知事，後任昆山、泗陽縣知事。與廖平、李滋然、鄒增祜、楊銳、范溶、王萬震等善。著有《春秋公法比義發微》六卷、《啟秀堂文集》等書。

勞孝輿 春秋詩話 五卷 存

復旦藏乾隆十六年（1751）張柟園刻本

國圖藏乾隆十六年（1751）春風堂刻本

道光二十六年（1846）伍崇曜粵雅堂文字歡娛室刻嶺南遺書本

商務印書館 1936 年叢書集成初編據嶺南遺書排印本

台灣鼎文書局 1971 年楊家洛主編歷代詩史長編據叢書集成初編影印本

廣東高等教育出版社 1996 年嶺南叢書毛慶耆點校本

北京圖書館出版社 2004 年蔡鎮楚編中國詩話珍本叢書影印清刻本

中國社會科學出版社 2013 年董運庭春秋詩話箋注本

◎序：康熙甲辰，余應歲試，識孝輿場中。時羅履先同余寓仙湖，何報之、陳聖取朝夕相過，孝輿並締交稱莫逆。諸子皆學使惠公所賞識，同在師門，風義倍敦也。孝輿性情篤雅類履先、風致瀟灑類報之、志大則似聖取。惟聖取不修邊幅，頹然自放，與孝輿頗異。余亦疎慵忤物，而孝輿反並愛之，與諸子共為耐久交無異也。嶺南舊為詩藪，代有名家，惠公嘗勖及門接武。余善病不能工，履先天才獨絕，超超元箸，余尤喜其贈遺之作，頌不忘規。報之下筆蘊藉，欲言者無罪聞者足戒，以合於風人之旨。聖取孤行己意，語多悲痛。孝輿則磊落英多，人謂其五言得王孟風味。然孝輿不徒以詩鳴，思以其才見於世，所謂志大似聖取者。聖取貢入太學，後舉優行，丞龍遊；孝輿亦膺選拔令黔，相繼沒。才士何多不永耶！澳門司馬張公，孝輿同年生也，分守佛山，訪其孤，得所撰《春秋詩話》梓之，以傳屬履先、報之及余為序。夫慈母於垂絕之兒，置懷以哺；仁人於久荒之墓，樹表以識。公於孝輿，不令言與俱沒，其用心將無同。願公推是心於有政也。嗚呼，孝輿、聖取已矣，余與履先、報之雖倖存，而感念同門，悲深梁木。惠公墓棘，與孝輿宿草同湮，無復甄陶劘切，其傷悼何如。惠公著有《春秋說》，孝輿此書無乃淵源獨得？微司馬之力，孰知河汾之傳，猶有辦香未墜耶？余將與履先、報之合刻聖取、孝輿所自為詩，以不死吾友。爰敘是書，以為乘韋先。乾隆辛未至日，友弟碧江蘇珥。

◎序：古《詩》學何為哉，學以用《詩》、學以說《詩》。用《詩》者，如孔子責誦詩以達政專對，訓學《詩》以能言是也。說《詩》者，如孔子於端木氏、卜氏許其可與言，孟子謂咸邱蒙說《詩》當以意逆志是也。自六藝之教衰，而詩學寖微，旂鼎不銘大雅之勳，而里巷莫究先王之澤，士徒抱殘守闕，挾一說以自封。自唐以後，以詩話著者無慮數百家，君子傷其用之不復見也，或者並其說而失之，此南海勞子《春秋詩話》所由作也。春秋時《詩》亡而詩學不亡，一時列國名卿，魯有穆叔、晉有叔向、衛有寧俞；國小如鄭，子太叔、公孫僑之流，追隨兵車玉帛間從容揚扢，宗祏賴之。故曰「登高作賦，大夫之才」，言其材智深美，可以與圖政事也。又曰「歌詩必類」，言各有義類當從也，類則不踰於言矣，作則施於有政矣。然則《春秋》，其詩學大昌之會乎？聞之：

文、武、周、召,《詩》之體,三代而上,《春秋》所以與《詩》合;毛、鄭、齊、韓,《詩》之末,三代而下,《春秋》所以與《詩》分。善學者由分致合,出以用,顯而處,以書名,俾邱明有傳,不墮膏肓;宣尼既刪,別開面目。如勞子者,謂非深於《詩》不可也,謂非深於《春秋》不可也。漢周盤居貧養母,誦《詩》至《汝墳》之卒章,慨然而歎,乃就舉孝廉;唐郭山惲侍中宗內宴,詔各奏伎,山惲獨誦《鹿鳴》《蟋蟀》,帝嘉其直。夫猶是《詩》耳,周盤用以為孝,山惲用以為忠,猶有春秋諸大夫之遺教焉。若夫言詩之家,攘漢剿宋,均失之愚者,則又何也?是書出,其庶可以無憾已。勞子名孝輿,與余同貢禮部,又同辟大科,余不赴,而勞子就試,宰黔中凡十年,卒於官。妻歸,質兄廡以居。其貧如此。昔孔子讀《詩》而歎曰:「於《羔羊》見善政之有應,於《伐檀》見賢者之先事後食」,則勞子之學詩有效益可睹矣。余故樂為公諸世。其藏於家者,有《讀杜竊餘》《阮齋文鈔／詩鈔》若干卷。乾隆十六年歲在重光協洽相月既望,宣城年眷弟張汝霖書。

◎序:少時讀《孟子》,至「《詩》亡然後《春秋》作」,嘗為轉一語曰:「《春秋》作而《詩》乃不亡」,聞者或疑之。既而涉獵諸經,以次而治及《春秋》,雖文成數萬其旨數千,所為維王跡於勿墜者,未易盡窺其涯涘。而華袞斧鉞寓於筆削,大要與風人美刺之意若合符節,始信曩時所言亦非謬而不經也。歲癸丑,予初入粵,客端州署校閱試卷。時同事者為江南江寧劉君峩厓、廣東南海勞君巨峯,皆博雅士也。月餘內樽酒論文,刻燭吟詩,頗極人生韻事。試既竣,劉君以病去,勞君乃出所著《春秋詩話》屬序於予。予心賞其名,及展卷披閱,蓋取《左傳》中與《詩》相附者,集為五卷,曰賦、曰引、曰解、曰拾、曰評,類聚羣分,章疏句解,要皆發前人之所未發,其仍繫以《春秋》者,傳固為經作也。夫不精一經者不能治諸經,不精諸經者不能治一經,學者通患,類多不免。今治一《春秋傳》,而《詩》之源流得失皆於是乎見之,是《春秋》也而可作《詩》觀乎?!通是意者,編年紀月可以觀《易》,惇庸命討可以觀《書》,朝聘會同可以觀《禮》,引而伸之,觸類而長之,其為開拓萬古之心胸,曷有紀極,寧僅詩話云爾哉!顧予也暮景飛騰,才疏著述,往往了於心而弗克了於手,而勞君以壯年英發,乃能於舊巢故壘中力開生面且篤其實而藝者書之,確然可以信今而傳後,是則予之所俯仰感懷中愓息而愧讓弗如者也。遂書以復焉。時雍正癸丑季夏上浣,江右禾川年家同學教弟盛逢潤海觀氏拜題於端署梅花書屋。

◎序：吾黨工詩者素推羅履先，僕與勞孝輿、陳聖取、蘇瑞一皆不及。顧孝輿善言詩，嘗同飲聖取晚成堂，雨窗夜話，孝輿謂《國風》淫詩備列，不知所逸何等，宣尼可作，當不受刪詩之誣。又謂陳正字碎琴燕市，無異王右丞主第琵琶一座首肯。然尚未知其有《春秋詩話》一書也。未幾聖取宦越、孝輿宦黔，僕亦沿牒象郡，自是杳不相聞。歲辛未請告里居，柏園張司馬乃為孝輿刻此書，屬僕讐校。孝輿故善言《詩》，此書尤卓然可見者。其詩亦日進而工，而所著《阮齋詩鈔》，其子無力授梓，弗克表見當世。用是歎司馬之高誼為不可及也。司馬宦粵十數載，所至以慈惠稱，尤折節下士，士之單寒者振之。嘗夜雨乘扁舟訪履先於村塾，又嘗醵金恤詩人汪白岸之貧。昔陳仲舉為豫章太守，問徐孺子所在，徑造其廬；王東亭作吳郡，與張希祖情好日隆；韓退之贈盧仝句，俸錢給公私；蘇子瞻貽呂倚詩，薄少可時助。司馬既追步古人，茲復有此舉，俾孝輿半生心血不致泯滅無傳，且使讀是書者知孝輿之善言《詩》，因以知孝輿之工於詩。不特孝輿之幸，亦吾黨之光也。獨是孝輿、聖取著作相垺，兩人並卒於官，遺文散軼，存十一於千百，責在後死者。僕既不能如李建中手寫郭集以待上獻，復不能鏤之金石以永其傳，追念二十年前尊酒論文，徒深舊雨之感，視司馬高誼能勿愧哉。僕亦少有詩筆，老去不復料理，牙生輟弦於鍾子，匠石廢斤於郢人，冥契既逝，發言莫賞，覆瓿災木，聽之後人。張季鷹云：「使我有身後名，不如生前一杯酒」。比日方與瑞一共遊醉鄉，且讓履先獨步。九原有知，得毋笑我潦倒也。乾隆辛未重陽日，友人何夢瑤敘。

◎春秋詩話後序：乾隆辛未春，柏園張司馬權丞佛山，書訊彼都人士之能文者，予以故友勞子孝輿對。司馬就其家得《春秋詩話》五卷，序而行之。噫！孝輿胡為而有此書也哉？！雍正庚戌詔修《一統志》，予與孝輿與輯粵乘，孝輿負奇忤物，與同事不相能，遂拂衣去。而家無擔石，總裁魯太史佑人憐其才，薦之饒平邑幕。饒平在萬山中，旅食無聊，爰托筆墨自遣，積成此書。太史公曰：「《詩》三百篇，大抵聖賢發憤之所為作也。」孝子忠臣勞人思婦之情，三百篇盡繪之，故春秋二百四十二年間燕享贈答恒托以寫其情，孝輿壹鬱不自得，又托於托寫其情者以寫其情，嗚呼，其可哀也已！孝輿才峰秀逸，文采葩流，此書拈斷爛之朝報，展肆好之襟期，實兼征南、匡鼎之長。世有子雲，定當賞識，而忌者或欲投溷，故孝輿不輕示人。非司馬，孰從而知之？近代憐才闡幽稱中郎、牧齋二公，要欲得同調者為羽翼，以樹歷下、弇州之敵，故亟取

青藤、松圓以張其軍，非真有所愛於徐、程也。司馬與世無競，而於孝輿此書心契而雕鏤之，此真憐才闡幽者，非二公比也。孝輿生平懷才落拓，與世齟齬，薦鴻博再試不遇，吏夜郎勞瘁以死，遭遇雖厄於生前，而著述獲闡於身後，不可謂非孝輿之幸矣！順德友人羅天尺序。

◎跋：右《春秋詩話》五卷，國朝南海勞孝輿阮齋撰。按先生事跡具見阮《通志》本傳暨吳雁山孝廉文集《七先生傳》中。七先生者，乾隆初元吾粵舉博學鴻詞，先生暨許遂、車騰芳、韓海、曹憒、鍾獅、蘇珥七人也。孝廉稱先生神鋒儁朗，令龍泉，邑人思之，建勞公書院。畢節有鑄局，蒞任者率滿載去，先生則兩袖清風如故也。是書體例，《鶴徵錄》言之已詳，且謂先生才氣豪放，學亦博贍，殆並重其人者歟？！先生詩教，入人最深。春秋時去古未遠，故情往如贈、興來如荅，矢口成聲，原有天籟自鳴之致。先生隨手掇拾，各以類從，若以游戲出之，而業已上下千古經部中無此書也。純用本色，說經鏗鏗、匡鼎解頤，得無類此。至如晉人執衛侯一條，引司馬長卿賦《長門》為証，且云橫致千金，稍涉猥鄙。又如原田每每一條，引後秦鳩摩羅什善聽風鈴為証，亦覺儗不於倫，然白璧微瑕，未足為全書之累。先生沒後，張柏園司馬刻之，顧中多脫誤，如「匏有苦葉」作匏葉、「瓠葉」亦作匏葉、「僖公」作禧公、「魯頌」作魯誦、「叔於田」作於田、「川池」作春池，開卷即灼知其謬者；其它訛舛正多，不知當時何以率易至此。邇來流布漸稀，譚玉生廣文篋衍中有是書，爰為借鈔而重刊之。丙午小寒後一日。後學伍崇曜謹跋。

◎摘錄卷一《賦詩》卷首：《風詩》之變，多春秋間人所作，而列國名卿皆作賦才也。然作者不名，述者不作，何歟？蓋當時秖有詩，無詩人。古人所作，今人可援為己詩；彼人之詩，此人可賡為自作，期於言志而止。人無定詩，詩無定指，以故可名不名、不作而作也。記曰「詩言志」，在心為志，發言為詩，春秋之賦詩者具在，可以觀志，可以觀詩矣。敘賦詩。

◎摘錄卷二《解詩》卷首：解詩者，因《詩》作解也。左氏傳《春秋》未嘗解《詩》，今曰解《詩》，毋乃誣傳并誣《詩》歟？曰：不誣也。左氏傳《春秋》，故解《詩》也，未有《春秋》先有《詩》。凡征伐宴享廟謨野俗一寓於《詩》，此文武志也。既無《詩》乃有《春秋》，文武大法寓於《春秋》，此孔子志也。左氏體孔子志作傳傳《春秋》，猶孔子體文武志作《春秋》以繼《詩》。然則全傳皆解《詩》也，誣云乎哉！余之摘其一二語以為《詩》解者，但就《詩》言《詩》，猶淺之乎解《詩》者也。序解詩。

◎摘錄卷三《引詩》卷首：引詩者，引《詩》之說以證其事也。事，主也；詩，賓也。然如斷獄焉，詩則爰書也，引之斷之而後事之是非曲直錙銖不爽。其衡則又事為賓而詩為主，知引詩之詩為主，可與說詩矣。序《引詩》。

◎摘錄卷四《拾詩》卷首：傳中多軼詩，皆左氏拾而出之者也。雖然，風雅之墜地久矣。左氏體聖人之志，傳《春秋》以繼《詩》之亡，則三百十一篇皆拾也，夫豈惟軼詩？余故因左氏之所拾而零拾傳中所有之韻語，以暢詩之流，以補詩之闕，而極詩之變焉。蓋天籟之發，觸而成聲，凡有韻可歌者皆詩也。其體凡十有一，因傳所名而區之曰賦、曰誦、曰謳、曰歌、曰謠、曰箴、曰銘、曰投壺詞、曰繇詞、曰諺、曰隱語。序《拾詩》。

◎摘錄卷五《評詩》卷首：自談詩者有《詩品》《詩式》《詩格》《詩法》，於是唐宋間人詩話汗牛充棟矣。其中論聲病、談法律、別體裁，不啻人擅陽秋、家懸月旦，而詩之源委訖無定評。愚嘗謂李、杜二公千古知己，文章亦復齊名，而東北一方，無從長晤。若天作之合，晨夕數過，則樽酒所論必有可觀。今觀吳公子所論，乃知千古知音已有定評，可無憾子期之不作耳。敘《評詩》。

◎提要：其書專取《春秋左氏傳》之言詩者集為五卷。一曰《賦詩》，如重耳《賦河水》、秦穆《賦六月》之類。二曰《解詩》，如郤至《解兔罝》，穆叔《解三夏》及《文王鹿鳴》之類。三曰《引詩》，如鄭太子《忽辭昏》引自《求多福》，陳敬仲《辭卿》引《翹翹車乘》之類。四曰《拾詩》，乃古詩軼句，左氏拾而出之者，分賦誦、謳歌、謠箴、銘、投壺詞、繇詞、諺隱各名。五曰《評詩》，則為《吳公子觀樂》一篇。每條復各以所見附著之。既不同銓釋傳文，又非盡沿討詩義。編葺雖勤，殊無所取也。

◎勞孝輿（1697～1746），字孝于，號鉅峰、阮齋。廣東南海（今佛山南海區）人。惠門八子之一。雍正十三年（1735）拔貢。歷官鎮遠、貴州、龍泉知縣。著有《春秋詩話》五卷、《阮齋文鈔》、《阮齋詩鈔》、《讀杜竊餘》。

黎邦彥 讀左瑣言 佚

◎光緒《湖南通志》卷二百四十六《藝文志》二：《讀左瑣言》，桃源黎邦彥撰（《常德府志》）。

◎黎邦彥，湖南桃源人。著有《讀左瑣言》、《五經質疑》、《經史劇談》、《綱鑑拾遺》、《通鑑綱目拾遺訂正》、《訂正史劇談》。

黎庶昌 春秋左傳杜注校勘記 一卷 存

吉林社科院藏光緒九年（1883）刻本

國圖、復旦、遼寧、南開大學、福建、重慶藏光緒二十年（1894）貴陽陳氏刻靈峰草堂叢書本

民國刻怡蘭堂叢書本

民國刻私立北泉叢書本

國家圖書館出版社／上海古籍出版社 2018 年遵義叢書影印光緒刻本

◎卷首云：光緒九年冬，借日本祕閣古鈔本校。原本每行十二字，寬八分半，高裁尺六寸一分強。每紙十六行，注夾行寫。卷首有金澤文庫記。

◎序：右《唐本春秋左傳杜注校勘記》一卷，為遵義節使黎蓴齊先生使東瀛時所錄。蓋先生嗜古有年，既刊《古逸叢書》，復聞日府有初唐寫本《左傳》，意與今本必有同異，極欲披覽，多方求借，始得寓目，隨將同異筆之簡端以備攷斠。前歲先生分巡川東，屬周君楚白摘其有關勘正者錄為一卷。今夏函寄會垣，即命工刊入《靈峰草堂叢書》中。夫近世收藏家及為校勘之學者，獲一宋元槧本便珍若球圖，以其可訂正古書、鉤攷同異也。今此書校錄乃據初唐寫本，下距北宋三四百年，距南宋元五六百年，論古本莫古於此，且為人人必讀之經，阮儀徵校十三經所未及見者，其寶貴更當何如？！惜余入宦以來，暇日實少，攷翼甚難，乃就先生舊校，審定而刊行之，以餉海內承學之士，亦籍以副先生嘉惠士林之盛意云爾。光緒甲午冬，貴陽陳矩。

◎上海古籍出版社 2015 年《續修四庫全書總目提要·春秋類》「《春秋左傳杜注校勘記》一卷」：是書為黎氏出使東瀛時所錄。是時黎氏聞得日府有初唐寫本《左傳》，意與今本必有異同，後經多方求借，始得寓目，並將同異筆諸簡端，以備考核。至分巡川東，屬周楚白錄為一卷，即為是書。全書以魯十二公為序，摘錄有關勘正者，下以小字注明相異之處。如隱公「孟子卒」，杜注：先夫死。黎氏校勘曰：無「夫」字。「鄭伯克段于鄢」，杜注：段不弟。黎氏校勘曰：「弟」作「第」。「戎伐凡伯于楚丘以歸」，黎氏校勘曰：「注凡伯至凡城也在來聘句下。」桓公「隨人使少師董成」，杜注：少，去聲。黎氏校勘曰：「『少，去聲』三字作『詩照反』。」是書前有光緒甲午陳矩序，據陳序，知其為官無暇，考異甚難，故就黎氏舊校審定刊行，使是書得以嘉惠海內承學之士。此本據復旦大學圖書館藏清光緒二十年陳鉅刻《靈峰草堂叢書》本影印。

（潘華穎）

◎黎庶昌（1837～1898），字蓴齋，號麓農山人，室名拙尊園，自署黔男子。貴州遵義縣東鄉禹門人。黎愷第四子。早從學鄭珍，講求經世之學。同治元年（1862）以知縣補用，交江南大營差遣，與張裕釗、吳汝綸、薛福成並稱曾門四弟子。曾任代理吳江知縣、青浦知縣、揚州荷花池榷務。光緒二年（1876）後歷任駐英吉利、德意志、法蘭西、西班牙使館參贊。光緒七年（1881）、十三年（1887）兩度派任駐日本國大臣。光緒十六年（1890），任滿歸國。後任川東道員兼重慶海關監督。曾出資創建雲貴會館，舉辦洋務學堂。著有《春秋左傳杜注校刊記》一卷、《左傳杜注校勘記覆校札記》一卷、《拙尊園叢稿》六卷、《西洋雜志》八卷、《丁亥入都紀程》二卷、《海行錄》一卷、《西洋雜》、《遵義沙灘黎氏家譜》一卷、《黎氏家集》四十卷、《黎星使宴集合編》六集、《日東文宴集》三編、《曾文正公年譜》十二卷、《全黔國故頌》二十四卷、《曾太傅毅勇侯傳略》、《蒒齋筆記》、《續古文辭類篹》二十八卷、《古逸叢書》二百卷、《古逸叢書敘目》一卷、《宋本廣韻校劄》。

黎庶昌　左傳杜注校勘記覆校札記　一卷　存

重慶市北碚藏清末唐氏怡蘭堂刻本

李邦黻　春秋穀梁經比事　二卷　佚

◎吳馨、江家嵋修，姚文楠纂民國《上海縣志》卷十五《人物上》：林松（《同治志》有傳）孫、尚暲子（《續志》附傳）。少遭兵燹，棄儒就賈。北橋孫嘯琴一見器重，謂儒家子不當廢學，遂決然捨去溫肆舊業，從學於川沙顧孝廉謙之門。同治八年入邑庠，嘉善鍾文烝主講敬業書院，邦黻從受業。飫聞《穀梁》家緒論，故於《春秋》學為最深邃，成《春秋穀梁經比事》二卷，輯唐玉川子《春秋摘微》一卷，採入《南菁叢書》，復為輯述以發明之。事母至孝，以暇修供菽水。居父母喪，哀毀骨立，竭誠盡禮。喪服中讀《禮》，欲綜貫古今，為《喪禮纂》一書，條理具而書未成，常以為恨。修林松《易園詩文集》板，並刊《易園集補遺》、《星土釋》、鄉黨私塾課本及父母《優盍羅室月來軒詩稿》，以承先志。又呈送所著《周易述補》於王學使先謙，得刊入《續經解》中。家中舊藏書不以貧故鬻於人，兢兢保守，不使散失，以為子孫當盡之責。精於《說文》等韻學，恪守三十六字母而以江氏永《借韻轉切圖》為入門要訣，曾撰《切韻啟蒙》二卷及《爾雅釋官》《釋親》二卷。中年後，精研三《禮》，尤好宋儒

語錄，躬行實踐，治家整飭，恪守朱氏柏廬家訓，足跡不入公門。邦黻治經遠紹易園家法，近得鍾氏薪傳。其教授生徒前後四十餘年，教法會通經史，歸本修身。曾輯《東萊博議集評》，刊行為學徒課本。浦東西青年經邦黻講授，皆嶄然不落恒蹊。家素貧，晚境稍裕。族中無後及戚友困乏者，量力資助，以館穀之餘行慈善之實，而自奉淡泊，衣服或至補綴，飲食恒不兼味，居恒慎默，然當酒酣耳熱，縱談十數年來家國事，輒蹙額深憂，不能自遣。晚歲以保存古學為己任，與同志設立圖書館，課暇恒至館，釐整藏書。宣統元年，邑人公舉孝廉方正，固辭。二年，徵書至，稱疾不赴。民國元年冬卒，年六十六。邦黻勤於著述，不自珍惜，稿多散佚。子味青檢遺書，得文稿二卷、雜稿一卷、雜著一卷。文宗桐城、湘鄉，詩有唐人風格。

　　◎嚴昌堉《海藻》卷二十一李邦黻小傳云：邦黻肄業敬業書院，從嘉善鍾文烝遊，飫聞穀梁家緒論，故於春秋學為最深。中年後研精三禮，尤好宋儒語錄，躬行實踐。宅父母憂，欲綜貫古今為《喪禮纂》一書，條例具而未成，引以為恨。宣統元年徵孝廉方正，固辭不赴。著有《春秋穀梁經比事》二卷、《爾雅釋宮》、《釋親》二卷、《文稿》二卷、《雜稿》一卷、《雜著》一卷、《切韻啟蒙》，輯有唐玉川子《春秋摘微》、《東萊博議集評》。

　　◎李邦黻，字月僧，又字月叟，號梯雲。上海閔行人。李林松孫、李尚暲子。同治諸生。賜六品頂戴。著有《喪禮纂》、《春秋穀梁經比事》二卷、《爾雅釋宮》、《爾雅釋親》二卷、《切韻啟蒙》不分卷、《鍾文烝年譜》、《文稿》二卷、《雜稿》一卷、《雜著》一卷，輯有《春秋摘微》一卷、《東萊博議集評》。

李邦黻輯　春秋摘微　一卷　存

　　國圖、遼寧大學藏光緒十四年（1888）江陰南菁書院刻南菁書院叢書本
　　◎唐盧仝原撰。
　　◎吳馨、江家嵋修，姚文楠纂民國《上海縣志》卷十五《人物上》：林松（《同治志》有傳）孫、尚暲子（《續志》附傳）。少遭兵燹，棄儒就賈。北橋孫嘯琴一見器重，謂儒家子不當廢學，遂決然捨去溫肄舊業，從學於川沙顧孝廉謙之門。同治八年入邑庠，嘉善鍾文烝主講敬業書院，邦黻從受業。飫聞《穀梁》家緒論，故於《春秋》學為最深邃，成《春秋穀梁經比事》二卷，輯唐玉川子《春秋摘微》一卷，採入《南菁叢書》，復為輯述以發明之。事母至孝，以暇修供菽水。居父母喪，哀毀骨立，竭誠盡禮。喪服中讀《禮》，欲綜貫古今，

為《喪禮纂》一書，條理具而書未成，常以為恨。修林松《易園詩文集》板，並刊《易園集補遺》、《星土釋》、鄉黨私塾課本及父母《優盍羅室月來軒詩稿》，以承先志。又呈送所著《周易述補》於王學使先謙，得刊入《續經解》中。家中舊藏書不以貧故鬻於人，兢兢保守，不使散失，以為子孫當盡之責。精於《說文》等韻學，恪守三十六字母而以江氏永《借韻轉切圖》為入門要訣，曾撰《切韻啟蒙》二卷及《爾雅釋官》《釋親》二卷。中年後，精研三《禮》，尤好宋儒語錄，躬行實踐，治家整飭，恪守朱氏柏廬家訓，足跡不入公門。邦黻治經遠紹易園家法，近得鍾氏薪傳。其教授生徒前後四十餘年，教法會通經史，歸本修身。曾輯《東萊博議集評》，刊行為學徒課本。浦東西青年經邦黻講授，皆嶄然不落恆蹊。家素貧，晚境稍裕。族中無後及戚友困乏者，量力資助，以館穀之餘行慈善之實，而自奉淡泊，衣服或至補綴，飲食恆不兼味，居恆慎默，然當酒酣耳熱，縱談十數年來家國事，輒蹙額深憂，不能自遣。晚歲以保存古學為己任，與同志設立圖書館，課暇恆至館，釐整藏書。宣統元年，邑人公舉孝廉方正，固辭。二年，徵書至，稱疾不赴。民國元年冬卒，年六十六。邦黻勤於著述，不自珍惜，稿多散佚。子味青檢遺書，得文稿二卷、雜稿一卷、雜著一卷。文宗桐城、湘鄉，詩有唐人風格。

◎嚴昌埏《海藻》卷二十一李邦黻小傳云：邦黻肆業敬業書院，從嘉善鍾文烝遊，飫聞穀梁家緒論，故於春秋學為最深。中年後研精三禮，尤好宋儒語錄，躬行實踐。宅父母憂，欲綜貫古今為《喪禮纂》一書，條例具而未成，引以為恨。宣統元年徵孝廉方正，固辭不赴。著有《春秋穀梁經比事》二卷、《爾雅釋宮》、《釋親》二卷、《文稿》二卷、《雜稿》一卷、《雜著》一卷、《切韻啟蒙》，輯有唐玉川子《春秋摘微》、《東萊博議集評》。

◎羅振玉《經義考目錄‧經義考校記》卷一百七十七《春秋》十：盧氏（仝）《春秋摘微》（佚）。李邦黻有輯本一卷。

李堡 春秋三傳全錄 十六卷 首一卷 存

南京藏乾隆五十九年（1794）刻本

南京藏同治十年（1871）刻本

◎李堡，字紹韓。元和（今江蘇蘇州）人。官會寧縣知縣，改安慶府教授。著有《春秋三傳全錄》十六卷首一卷、《春秋三傳釋文》一卷、《御案春秋三傳》十六卷首一卷。

李堡 春秋三傳釋文 一卷 存

南京藏同治十年（1871）刻本

李堡 御案春秋三傳 十六卷 首一卷 存

浙江藏嘉慶二十四年（1819）刻本

李步青 春秋左傳講義 不分卷 存

揚州大學藏稿本

◎李步青（1880～1958），號廉方。湖北京山人。日本東京高等師範學校肄業。參與武昌起義，曾任鄂軍都督府首席秘書、國民政府教育部視學主任、河南省教育廳廳長、武昌師範大學教授、河南大學文學院院長、湖北通志館副館長。建國後歷任中央文化教育委員會委員、中南軍政委員會委員兼教育部副部長、湖北省第一屆政協副主席。著有《廉方教學法》，又編有《新制修身教本》《國語文學讀本》《新小學教科書國語文學讀本教授書》《中華女子修身教科書》。

李承超 春秋大略 佚

◎汪正元、吳鶚光緒《婺源縣志》卷五十五《藝文志・典籍》：李承超著（《儀禮大略》《春秋大略》《六經條考》《脈法正宗》《傷寒辨證》《讀書日鈔》）。

◎李承超，婺源（今江西婺源）人。著有《儀禮大略》、《車制考誤》一卷、《春秋大略》、《六經條考》、《讀書日鈔》、《脈法正宗》、《傷寒辨證》。

李澂宇 讀春秋蠡述 二卷 存

湘鄂印刷公司 1933 年鉛印未晚樓全集〔註2〕本

國家圖書館出版社 2014 年晁岳佩宋志英選編春秋研究文獻輯刊影印湘鄂印刷公司 1933 年鉛印未晚樓全集本

◎1925 年吳江黃復《未晚樓書牘敘》：李子誕膺天衷，耽學好古，十稔而還，造述不可勝紀。小品旁通，復擅簡劄名篇，旁午削稿，謹嚴集中。與諸賢豪論政述學之書，其尤美者得《左》、《國》之腴，次亦抗手魏晉間，餘事所及，蓋亦弘矣。

〔註 2〕一名《李洞庭全集》。

◎李澄宇（1882～1950），譜名昌旦，字吉初，學名李寰，字洞庭，號瀛北，筆名李秋水。湖南岳陽人。南社社員、船山學社董事、東池印社社員。曾任陸軍少將、湖南省政府秘書、國學館教授、湖南大學教授、湖南省文史館館員。嘗從吳獬學。與傅熊湘、謝晉、姚大慈、姚大願稱「湘中五子」。著有《易義釋要》、《春秋三傳》、《讀春秋蠡述》二卷、《讀十三經折中》、《讀史蠡述》、《讀國語蠡述》二卷、《讀史記蠡述》三卷、《讀漢書蠡述》三卷、《讀後漢書蠡述》三卷、《讀三國志蠡述》三卷、《讀史蠡言》二十七種七十七卷、《萬桑園詩存》四卷、《萬桑園詩》、《萬桑園聯語》、《萬桑園遊記》、《未晚樓詩稿》、《未晚樓文存》四卷別卷一卷、《未晚樓文續存》三卷別卷一卷、《未晚樓書牘》四卷、《未晚樓書牘續存》四卷、《未晚樓聯稿》、《未晚樓聯後稿》、《未晚樓日記》、《未晚樓詩話》、《未晚樓詩韻》《未晚樓詩衡》、《未晚樓詞》、《未晚樓詞話》、《未晚樓曲》、《未晚樓曲話》、《未晚樓聯話》、《未晚樓雜記》、《洞庭南閣詩稿》、《赤幟館詩》、《雨窗雜記》、《荒村奇遇》、《香雲綺恨錄》、《漸暨樓詩稿》、《陟屺錄》、《湖南省志稿雜誌叢談稿》。

李道平 春秋經義 佚

◎李守南《原任嘉魚縣教諭先考遠山府君行狀》〔註3〕：府君諱道平，字遵王，號遠山，一號蒲眠。先大父懋旂公次子也。髫齡失恃，先大父決意不再娶，飲食起居，事必躬親，不假僕從。且善病，因精岐黃業。服侍湯藥，周旋牀第者三十餘載。有貧而不能延醫者，亟往診之，痊活甚眾。邑歲歉，鄉民多乞食於城，賑以豆麥米穀之屬。隆冬則設餅粥，夜密遣人徧詢飢者，且戒勿告以所施。緣先大父喜推解，府君皆贊成無難色，以故踵而行之，無改於舊。至先大父歷生梗概，府君另有述，餘不復綴。伯父明經春圃公，齒長府君一紀，幼隨趨塾，怡怡然事以敬，晚歲益相友善。御僕隸以寬，不率教者悉心開導，不遽施扑責，徐俟自悟，終帖然服。性廉敏剛正，入世率坦易，不尚給辯，卒無忤。督不肖輩尤嚴，課讀之下，劇譚世務。嘗撰《李氏家則》若干篇，多先大父平日口授，萃而筆之於書。凡居家作人，及教子弟習業，俱有法度可守，責成祖父，垂戒子孫，各有當盡之道。又云：「吾家世代不作佛事，不設道場，凡有喪事，止延禮賓舉其事可也。吾邑敝俗，必請代拜賓，甚不可從。即孝子或老或病不能成禮，擇親族子弟代之。」可為傳家寶訓，即可為砭俗名言，較

〔註3〕錄自甘鵬雲等《湖北文徵》卷九。

之袁氏《世範》、陳氏《五種遺規》諸書，互相發明，顯要切質，賢愚共曉。
迄今捧而讀之，如親提命焉。丁亥春，遭先大父大故，悉遵行家禮無踰制。或
有敦勸其稍規時俗者，拒不許。蓋成齒時即深明大義，孝弟任恤，有若性生。
府君幼嗜學，苦志下帷，不間寒暑，食則以書佐席，且食且覽，日無虛晷。因
積弱患勞嗽，遂成嘔血證，每嘔必旬日始瘥。雖寢疾，猶伏枕沈吟不輟。童子
時便亦精熟宋五子書，洎長，博通經史，諸書皆述。而尤精於經，諸經皆有發
明，而尤邃於《易》、《詩》、古文辭。力崇先輩，俱卓然成家。年少輒有聲場
屋。嘉慶十三年補郡弟子員，十四年食餼。癸酉舉拔萃科，候選直隸州州判。
戊寅恩科鄉試，登賢書，揀選知縣。七上春官，五膺房薦。道光壬辰恩科會試，
登明通進士榜，充國史館謄錄官。後以教諭待銓歸里，專心講學，信從益眾。
著作等身，有《周易集解纂疏》《易筮遺占》《詩旨述三》《四書外義》《讀經款
啟錄》《讀史款啟錄》《款啟餘錄》《喪禮從宜》、《安陸文獻考》《安陸舊志刊補》
《郾小紀》《有獲齋古文／詩集》《辛壬賦存》《有獲齋試律》《春秋經義》《四
書時文》。其已刊者惟《周易集解纂疏》《有獲齋時文》《有獲齋試律》，其餘諸
書待梓。前於郡城東隅創建邑先儒趙子江漢先生專祠，春秋率同人祀事唯謹。
又憫異端蔓衍，純駁霧亂，有誤正學，爰擇兩漢以下，近及我朝諸儒有大醇而
無小疵者共三十七人，編為《理學正傳》一書，凡稍涉禪宗、有乖聖道者，必
嚴加淘汰，使不得與於斯文。其理學之純、經學之邃如此。歲癸卯，奉部選授
嘉魚縣教諭。涖任之初，訂學約十數條以訓士子，皆身心性命之學，士林奉為
楷式。以之律人，即道其所自得者，與呂氏鄉約並成不朽。晉謁之士，類一見
而生嚴憚。隨聆緒論，則又皆樂其和易近人，而卒能得其說以去。蓋府君教人
務求實踐，凡事必衷諸道。而循循善誘，究不好為新奇高古之論以感人。故人
胥爭親炙，而弗嫌風裁過峻云。嘉魚聖廟兩廡舊傷傾圮，爰捐俸金重加修葺。
及卒於任也，邑人士追慕德化，建祠宇奉木主，私諡端文，每屆生辰，迎神致
祭，瞻仰徘徊，有感歎泣下者，教澤入人之深又如此。府君嘗謂不肖曰：「讀
聖賢書，當學聖賢學、心聖賢心，身體而力行之，見諸實行，不徒代聖賢立言，
作詩文為弋獲功名計。汝父少時便思畢力於此，期與古人合轍。特傷獨學無耦，
孤陋難成」，可知德愈高而心愈下。吾鄉王磻溪前輩為譔詩文序言有云：「蓋道
平，童而志於道者，制義特其緒餘」，實非阿其所好。夫文以載道，喜穿鑿者
厭道常經，尚馳騁者不習柢根，芟彤雜、工冥搜者又各守門戶，學之所以不醇
不備。若融液經旨，薈萃儒先，於學問源流正變考證詳確，義例精審，而勾稽

貫串，與道大適，府君之學真可羽翼六經。南筆謭才弱，難狀百一，謹誌生平大節於左。府君之文必宗聖、學必宗經、行誼之純粹、志向之尊崇、才識之閎博淹貫、宗旨之精窣淳茂，陳編具在，尚待當世評騭，南何敢妄事置喙也哉！府君生於乾隆戊申年六月二十二日亥時，卒於道光甲辰年八月二十三日子時，享年五十有七歲。以守南官荆州府石首縣訓導，贈修職郎，例授文林郎。母氏席封孺人，庠生諱澧公之女。子二：守南居長；次守侗，國學生。女二：長適郡庠生毛君秀松，次適太學生徐君世昌。孫四：邕憙、洸憙、聲憙、孚憙。守南出，守侗娶劉氏女一。無子，以守南三子聲憙嗣焉。初，府君之嘉魚任，命不肖留籍繕家政，慈親携弱弟隨侍焉。捐館之七月，奉大府檄調充甲辰恩科鄉試闈差，時南亦以廪膳生與省試場，未竣而府君遽染痁癘，出闈後即隨奉旋任，抵署越五日而府君溘逝矣。彌留間召不肖曰：「人生修名，恒與歲時無終極。汝父文章報國，久成虛願。第夙所期許，不僅以半生心血見諸語言文字者畢乃事。天若假年，俾遂未竟之業，則名山不朽盛事，且死無遺憾。其如歲不我與何！」言訖乃瞑。嗚呼！不孝等侍奉無狀，變起倉卒，籲天搶地，百身莫贖。唯是窀穸未安，家山遠隔，不得不苟延殘歜，摒擋大事，以慰慈幃。謹設奠成禮，是冬匍匐扶櫬回籍，遵例入城治喪。明年乙巳二月十二日午時，安厝治東北鄉小鶴山會牌樓岡山莊，負坤面艮，丑未分金。伏冀當代先生大人俯賜垂念，不吝椽筆，或製銘誄，或紀傳畧，俾光不朽。則歿在均感，永無涯涘。咸豐六年歲次丙辰上元日，不肖守南謹狀於建寧學舍（《有獲齋文集》附錄）。

◎李道平（1788～1844），字遵王，一字遠山，號蒲眠居士、湞上先生。湖北安陸人。嘉慶二十三年（1818）舉人。道光十二年（1832）進士。道光二十三年（1843）任嘉魚縣教諭，次年歿於任，邑人私諡端文。少受文法於劉次白鴻翔。於學善治漢易。著有《易筮遺占》一卷、《周易集解纂疏》十卷首一卷、《詩旨述三》、《春秋經義》、《四書外義》、《四書時文錄》、《喪禮從宜》、《讀經款啟錄》、《讀史款啟錄》、《款啟餘錄》、《安陸文獻考》、《郎小紀》、《理學正傳》、《安陸縣志補刊》、《壬辛賦存》、《有獲齋古文》、《有獲齋詩集》、《有獲齋試律》、《有獲齋文集》六卷附錄一卷等。

李惇 春秋解義 佚

◎嘉慶《重修揚州府志》卷六十二《藝文志》一：《春秋解義》（李惇撰）。

◎李惇（1734～1784），字成裕，號孝臣。江蘇高郵人。祖兼五、父珮玉皆有篤行，惇生而穎異，讀經史一目即記，長通天文術算象數之學，與王念孫、

賈田祖、汪中、劉台拱、顧九苞、任大椿同力於學，極一時之盛。乾隆四十五年（1780）聯捷進士。注選知縣。掌教暨陽書院。晚好曆算。著有《卜筮論》、《尚書古文說》、《金縢大誥康誥三篇論》、《毛詩三條辨》、《大功章爛簡文》、《明堂考辨》、《考工車制考》、《春秋解義》、《左傳通釋》十二卷、《杜氏長曆補》、《史記說文引書字異考》、《羣經識小》、《歷代官制考》、《讀史碎金》、《渾天圖說》、《詩集文集》十二卷。

李惇 杜氏長曆補 佚

◎嘉慶《重修揚州府志》卷五十一《人物》六：著有《卜筮論》、《尚書古文說》、《金縢大誥康誥三篇論》、《毛詩三條辨》、《大功章爛簡文》、《明堂考辨》、《考工車制考》、《歷代官制考》、《左傳通釋》、《杜氏長曆補》、《史記說文引書字異考》、《渾天圖說》、《羣經識小》、《讀史碎金》、《詩集／文集》共十二卷（《家傳》）。

李惇 左傳通釋 十二卷 存

清華、復旦、大連、北師大、中科院、吉林大學藏道光九年（1829）高郵李培紫刻本

國圖藏 1932 年（1932）冀縣孫殿起後印王士濂輯刻鶴壽堂叢書二十二種本（存卷一至卷四、卷十一）

◎目錄：卷一釋國。卷二釋世系。卷三釋世族。卷四釋雜人（婦人附。以上四卷全）。卷五邑地。卷六山水關隘。卷七天文災異。卷八卜筮。卷九官制兵制。卷十書數古音（以上六卷闕）。卷十一（全）補長算。卷十二（闕）附錄（凡例、典禮）。

◎序：杜氏有《春秋長曆》若干卷，其原書倘至今尚在，雖有不同，蓋亦罕矣，不應錯謬若是之甚。夫曆之大者首在置閏，春秋閏法錯謬已極，而失閏、再閏之說傳有明文，固非徒法之疎，實正朔不頒官之廢失使然矣。錫山顧鎮滄氏有《朔閏表》及《長曆拾遺表》，披輯良勤，然明為補完杜氏之書，而復多不用其說，師心改訂，不免兩無所據。又深信趙東山所引《長曆》，仍加辨正。不知《長曆》惟載在《正義》者可信，此外本無足憑，亦何足辨也。至復引東山《長曆》《大衍》異同，則所謂風馬牛不相及者矣。今但依杜氏之說，將此百餘條撮列其間，珠聯璧合，故書復完，使後之學杜氏之學者有所效焉。乾隆四十六年歲在重光赤奮若，高郵李惇重訂。男培紫敬鐫。

◎識語：先君子喜讀《春秋》，嘗作《解義》，各條最為愜心之筆，培紫幼時備聞之。見是書者，輒謂義並精審。既為江都汪明經中持去，逮先子即世，向索再四不得，唯《左傳通釋》尚存遺稿五卷。每思補葺成編，彙訂錄刊，重覺負荷之難，遷延未就。乙酉歲，《羣經識小》刊成，緣《通釋》中有闕簡未經付梓，又見刻遺書者多即所遺闕，則闕不加坿補，存其舊也。因倣斯例，于《長曆補》中蠹蝕數處亦為敬空，不敢妄補，并思與《解義》同梓。而舊稿沈湮，無從討索。今祇存其名以明先子曾耗曰力于茲，而未獲傳諸久永，與學人共之。培紫之責，豈敢辭哉！道光九年歲在己丑五月四日，《左傳通釋》開雕，謹識數語于末。

◎焦循《雕菰集》卷二十一《李孝臣先生傳》：所著書有《卜筮論》《尚書古文說》《金縢大誥康誥三篇論》《毛詩三條辨》《大功章爛簡文》《明堂考辨》《攷工車制考》《歷代官制考》《左傳通釋》《杜氏長曆補》《史記說文引書字異考》《渾天圖說》《羣經識小》《讀史碎金》《詩集》《文集》共若干卷。子四：培青出嗣伯兄，次培紫，次培碧，三人皆庠生；次培黃。孫一：之華。後學焦循曰：吾郡自漢以來，鮮以治經顯者。國朝康熙、雍正間，泰州陳厚耀泗源天文麻算奪席宣城，寶應王懋竑子中以經學醇儒為天下重，於是詞章浮縟之風漸化於實。乾隆六十年間，古學日起，高郵王黃門念孫、賈文學稻孫、李進士惇實倡其始。寶應劉教諭台拱、江都汪明經中、興化任御史大椿、顧進士九苞起而應之，相繼而起者未有已也。循訪先生遺書於沈文學鈁，鈁訪諸培紫，培紫以先生詩集及行述示循，循次其梗概著於篇，而附記吾郡治經之盛云。

◎嘉慶《重修揚州府志》卷五十一《人物》六：著有《卜筮論》、《尚書古文說》、《金縢大誥康誥三篇論》、《毛詩三條辨》、《大功章爛簡文》、《明堂考辨》、《考工車制考》、《歷代官制考》、《左傳通釋》、《杜氏長曆補》、《史記說文引書字異考》、《渾天圖說》、《羣經識小》、《讀史碎金》、《詩集／文集》共十二卷（《家傳》）。

◎同治《續纂揚州府志》卷二十二《藝文志》上：《左傳通釋》（李惇撰）。

◎孫殿起《販書偶記》卷二：《左傳通釋》十二卷，高郵李惇撰。道光間刊。卷五至卷十又卷十二共七卷原闕。此版後歸其地王氏。王氏將其第十一卷抽出，並將李氏著書之名剷去，易以王士濂之名。至每卷首尾兩版版心增刊「鶴壽堂叢書」五字。

◎上海古籍出版社 2015 年《續修四庫全書總目提要·春秋類》「《左傳通釋》十二卷」：是書凡十二卷，存五卷。卷一《釋國》、卷二《釋世系》、卷三《釋世族》、卷四《釋雜人（婦人附）》，此四卷全。卷五《邑地》、卷六《山水關隘》、卷七《天文災異》、卷八《卜筮》、卷九《官制兵制》、卷十《書數古音》，此六卷缺。卷十一《補長算》，全。卷十二《附錄》（凡例、典禮），缺。惇喜《春秋》，嘗作《春秋解義》，為汪中持去，索要無果，唯《左傳通釋》尚存遺稿五卷，其子培紫付梓刊刻，仿刻遺書例，缺不加增，補存其舊，蠹蛀不敢妄補。此本據復旦大學圖書館藏清道光九年李培紫刻本影印。（潘華穎）

李鳳雛 春秋紀傳 五十一卷 存

普林斯頓大學東亞圖書館、新疆、重慶、蘇州、陝西師範大學藏康熙四十四年（1705）刻本

天津、揚州藏康熙六十一年（1722）懷德堂刻本（五十卷）

國圖、陝西、金華、天津、金陵、常州、義烏、蘭谿博物館、遼寧大學、暨南大學藏光緒二十一年（1895）東陽古大化里刻本

浙江古籍出版社 2015 年東陽叢書第十七冊點校本

◎春秋紀傳目錄：卷之一周本紀。卷之二魯世家。卷之三鄭世家。卷之四齊世家。卷之五宋世家。卷之六晉世家。卷之七衛世家。卷之八陳蔡世家。卷之九楚世家。卷之十秦世家。卷之十一吳世家。卷之十二越世家。卷之十三孔子世家。卷之十四周列傳：宰孔、內史過、內史典、王孫閱、富辰、內史叔服、倉葛、王孫滿、詹桓伯、萇弘、伶州鳩、陰不佞。卷之十五周列傳：王子虎、王叔陳生、單伯、單朝、單頃公、單靖公（單愆期附）、單蔑（單成公附）、單旗、單武公、王季子、劉夏、劉摯、劉伯蚠。卷之十六魯列傳：公子彄、臧孫達、臧孫辰、臧孫許、臧孫紇（臧堅附）、臧會。卷之十七魯列傳：仲慶父、公孫敖、文伯穀、仲孫蔑、仲孫速、仲孫羯、仲孫貜、仲孫何忌、仲孫閱、孺子洩、孟之側（孟公綽附）、子服它、子服椒、子服回、子服何。卷之十八魯列傳：公子牙、叔孫得臣、叔孫僑如、叔孫豹、叔孫婼、叔孫不敢、叔孫州仇。卷之十九魯列傳：公子友、季孫行父、季孫宿、季孫意如、季孫斯、季孫肥、公父歜。卷之二十魯列傳：叔仲彭生、叔仲帶、叔仲小、公子遂、公孫歸父、仲嬰齊、子家羈（榮駕鵝附）、叔肸、子叔嬰齊、叔老、叔弓。卷之二十一魯列傳：眾仲、申繻、曹劌、展禽、御孫、公子偃、重館人、憂父弗忌、里革、梓慎、公子務

人。卷之二十二魯列傳：閔馬父、公冶、秦堇父、狄虒彌、謝息、申豐、杜洩、馹赤、公山不狃、南蒯、冉猛、陽虎（微虎、林不狃）、苫夷、公孫宿、公孫有山氏。卷之二十三鄭列傳：穎考叔、祭足、原繁、孔叔、叔詹、燭之武、公子歸生、王子伯廖、申侯、公子棄疾、良霄、公子喜、公孫舍之、罕虎、罕達、公子偃、公孫蠆、公孫楚、游皈、游吉、游速。卷之二十四鄭列傳：子豐、公孫段、豐卷、公子騑、公孫夏、公孫黑、駟帶（駟乞附）、駟歂、駟弘、公孫黑肱、公子嘉、公孫申、公孫揮（羽頡附）、石首、騪蔑、裨諶、裨竈。卷之二十五鄭列傳：國僑、國參。卷之二十六齊列傳：召忽、管仲、隰朋、甯戚、仲孫湫。卷之二十七齊列傳：鮑叔牙、鮑牽、鮑國、鮑牧、國歸父、國佐、國弱、國書、國夏、高傒、高固、高厚、高止、晏弱、晏嬰。卷之二十八齊列傳：陳完、陳須無、陳無宇、陳書、陳乞、陳瓘、陳桓。卷之二十九齊列傳：逄丑父、殖綽郭最、華周杞植、申鮮虞閭丘嬰、公孫青、東郭書、敝無存、齊女子、邴意茲萊章、東郭賈、公孫蠆公孫竈、夙沙衛、崔杼慶封、梁丘據。卷之三十宋列傳：孔父嘉、南宮長萬、公子魚、公孫固、高哀、西鉏吾、蕩意諸、狂狡、廚人濮、寺人柳、仲幾、公子城、皇瑗。卷之三十一宋列傳：華耦、華元、華臣、華費遂、華定華亥、向戌、向寧、向魋、樂豫、樂喜、樂祁犁、樂筏。卷之三十二晉列傳：欒成、欒枝、欒書、欒黶、欒鍼、欒盈、郤豹、郤芮、郤縠、郤缺、郤克、郤錡郤至郤犨。卷之三十三晉列傳：趙夙、趙衰、趙盾、趙同趙括趙嬰、趙朔、趙武、趙鞅、趙母郵、趙穿、趙旃、趙勝。卷之三十四晉列傳：韓萬、韓簡、韓厥、韓穿、韓無忌、韓起、畢萬、魏犫、魏錡、魏頡、魏顆、魏絳、魏相、魏舒。卷之三十五晉列傳：士蔿、士會、士燮、士魴、士匄、士鞅、士渥濁、士弱、士伯瑕、士彌牟。卷之三十六晉列傳：荀息、荀林父、荀庚、荀偃、荀吳、荀寅、荀首、荀罃、荀盈、荀躒、荀瑤。卷第三十七晉列傳：狐突、狐毛、狐偃、狐射姑、先友、先軫、先且居、先克、胥臣、胥甲父、胥童、籍偃、籍談。卷之三十八晉列傳：祁奚、祁午、祁盈、羊舌大夫、羊舌職、羊舌赤、羊舌船肸、羊舌鮒。卷之三十九晉列傳：杜原欵、里克平鄭、呂甥、慶鄭、舟之僑、介之推、陽處父、箕鄭、臾駢、狼瞫、寺人披。卷之四十晉列傳：解揚、伯宗、張老、屈巫、苗賁皇、司馬侯、陽畢、張骼輔躒、辛俞、胥梁帶、郉無郉、屠蒯、訾祏、董安于。卷之四十一晉列傳：史蘇、郭偃、史趙、蔡墨、師曠。卷之四十二衛列傳：石碏、石祁子、石惡、甯速、甯俞、甯殖甯喜、孔達、孔烝鉏、孔圉、孔悝、孫良夫、孫林父、北宮括、北宮佗、北宮喜、

太叔儀、太叔疾。卷之四十三衛列傳：禮至、公子鱄、公孫免餘、公孫丁、右宰穀、宗魯、遽伯玉、公孫枝、史鰌、公子荊、祝鮀、王孫賈、滑羅、彌子蝦瑕、衛徯彪、公孫彌牟。卷之四十四楚列傳：鬬伯比、鬬穀於菟菀（鬬椒附）、鬬成然、鬬辛、鬬廉、鬬克、鬬勃、鬬宜申、蔿賈、孫叔敖、蔿啟疆、蔿子馮、蔿掩、蔿罷、蔿越、沈尹、沈諸梁。卷之四十五楚列傳：成得臣、成大心、成虎、潘崇、潘尪、潘黨、申叔時、申叔豫、申無畏、申叔展、申無宇、申包胥、屈瑕、屈重、屈完、屈建、屈生。卷之四十六楚列傳：鬻拳、欒伯、棄疾、鍾儀、公子申、公子側、公子嬰齊、公子壬夫、公子午、囊瓦、公子魴、公子貞、養由基、公子申公子結、公孫寧。卷之四十七楚列傳：伯州犁、穿封戍、伍參、然丹、子張、奮揚、枝如子躬、王子勝、陽匄、藍尹亹、王孫由于、王孫圉、左史倚相、觀射父、鍾建。卷之四十八秦列傳：百里奚、百里視、蹇叔、由余、公子摯、公孫枝、后鍼、醫和醫綏。卷之四十九吳越列傳：季札、伍員、蹶由、屈狐庸、王孫雄（吳）、范蠡（越）。卷之五十陳蔡曹隨虞邾莒列傳：逢滑、洩冶、芋尹蓋、轅頗（陳）、聲子、朝吳（蔡）、僖負羈、侯獳、公子欣時、公孫疆（曹）、季梁（隨）、虞叔、宮之奇（虞）、茅夷鴻（邾）、苑羊牧之（莒）。卷之五十一孔子弟子列傳：仲由、端木賜、冉求、有若、高柴、樊須、琴牢、澹臺滅明。

◎世系圖：周、魯、鄭、齊、宋、晉、衛、陳、蔡、楚、秦、吳、晉趙氏、晉魏氏、晉韓氏、齊田氏。

◎春秋紀傳條例：

一、本紀、世家、列傳皆仍《史記》名目，但太史公詮次千餘年事故務簡，此所輯專主二百四十餘年故務詳，名從同，文從異。

一、周天子之事纂入本紀，列國之事纂入世家，其餘分纂入列傳。本紀、世家每篇皆以春秋為起訖，務使開目朗然，畛域劃如也。即如鄭世家首序云鄭莊公之某年，魯隱公之元年也，始入春秋，後云鄭聲公之某年魯西狩獲麟，餘倣此。

一、春秋人物最多最盛，竊怪太史公列傳所載不過廖寥數人，人寥寥數語。唐司馬貞《補史記序》亦云列傳所載有管晏，即如其例，則吳之延陵、鄭之子產、晉之叔向、衛之蔿瑗盛德未貶，何以蓋闕。今遍加搜輯，于周得十九人、魯得八十三人、鄭得四十六人、齊得四十人、宋得二十九人、晉得一百一十九人、衛得三十一人、陳得六人、蔡得二人、楚得七十人、秦得九人、吳得七人、

越得二人、曹鄧隨虞邾莒諸小國共得十人，善敗畢登，賢奸具列，所以成大觀、備弘覽，庶無挂漏之憾。其有姓名而無事蹟，及雖有事蹟而不能成傳，及有事蹟而已附見他人傳者，則畧之可也。

一、列傳既取弘備，兼別氏族。春秋時世卿林立，秉國執權，故每國大夫先畢一家之始末而後及其餘。輯《左》《史》之遺文，為諸臣之家乘，亦可以考鑑得失云。至其孤族單支，則另自為傳。

一、春秋人物見《左》《國》者，纂傳自非《左》《國》所有者，雖如周老聃、齊穰苴、吳孫武之流，概不敢登，非畧之也。《紀傳》一書從《左》《國》起見也，其孔門弟子列傳亦然。

一、《左傳》《國語》二書相輔而行，自魏晉以來以《左傳》為內傳、《國語》為外傳。凡事詳于內者畧于外，詳于外者畧于內，故予此書正文細註兼採無遺，其餘引用諸書，自《公羊》《穀梁》外，則有《檀弓》、《家語》、《戰國策》、《史記》、《晉文春秋》、《吳越春秋》、《晉乘》、《越絕書》、《管子》、《晏子》、《韓非子》、《孔叢子》、《呂氏春秋》、董子《繁露》、《淮南子》、《荀子》、《莊子》、《列子》、《墨子》、《尹文子》、《公孫龍子》、《尸子》、《符子》、《竹書紀年》、劉向《七畧》/《說苑》/《新序》、《韓詩外傳》、賈誼《新書》、陸賈《新語》、《周書》、《古文瑣語》、《漢書五行志》、《冊府元龜》、《繹史》、《酉陽搜奇》、王嘉《拾遺記》、任昉《述異記》、張華《博物志》、《列女傳》、《高士傳》、《水經注》、《日知錄》等書，薈萃成編，或採用全文，或摘取數段，或單存片言，美集眾長，文如一手，鹵莽滅裂，吾知免夫！

一、所引子書，真贗雜出，採綴之時須自有鑑別。至于《莊》《列》寓言，雖非事實，而文則奇矣，補註引之，庶成大美。

一、《左》《國》《公》《穀》之文，有同一事而大異小同者、小異大同者，則取其辭理之優長者載入正文，而餘說亦分載于下以備覽；有一事兩見，宜詳于彼而畧于此者，則云語在某傳，省文也；有一事而兩傳分載者，如屠蒯諫平公事在荀盈傳則用《檀弓》、在蒯本傳則用《左傳》之類是也，蓋義在兼收，例須去複，兩傳分隸，庶無憾焉。

一、《左傳》註用杜預、林堯叟，《國語》註用韋昭，《公羊》註用何休，《穀梁》註用范甯，而皆節畧以省筆墨。

一、諸子之文遞相祖述，轉相附託，如舟人鴻鵠之對或為晉文公或為趙簡子或為魯繆公，莊王大鳥之隱或為伍舉或為右司馬或為士慶，黃雀捕蟬之語或

為王子友之諫吳王或為孫叔敖之諫楚王，麥丘封人之祝或為桓公或獵景公，猛狗社鼠之喻或為管子或為晏子，諸如此類，層見迭出，不過改易名姓移旗換年代耳，孰真孰贗孰誰能辨之。數見不鮮，姑各存其一而去其餘。

一、《紀傳》一書，徵事雖多取材雖富，其諸子書中誕妄不經者不敢引入。然而石言星隕之異、戴頭鹽腦之占、黃熊大厲之夢、蛇妖龍鬪之徵，左氏皆存之以示人，則述異搜神，義難概廢，故《紀傳》中多有引入者，一以廣異聞，一以資詳說也。

一、吳越之事莫備于《越絕書》、《吳越春秋》，二書往往出自後人附會，難言雅馴。而《吳越春秋》尤為煩蕪鄙拙，特其事實大備，足供綱羅，故抄撮居多，而鎔鑄之功存乎述者，不然則蹈廬陵累幅難盡之譏，非史家所貴矣。

一、《史記》序事多與《左傳》相背謬，如陳佗五父本一人也，而《史記》悞分為二人；靈輒、提彌明本二人也，而《史記》悞合為一人；趙夙、趙衰，《國語》明云是兄弟，而《史記》悞以為祖孫；齊人雍廩殺無知，而《史記》訛雍廩為地名；晉獻公命士蒍城聚城絳是兩城也，而《史記》曰「命聚于絳」，則合為一城；晉厲公多外嬖謂嬖大夫，如長魚矯、夷羊五之類也，而《史記》謂多外嬖姬，則以男子為婦人；齊陳恒殺子我，子我，闞止之字也，而《史記》以為宰予；齊景公納北燕伯欵于燕是燕簡公，而《史記》以為燕惠公，相去隔四代；越滅吳在哀公之二十二年，時孔子卒已七年矣，而謂孔子有吳亡越伯之語。諸如此類，未更僕數。太史公承訛傳襲，失考甚矣。至如屠岸賈滅趙氏，子貢遊說齊吳之事，謬之尤者，故駁論數十條，使後學知所適從，不為《史記》所誤。

一、輯此書專為羽傳，無關翼經，故于聖經書法少所發明，而亦間有相發明者，如三傳異同之折衷、杜元凱《釋例》之是非、范甯／何休解經之得失，皆有糸論。至于胡康侯《春秋傳》，制科用以取士，麟經之遵康侯，亦猶《四書》之遵考亭也。而心有所疑，不敢妄相附和，不揣固陋，質辨數十條，恨不得起康侯而正之。

一、論斷之作，所以考鏡得失發明義理，將以驗學識也。昔者中壘著書，僅存題署，承旨作史，并絕綴庬，論世知人，未免太畧。故此書博採先儒之作，自漢至明七十餘家，取後得西河毛氏《春秋傳》，其訂訛闢謬，攻堅釋結，痛掃從前諸家之陋，《春秋》始有真面目，故所採用居多，而管見百餘條附焉，則殊愧續貂矣。

一、先輩名評，或論事或論文，論事者指其善敗，論文者標其精神，悉有當于表章，俱有動于心目，故登其原評，冠以姓名。即先儒論斷諸作，皆用諱不用謚號，尊正史也。

一、凡註語用按字者，及上批無姓名者，皆屬管見。

東陽李鳳雛識。

◎重刊春秋紀傳序：麟經垂萬世，左、公、穀外，傳者十六家，俱得坿經以傳。厥後著述家說《春秋》者夥，苟非發前人所未發，則不能傳，亦不必傳。若夫必不可不傳，既傳而板旋燬，所賴有一二賢士，集資重刊以傳，如我東李梧岡先生《春秋集傳》一編，誠藝林中不可少之書也。是書刊自康熙壬寅，未幾板燬，藏書家亦尟存者。芝去冬假旋大化，呂丈新甫孝廉銘枉顧知己，會光里徐君藹人廣文鳳苞先生、族孫彝香明經鼎昌、逸樵文學慕韓重刊，越日逸樵至，以序見屬。因思龍門氏變左氏編年之例，敘帝王曰本紀、公侯傳國曰世家、公卿特起曰列傳，後人作史多宗之。然左氏敘王子朝、王子帶之亂則本紀權輿也，敘鄭莊公之克段、楚靈王平王之立則世家權輿也，敘齊陳氏之大、晉欒氏祁氏羊舌氏范氏中行氏之亡則列傳權輿也，推而廣之，不可勝數。意龍門氏有鑒於此，為本紀、世家、列傳未可知也。則謂因《春秋》而有《左傳》、因《左傳》而有《史記》可也。以《史記》之例移纂《左》《國》，心心相印，滴滴歸源，即謂先生因《史記》而有是書，亦可也。獨是《史記》敘本紀而項羽不足當之、敘世家而陳涉不足當之，至於列傳所載，闕略尤多。是書區處極精，採摭極備，論斷極允，洵足坿經以傳。迴憶光緒七年閏七月十九日，國史館奏准續辦《儒林／文苑／循吏／孝友》列傳，咨行各省確查舉報，以資表彰。迨十五年潘學使訪求遺書，卒無以獻。設竟湮沒不彰，勢必舉一二之存者，而亦亡之今幸呂丈、徐君及先生族孫力任其難，備他日輶軒之採，庶先生嘉惠來學之苦心永垂不朽云。峕光緒二十有一年歲次乙未五月，賜進士出身刑部貴州清吏司主事同邑後學龔啟芝薰沐謹序。

◎重刻春秋紀傳序：古堰李氏梧岡《春秋紀傳》一書，十易寒暑而成，垂百九十年於茲矣。初康熙甲申剞劂竣，王、李諸公為之序，極道其史才不亞於龍門司馬氏，都人士罔不購獲是編，珍若和氏璧。既而為闕伯攜去，緣是板藏諸吉水厲氏之緝柳堂。城門之失，災及棗梨，此亦李氏之一大厄運也。越數世，有志者議復之，又遭紅羊劫，卒不果。年湮代遠，劫灰已冷，雖大家，無鄴架之藏，間有一二存者，亦復毀於蠹蝕，點畫多殘缺，不可以丹鉛點勘，則是書

絕續之交，設無人焉肩乃事而葺新之，將使清署十年燈弗克與三傳相耀。竊歎李氏心思才力當不若是一朝萎，顧重刊之舉，有非易易者。卷帙繁則鐫貲重，舊板燬則考證艱，天地間不朽之事業固有不敝之精神縈遶於其際，然以萬不獲已之故，而托諸渺茫冥漠中，苟不得信好誠篤士，弗能荷厥任。此則作者之幸不幸繫焉。夫余與梧岡最相知心，故於平素相晉接，嘗謂其才高氣傲。才高則名必顯，氣傲則福難全，余往嘗以是相規諫，於其之任也，送之有詩，寄之有詩，未幾而聞訃，則向所以勸戒贈答不覺變為輓章。悲感之餘，輒撫是書而讀之，不禁有昔年慷慨論文今日蕭條寒雨之感。甚矣，是書之不可不亟為脩葺也。歲癸巳，余嘗降於邑之大化里，舉是政而屬諸呂氏新甫，君轉致徐藹人孝廉、李氏後裔彝香，董而募修之，計貲千餘緡。抵明年之臈，功始竣。說者謂是耳目不經見之事弗可信，然烏知《執中》《義蘊》《性理源流》諸書皆為呂祖降傳，故是書重刊之託，余固不為怪，且樂降而序其事。蓋不特以慰著書者願，更以明修書之孳孳於是，舉其誠篤信好，宜並梧岡同久遠也。若夫世紀列傳，組織左、公、穀之舊文如出一手，不見割裂之痕，其孤詣苦心，與夫聰明才智，均於卷之尾批議論間若親覿，有裨後學，有關世教。其當時王、李諸前哲言且詳，余故不復贅。惟即今之同事葺書者，特書厥姓氏，曰盧子政、包毓芝、陳苿圖、包墨林、呂韱卿、陳仙槎、申屠寅、呂璧卿、金獻珍、呂紫庭、李明甫、逸樵、鳳山、允濟、軼品、奠生、佩青、紫珮、卓森、月庭、卓泉也。是為序。光緒甲午九月重陽節，金盤鶴潭王崇炳降識。

◎序：東陽李子鳳雛，為余佐銓日所拔士，茲來謁選，得粵之曲江令。謁余，余喜曰：「邑固名勝地，且前賢之風度不遠，子近而取法，蓋有深望焉。」李子再拜，因出其所編《春秋紀傳》若干卷請余為序。其書采摘五傳、史記及諸家之說，而一斷以經，使二百四十年之是非曲直如權之在懸，鑒之共照，朗然明於天下而不爽，其用心可謂勤矣。紀傳之體創自司馬遷，然紀倣《春秋》、傳倣《左傳》，遷固為史也。此書復移紀傳之法加之《春秋》，綱舉目張，條分縷析，去其蕪雜，歸於雅馴，釋五傳之糾紛，正史氏之舛漏，于史家為善述，于經解為善創。自有《春秋》，不可無此書也。世之論者，每謂《史記》一書自五帝以來至於麟止，上下數千餘年而卷帙簡約。後世若宋元諸史，繁重數倍《史記》，而為時不過三四百年。以為古今史才不相及，殊不知史之善否不在繁簡也。《史記》秦楚之際以後豈能復畧，其畧在戰國以前耳。五帝三王，世遠無可采輯，稗編野記既槩擯不用，六經及《左》《國》諸書上則炳于日星，

次亦長留天壤，有不待史記而存者。故遷雖畧，有引用而槩從簡質，即管晏一傳，凡所為一匡、九合、霸顯諸大事，皆不復置一語，彼蓋以管晏之大者自在經傳，不必複贅，此遷作史之法也。向使戰國以前非有聖賢著作在前，而又如秦楚之際以下之可考，遷雖欲畧，烏得而畧哉？顧有遷之畧以避經傳而不相奪，則史之法精；有此書之詳以鎔經傳而不相淆，則經之道顯。其事異，其功同，其不可廢一也。今聖天子湛深六經，發為鴻文以敷四海，李子出其學斆之大廷，用備乙夜之觀，且推其道宰乎百里，廣為文明之治，庶幾取之此書而已足乎？！是又不但與《史記》爭短長而已也。豈康熙四十三年甲申歲長至前五日，經筵講官禮部尚書加三級吉水李振裕撰。

◎序：史之體有二：曰編年，曰紀傳。編年者，以月繫年，以日繫月，隨時而序次之，其文莫美于《左傳》；紀傳者，為《本紀》、為《世家》、為《列傳》，綜其事之終始，詳其人之本末，著聚成篇，其文莫美於《史記》。後世起居之注、日曆／實錄之作，舉凡金匱石室之藏，皆左氏之遺法。而有心者徵文考獻，州次部居，或勒為一家之書，與夫更姓改物奉詔纂修勝國之事，則又皆遵太史公之條例也。此史家之體制，二者不可缺一。然而編年之體一事而前後錯出，一人而彼此散見，參伍不齊，其始終本末之故有推尋考索而不能遽得其詳者矣。至于紀傳之作，則所為興衰治亂邪正是非得失一篇之中、尺幅之內牢籠包舉，粲然劃然，其形容擬議有若鬚眉笑貌之如生而謦欬乎吾之側者，以故紀傳之體史家尤尚之。堯舜三代之史不傳於後世，而虞夏商周之書要亦紀傳之權輿，即其史也。春秋以來，世變多故矣，五霸迭起，列辟相爭，會盟征伐之類不絕於經。其間擅權執政肆為姦慝，無國無之。而忠良之臣、博通之士肩臂相望，則亦惟春秋為㝡盛。然皆所為散見錯出，無以遽盡其始終本末之故。又或他書之所載而為左氏之所遺者，亦頗多有。自宋元及有明以來，一二儒者往往欲效《史記》之體為收拾而整齊之，然而未見有成書也。余門人金華李子鳳雛，乃慨然軌筆為之。網羅散軼，採撮羣言，而要以《左》《國》為主，羨集眾長，文如一手。余觀其所作凡例，蓋簡而法，詳而有要，竊嘆其裁製之工、取材之富，而斷制之嚴且正也。至其折衷三家之異同，參訂諸儒之得失，有功于傳者十之三，有功于經者十之一，更可以補前賢所未備，惠後學於無窮矣。嗚呼！以李子克擅史家之長如此，迺不得登金門上玉堂以充天祿石渠之選，而僅以經生埋頭牘下穿穴故紙以自表見，亦足悲矣。今幸捧檄出宰百里，曲江又文獻之邦，調良易治，行見循廉奏最，簉羽鵷鷺，方今聖天子屢申異命，垂示

作史要旨，異日者李子仍得提鉛握槧以入直承明之廬，未可知也。則此一書要未為李子止境也，李子勉乎哉！於其行也，為書于帙首而歸之。旹康熙四十三年甲申嘉平既望，經筵講官刑部尚書加二級太倉王掞序。

　　◎自序：文章以載道也，載道之文有二首：首曰經，次曰史。經與史分途，而《春秋》則兼之。治經與治史之法不同，治經者研窮義理，剖晰精微；治史者博綜古今，馳騁上下。而治《春秋》者兼之。經之後無復有經，其有擬經者，非僭則妄，如楊雄氏作《太元》以擬易、作《法言》以擬《論語》，文中子作《中說》以擬《論語》，而輯曹、劉、顏、謝之篇什以擬孔子之訂《詩》，採漢魏六朝之詔令以擬孔子之刪《書》，後儒比之吳楚僭王，當誅絕不赦之罪，則亦妄矣。史則歷代各有史官，而具良史之才者莫不根本麟經以立書法，如羣山之發源崑崙，而百川之朝宗大海也。夫《春秋》本魯史，夫子脩之以為經，左丘明因之以作傳。經者簡書也，傳者策書也。丘明身為史官，熟諳掌故，而又兼得列國之策書，旁搜博採，潤色之以成一家之言。或先經以始事，或後經以錯傳，是故其紀事之敏則聖經之功臣也，而編年之體則史家之法祖也。漢龍門氏起，始變編年之例創為紀傳書表，上自軒轅下迄天漢，為本紀十二、世家三十、列傳七十，識者謂其辨而不華、質而不俚，其文直、其事核，某書與《左傳》相頡頏，繼盲史而稱良史才者，惟太史公一人而已。獨其列傳七十，於春秋名卿大夫所載不過四五人，而他不一及，罣一漏百，君子不無遺議。觧者曰：「《史記》一書，古畧而今詳，所記楚漢兵爭及孝惠文景之世將相公卿異人奇士不可勝數，近據耳目所見聞，筆之於書，不期詳而詳。若夫《春秋》《左》《國》之文，炳麟天壤，學士大夫童而習，白首而不倦，其書世多有，不煩贅述，故從簡畧爾。」夫如是，則并列傳中之四五人亦可以不載矣。何則，其書世多有故也。今童子時讀《左氏傳》，間用薛方山《人物考》例，採列國大夫事蹟，各彙為一傳，藏之敝麓，用以自娛。逾二十年，復遊山右，客澮署，從友人家多借古書，涉獵一過，用物宏而取精多，暢然曰：是可以大補從前之所未備矣。因做《史記》例，為周本紀一卷、列國世家十三卷、王朝及列國大夫列傳三十七卷、條例一卷，又採斳史為世系圖一卷，凡五十三卷。大畧以《左傳》《國語》為主，輔之以《公》《穀》《檀弓》《國策》《家語》暨百家諸子，無不抄撮錯採為錦，集腋成裘。試與《史記·周本紀》、齊魯晉楚諸《世家》之文並觀，名同而實異，煥然耳目一新矣。又自漢唐迄昭代，諸儒議論有與經義相發明者，一時管窺有訛謬雜出者，咸附載焉。要以獨出手眼，翻案見奇，

然皆由於中正之道，而一掃宋人武斷堅愎、鍛練周內之習氣。用以上印聖心，或者其有當乎！嗟乎！作者之心具皆起於不得已乎。昔者孔子不得已而作《春秋》、左丘明不得已而作《春秋傳》、太史公不得已而作《史記》，然孔子猶曰述而不作，況於後之載筆者，則余之輯此書也，因前人未備之缺典為之補綴，遂為蓺林中所不可少之書。而前人留此未作之題目為之起草，遂為著述家所不可已之事，非若楊雄氏之《太元》《法言》、文中子之《中說》可已而不已者比也，蓋亦謬自許為史學之一種也。若曰擁皋比而談經，則吾何敢！峕康熙四十四年三月書於南昌舟次，東陽李鳳雛紫翔氏譔。

◎跋：

舉世泊沒於詞章之學，而經義日晦。夫子所修《春秋》，今刊行經文皆自三傳中取出，名曰正經。《漢志》云：夫子口授弟子，丘明恐失真，故論本事而作傳。公羊、穀梁俱子夏弟子，公羊五傳而至胡母子都，始著之竹帛。其後董仲舒以《公羊》顯，又四傳而何休為《經傳集詁》，則其書大傳。《穀梁》自孫卿、申公至蔡千秋、江翁亦五傳，至漢宣帝好之，遂盛行於世。自杜預《集解》出，而《公》《穀》二家之義例微矣。宋興，經學最盛。孫覺《春秋經社》一書專廢傳存經；劉敞著《權衡》《意林》，雖不廢傳，亦不從經；伊川直謂自秦以下其學不傳，特作傳以明之，此安國傳之所自出也。今學者非安國之書不觀，而無有爭三傳者，穿鑿附會，經解失真。東陽紫翔李君，有志經學，著有《春秋紀傳》一書，以經註經，有功麟經不淺。余因讀其與彭、沈兩前輩唱和詩，故附及之。昌黎贈盧仝云：「春秋三傳束高閣，獨抱遺經究終始」，可以移贈紫翔矣。康熙甲申初冬，溧陽史夔跋。

（附詩）《李紫翔過訪草堂以春秋紀傳書成索序賦贈》，長洲彭定求（訪濂）：

西湖佳客問幽居，正值山樵掛屐餘。搖落不生秋士感，清狂肯為故交疎。解衣拂雨三盃酒，理篋挑燈數卷書。今夜牀聯雲海夢，笑人偃仰曳長裾。

百家薈萃獨成編，知爾研思過十年。史法嚴於司馬後，人才備自獲麟前。底須作賦思元晏，誰與談經識服虔。索處方空諸有盡，莫嘲腹笥尚便便。

《讀李紫翔春秋紀傳賦贈》，歸安沈涵（心齋）：

生面重開二百年，綱羅史傳出新編。畧觀人物皆盲左，細辨文章即腐遷。綠字黃櫨天共寶，琅函金匱世爭傳。知君他日登蔾閣，珥筆能操袞鉞權。

◎跋：是編重刊之議昉自光緒己丑，學憲繹琴潘公來訪遺書，當不得全帙以獻。後搜得一部，持而質之剞劂氏，需費千餘金。欲更新之，有志而未逮也。

癸巳冬，大化呂孝廉新甫於何氏萬卷堂見是書，決意募金刊布。光里徐孝廉藹人聞而壯之，來舍道達盛意，隨出袖中二十金為乘韋先。族人感奮，議出常貲若干。復謀諸鄰族，咸蒙允諾。於是南北兩鄉分任籌貲，而呂君即於甲午新秋鳩集蘭江手民，以舊書為藍本，開雕於古大化里。書中不無亥豕之訛，而亟於授梓，未遑一一釐正，識者諒諸。夫募捐刻書，捐有輕重，不容無分別，以故捐至二十金者於卷尾刊某貲鐫，減半者合刊之，三四金五六金者口則於書之摺痕處刊名一頁二頁，俾與書同垂不朽。乙未首夏工始竣。是役也，呂、徐二君之功偉矣，襄其事者則呂寶璜、胡麟廷、族孫月初／慕韓／獻珍／佩鏘／炳潮／甫英／珊華／錫泮／湛英／鸞書／人喜咸與有力焉。板藏本宗，願後之司是板者，聽人刷印，庶是書流行，或可備他日輶軒採錄。光緒乙未年歲次孟夏月望日，族孫鼎昌謹識。

◎引用歷代先儒姓氏〔註4〕：太倉王氏（諱掞，顥庵）、長洲彭氏（諱定求，訪濂）、吉水李氏（諱振裕，醒齋）、西河毛氏（諱奇齡，大可。四先生皆業師）、歸安沈氏（涵，心齋）、甬江仇氏（兆鰲，滄柱）、黃岡張氏（希良，石虹）、溧陽史氏（夔，胄司）、海昌許氏（汝霖，時庵）、德清蔡氏（升元，方麓）、歸安戴氏（紱，道園）、宿松朱氏（書，字綠）、嘉禾沈氏（辰垣，芷岸）、順德左氏（必蕃，界園）、太倉王氏（奕清，幼芬）、長洲尤氏（珍，謹庸）、西蜀樊氏（澤達，崑來）、太康許氏（維嶽，蒼嵐）、江都史氏（申義，蕉飲）、清浦王氏（原，令貽）、蕭山陳氏（至言，山堂）、翁源李氏（林，韶石）、遂安毛氏（際可，會侯）、常熟何氏（焯，屺瞻）、曲阜孔氏（尚先，念庵）、會稽董氏（肇勳，幼待）、武林吳氏（陳琰，寶崖）、武進錢氏（名世，亮功）、大興蔣氏（晉錫、仁錫、介蕃、靜山）、吳淞周氏（彝，策銘）、任城潘氏（遴，恬庵）、海陽陳氏（王猷，硯村）、四明萬氏（經，授一）、吳江張氏（尚瑗，宏蘧）、東川芶氏（金薇，井生）、山陰張氏（燧，星陳）、歸安吳氏（隆元，易齋）、蘋州陸氏（師，麟度）、遼左桑氏（格，子誠）、鶴潭王氏（棠炳，虎文）、峴山吳氏（從輅，毅公）。

◎另一本引用歷代先儒姓氏〔註5〕：太倉王氏（諱掞，顥庵）、長洲彭氏（諱定求，訪濂）、吉水李氏（諱振裕，醒齋）、西河毛氏（諱奇齡，大可。四先生皆業師）、歸安沈氏（涵，心齋）、甬江仇氏（兆鰲，滄柱）、黃岡張氏（希良，石虹）、溧陽史氏（夔，胄司）、海昌許氏（汝霖，時庵）、休寧汪氏（瀧，荇洲）、山陰葛

〔註 4〕此處僅列其「昭代名儒鑒定祭校姓氏」。
〔註 5〕此處僅列其「昭代名儒鑒定祭校姓氏」。

氏（繼孔，盧賓）、宿松朱氏（書，字綠）、嘉禾沈氏（辰垣，芷岸）、順德左氏（必蕃，界園）、太倉王氏（奕清，幼芬）、長洲尤氏（珍，謹庸）、西蜀樊氏（澤達，崑來）、太康許氏（維崶，蒼嵐）、江都史氏（申義，蕉飲）、清浦王氏（原，令貽）、蕭山陳氏（至言，山堂）、高安朱氏（軾，可亭）、遂安毛氏（際可，會侯）、常熟何氏（焯，屺瞻）、曲阜孔氏（尚先，念庵）、會稽董氏（肇勳，幼待）、武林吳氏（陳琰，寶崖）、廣昌魏氏（權，星渠）、大興蔣氏（仁錫，靜山）、吳淞周氏（彝，策銘）、任城潘氏（遜，恬庵）、海陽陳氏（王猷，硯村）、四明萬氏（經，授一）、吳江張氏（尚瑗，宏蘧）、江陰曹氏（禾，茨眉）、汜水張氏（維雍）、霸州張氏（士甄，繡紫）、仁和丁氏（澎，飛濤）、長洲顧氏（嗣立，俠君）、涇溪胡氏（承謀，貽仲）、遼陽卞氏（之鑰，梅溪）、會稽陶氏（思淵，聖水）、武林顧氏（永年，桐村）、潼關李氏（夔龍，澄園）、烏傷駱氏（方烈，耿楊）、金華黃氏（功純）、鶴潭王氏（棠炳，虎文）、峴山吳氏（從輅，毅公）、蒨園金氏（懋乘，星浮）、長衢郭氏（涵，宏生）、歸安吳氏（隆元，易齋）、蘋州陸氏（師，中吉）。

◎題名：《春秋紀傳》東陽李鳳雛（紫翔梧岡）撰，男或、雲邃，孫男韶生、婿士絢、金家駿仝校閱，受業門人長洲彭始乾（太學生）、四明仇廷柱（孝廉）、仇廷模（孝廉）、燕山李柱（內閣侍讀）、春山（庶吉士）、查賴（庶吉士）、同哥（中書舍人）、楊安（江寧理事同知）、山陰葛慶曾（候選同知）、葛慶邦、聊城朱廷貴、東陽郭懋楠（明經）仝糸訂。

◎提要：是書變編年之體，從史遷之例。以周為《本紀》，列國及孔子為《世家》，卿大夫為《列傳》。又為周、魯《列國世系圖》。其徵引以《左傳》、《國語》為主，輔之以《公》、《穀》、《檀弓》、《國策》、《家語》等書。搜羅考核，頗為詳備。惟采摭繁富，而皆不著其出典，是其所短。其《列國世系圖》全取馬驌《繹史》，亦嫌諱所自來也。

◎《浙江採集遺書總錄‧乙集‧經部‧春秋類》：《春秋紀傳》五十一卷（刊本），右國朝知縣東陽李鳳雛撰。倣《史記》體分本紀、世家、列傳三門。其採輯亦兼及他書，非僅據《左》《國》也。

◎毛奇齡《西河集》卷五十七《東陽李紫翔詩集序》：今世有文人而無學人。夫文人者，非謂習延佑舉業能揮筆作應試體也，將以摛辭賦詩，併發之為碑版剞劂諸雜體文字，則雖千百之中偶一有之，亦屬幸事。而況經學茫昧，誰則能開局發覆，探五學之精、窮六籍之奧，使《易象》《春秋》《詩》《書》《禮》《樂》悉曉然於天地間如七十子者乎？予早知東陽有李子紫翔，以舉文見知於

時。時之誦其文者咸稱之，而予獨謂其有古學。嘗竊觀其論《春秋》策書，按時度物，其於三家之是非多所考駮，即妄附謬說如予者，亦且一一正定之。此不可謂非當今有學之一人……紫翔以學為文，即以學為詩。溫柔敦厚，一本經術以出之。

　　◎李鳳雛（1655～1724），字紫翔，號梧岡，自號仙驛狂奴。浙江東陽古淵頭人。嘗從學毛奇齡。康熙中由拔貢生官曲江縣知縣。以強項落職，降至五仙驛為驛卒。著有《梧岡集》、《叩心集》、《隨筆》一卷。

李鳳雛　春秋紀傳考　二十五卷　存

　　首都圖書館藏光緒二十一年（1895）東陽古大化里刻本

李紱　春秋一是　二十卷　佚

　　◎道光《徽州府志》卷十二之二《人物志・宦業》：所著《穆堂類藁》一百五十卷、《春秋一是》二十卷、《陸子學譜》二十卷。

　　◎道光《徽州府志》卷十五《藝文志》：李紱《春秋一是》二十卷。

　　◎民國《歙縣志》卷十五《藝文志・書目》：《春秋一是》二十卷、《陸象山年譜》二卷、《朱子全論》八卷、《陸子學譜》二十卷、《穆堂類藁》一百五十卷（俱李紱）。

　　◎李紱，字巨來，號穆堂。安徽歙縣臨河人，遷居江西臨川。康熙四十七年（1708）鄉試第一，四十八年（1709）進士。任編修，超五級為庶子，累遷內閣學士，權吏部侍郎，兼副都御使為雲南、浙江兩省主考，充辛丑會試總裁。被議罷官，出視永定河。世宗即位，復原官，侍講經筵。後出為廣西巡撫，未二年，召為直隸總督。因劾田文敬入獄，後赦出之，纂修八旗志書，在館八年。高宗即位，授戶部三庫侍郎，尋改左侍郎。後因浮躁失大臣體，降二級，補詹事府詹事。丁母憂，服闋，補光祿卿，遷內閣學士，典試江南。其為學博聞強記，藏書五萬卷，手加丹黃，宏綱巨旨，都能省記。著有《春秋一是》二十卷、《穆堂類藁》一百五十卷、《陸子學譜》二十卷。

李富孫　春秋公羊傳異文釋　一卷　存

　　別下齋叢書本（道光刻、商務印書館影印、竹簡齋影印）

　　皇清經解續編本（光緒刻、光緒石印）

◎李富孫（1764～1843），字既汸，一字薌汲。嘉興府嘉興縣（今浙江嘉興南湖區）人。嘉慶六年（1810）拔貢。與伯兄超孫、從弟遇孫有「後三李」之目。嘗從盧文弨、錢大昕、王昶、孫星衍等遊。肄業詁經精舍，湛深經術。著有《七經異文釋》五十卷、《說文辨字正俗》八卷、《漢魏六朝墓銘纂例》四卷、《鶴徵錄》八卷、《鶴徵後錄》十二卷、《校經廎自訂年譜》一卷、《校經廎文稿》十八卷、《曝書亭集詞註》七卷，又補纂乾隆《梅里志》十六卷。

李富孫 春秋左傳異文釋 十卷 存

新疆大學藏嘉慶十八年（1813）刻春秋三傳異文釋本

道光蔣生沐輯刻別下齋叢書・春秋三傳異文釋本

國圖藏光緒武林竹簡齋影印道光別下齋叢書・春秋三傳異文釋本

嘉興藏清末鈔春秋三傳異文釋本

國圖、北大、上海、中科院、首都圖書館藏光緒十四年（1888）南菁書院刻皇清經解續編本

國圖、上海、首都圖書館藏光緒十五年（1889）上海蜚英館石印皇清經解續編本

中華書局 1985 年叢書集成初編本

續修四庫全書影印道光別下齋叢書本

叢書集成新編本

國家圖書館出版社 2012 年宋志英選編左傳研究文獻輯刊影印光緒武林竹簡齋影印道光別下齋叢書・春秋三傳異文釋本

李富孫 春秋穀梁傳異文釋 一卷 存

別下齋叢書本（道光刻、商務印書館影印、竹簡齋影印）

皇清經解續編本（光緒刻、光緒石印）

李富孫 春秋三傳異文釋 十二卷 存

新疆大學藏嘉慶十八年（1813）刻本

道光蔣生沐輯刻別下齋叢書本

國圖藏光緒武林竹簡齋影印道光本

嘉興藏清末抄本

商務印書館 1936 年叢書集成初編影印別下齋叢書本

續修四庫全書影印別下齋叢書本

叢書集成新編本

◎自敘：孔子作《春秋》明王道，筆削謹嚴，游、夏不能贊一辭。漢嚴氏彭祖引《觀周篇》云：「孔子將修《春烁》，與左邱明桀如周，觀書於周史，歸而修《春烁》之經，邱明為之傳，共為表裏。」齊公羊高、魯穀梁赤為子夏之門人，竝作傳目發明《春烁》之誼。三家於經互有得失，前人論之綦詳。《左氏》先箸竹帛，《公》《穀》先緣口授後箸竹帛，所說不能盡同。《公羊》箸於漢景之時，《穀梁》顯於漢宣之代，歷世既久，安能無展轉傳寫之誤？其閒方俗異言，音聲易淆，而文字因隨目變。經師授受，家澦各殊，故三傳之文取為錯雜。唐陸德明《經典釋文》廑采諸家之文字音切而未盡會通其誼。茲就孳窮之餘見、經史傳注諸子百氏所引，以及漢唐宋石經、宋元槧本，校其異同。或字有古今，或音近通假，或沿襲乖舛，悉據古誼而疏證之。而前儒之論說竝為蒐輯。使正其訛繆，辨其得失，折衷目求一是。學者讀之，而經傳之異文亦可無惑於紛紛之岐說矣。嘉慶十有八季歲在尚章作鄂陽月，李富孫述。

◎蔣光煦跋：嘉興李君薌沚為秋錦徵士來孫，少從從祖敬堂明府學，故學有淵源。長游四方，得就正於盧抱經學士、錢竹汀宮詹、王述庵司寇、孫淵如觀察質疑問難，飫聞緒論。今相國儀徵阮公撫浙時，肄業詁經精舍，深究漢唐諸儒之學，勤於著述。嘗有《七經異文釋》五十卷，馮柳東郡授俔其詳該奧博，得未曾有，為詁異誼者集其大成，可垂日月而不刊，足補陸元朗之所未逮。《易》書已梓行，《春秋三傳》攷覈俱精，審辨異同而定得失，實可羽翼經傳而不繆。余因索其槀授諸梓以竝傳於世云。道光丁卯仲冬，海昌蔣光煦跋。

◎孫殿起《販書偶記》卷三：《七經異文釋》三十卷，嘉興李富孫撰。嘉慶十六年刊。《易經》六卷、《書經》八卷、《詩經》十六卷。至其《春秋三傳》十二卷、《禮記》八卷，另刊。

◎許瑤光修，吳仰賢等纂光緒四年《光緒嘉興府志》卷八十《經籍一》：李富孫《春秋三傳異文釋》十二卷（《自序》略曰：《三傳》之文最為錯雜。茲就經史傳注、諸子百氏所引，以及漢、唐、宋石經，宋元槧本，校其異同，或字有古今，或音近通假，或沿襲乖舛，悉據古誼而疏證之，而前儒之論說並為蒐緝，使正其訛繆，辨其得失，折衷以求一是。海寧蔣氏刊入《別下齋叢書》）。

◎李慈銘《越縵堂讀書記‧經部‧春秋類》：閱李香子《三傳異文釋》，凡《左傳》十卷、《公羊》《穀梁》各一卷。其書取經典注疏及子史諸書所引文字

異同，附以石經舊槧。皆折衷是非，證明其義，大要以《說文》為主，以雅訓為輔，專於形聲通假，求其指歸，采掇近儒，頗為賅密。書成於趙氏《春秋異文箋》之後，故於君氏尹氏等大端之異皆置而不論，蓋可為讀左氏者小學之助矣。蔣氏別下齋所刻諸書，惟李氏兄弟所著三種有功經學，其餘皆短書小集無甚重輕。如《石門碑醳》，乃嘉慶中諸城王春林（森文）署陝西略陽縣知縣時於褒城縣石門道中摸拓摩崖石刻，自漢楊孟文《石門頌》以汔宋人題名，凡二十五種；或別寫釋文，或縮臨真跡，而附以《遊石門記》及略楊白崖之《郙閣頌碑考》，寫刻精工，足為清玩。其曰醳者，漢碑以當釋字也。又《箕田考》，乃朝鮮人西原韓久庵（百謙）所著，以朝鮮平壤城外田分四區，區皆七十畝，為田字形，謂是箕子遺法，合乎殷人井田七十而助之制。《峽石山水志》乃雍正中海寧蔣擔斯（宏仁）記其峽石鎮西山之勝，前有於越陳梓序，謂由吳門及海昌，中間數百里原野平敞，而巍然隆起，乃有峽川兩山，獨高於橫殳，騷人墨客，遂藉以游憩。又謂嘗於秋霽登智標浮圖，望吾越中諸山，澹煙一抹，白鳥雙去，其語題目佳境，頗有小品勝致，蓋亦能文之士，惜其字里顛末不可考矣。兩山者，審山（亦名沈山）、紫微山也。光緒乙亥十一月二十日。

◎趙爾巽《清史稿》卷一百四十五志一百二十《藝文》一：《春秋三傳異文釋》十三卷，李富孫撰。

◎張之洞《書目答問》卷一《經部》：《春秋三傳異文釋》十三卷（李富孫。蔣光煦刻《別下齋叢書》本。錢塘《春秋三傳釋疑》十卷未刊）。

◎上海古籍出版社2015年《續修四庫全書總目提要‧春秋類》「《春秋三傳異文釋》十二卷」：是書為《七經異文箋》之一種，前有李氏自序，以為《左氏》先著竹帛，《公》、《穀》先繇口授，後著竹帛，所說不能盡同。且歷世既久，安能無展轉傳寫之誤，其間方俗異言，聲音易淆，而文字因隨以變。經師授受，家法各殊，故三傳之文，最為錯雜。唐陸德明《經典釋文》僅采諸家之文字、音切，而未盡會通其誼。茲就經史傳注、諸子百氏所引，以及漢唐宋石經、宋元槧本，校其異同。凡字之古今，音之通假，悉據古誼而疏證之，而前儒之論說，並為蒐緝，使正其訛繆，辨其得失，折衷以求一是。意在使學者於經傳之異文，無惑於紛紛之歧說云云。是書廣羅異說，意在調停，而裁斷甚審。如《左氏》隱公元年，經云「都城過百雉」，《水經注‧濟水》引作「京城」。李氏據杜注「凡邑有先君之廟曰都」，以為作「都城」者，乃概言之。作「京城」者，專指京邑。此則調停二說，以廣異義。然是書所重，在文字之異，而

異文所涉之事理，時有未及。如隱公二年，《左氏》之經作「紀子帛、莒子盟于密」，《公》、《穀》之經作「紀子伯」。杜預、鄭玄皆以為，子帛為紀國大夫裂繻之字，則此是大夫會君之辭。然據《穀梁傳》「或曰紀子伯莒子而與之盟。或曰年同爵同，故紀子以伯先」，范注訓伯為長，則此為兩君之會。李氏詳加考訂，以為「伯」與「帛」相通，然未可裁斷三傳也。即取杜、鄭之說，然紀子帛以臣先君，卻褒而稱字，不足以服《穀梁》也。此本據清道光蔣氏刻《別下齋叢書》本影印。（黃銘）

李庚乾 左傳嘉言善行錄 四卷 存

湖南、天津師範大學藏光緒二十六年（1900）成都刻本

◎李庚乾，原名梅，號約齋。江西南城人。補用直隸州州同。著有《左傳嘉言善行錄》四卷、《佐雜譜》二卷。

李塨 春秋傳注 四卷 存

湖北、中科院、保定藏同治八年（1869）高陽李繼曾世和堂刻本

1923 年四存學會鉛印徐世昌等輯顏李叢書本

續修四庫全書影印同治八年（1869）李繼曾刻本

◎春秋傳注序〔註6〕：塨幼時讀《詩》《書》《三禮》，雖儒解錯互，而雅言日用可以心證；惟《易》與《春秋》難之。後以孔子《易傳》詮文周辭，十釋八九，顧《春秋》以為不可解。舊傳云「孔子筆則筆、削則削，遊、夏不能贊一辭」，是遊、夏之賢尚不知也，而況三傳乎？故《左氏》但記事而不能疏義，《公羊》《穀梁》疏其義輒誤，而況後儒之望風追影者乎？泥於一字褒貶，遂於月日名氏人師等分例樹標。而校之全經，一往不合。矯之者謂詳略異同俱仍舊史文而褒貶自寓，則但錄史文足矣。孔子何以曰作？且廿一史歷代鑒，誰謂非書其事而褒貶見也？乃至垂暮而忽有所覰：曰聖經不儼在乎？如傳載「楚子使屈完如師，師退」，而經更曰「來盟於師」，奪楚與齊。傳載「南蒯以費畔」「趙稷涉賓以邯鄲叛」，經俱削之。載「范中行伐趙鞅，鞅奔晉陽」，經改筆曰「鞅叛」，則聖人之筆削史文多矣。即仍而用之，有義在，即筆削也。於是觀其事而成敗升降治亂了然。如齊桓定霸數十事為一事，即至定公夾谷之會，許以三百乘從齊，以齊曾為天子之伯，則仍齊桓事也；而晉霸之歷久，不待言矣。觀其

〔註6〕又見於李塨《恕谷後集》卷十二。

文而燦然，或一字為文，或一句為文，或數十句數十節相比相屬為文，而文之或因或革乎史者，錯綜變化，鏗鏘戛然，觀其義而予奪褒貶昭然。義即王跡也，周禮也，天子之事也，所謂丘竊取者也。而邵康節謂「《春秋》，孔子之刑書」，亦明矣。禮樂征伐自天子出，春秋以前事也，非春秋也。春秋則自諸侯出，自大夫出，陪臣執國命，皆貶也。故孟子曰：「春秋無義戰。」例之無義朝聘、無義會盟，皆貶也。而彼善於此則褒矣。顏習齋先生謂「孔子經濟之書」，亦明矣。義見則天子之跡見，改元即位，朝聘會盟，侵伐放殺，昏覿享唁，喪葬祭祀，搜狩興作，甲兵賦稅，封建縣邑，利弊隆替，釐然可考。孔子為東周之具具矣，即萬世致太平之法亦有前車矣。子曰「見之行事，深切著明」，此也。因僭為傳注，以質天下後世焉。雍正四年丙午桂月雨朝，恕谷後學李塨再拜撰。

◎李繼曾跋：恕谷先生晚年註《春秋》，以為聖經儼在。註疏家雖多，未有如先生者。繼曾讀先生書有年，惜諸刊板俱遭回祿。《易》《詩》二《傳註》鄉里已有重刊，《春秋》僅存底稿，攜來江右，忽忽數年。深恐先生之書不傳，不但負先生闡經衛道苦心，亦自負生平願學先生之志。今於公暇之餘，校讀再三，敬謹付梓，庶人人得讀是書，不至以《春秋》為斷簡。先聖靈爽，實式憑焉，快何如也！時同治八年二月二十日，高陽後學李繼曾敬跋。

◎李塨《恕谷後集》卷十二《元年春王正月》文後評：先生《春秋傳注》多取之《毛氏傳》、靈臯《春秋論文》。毛《傳》辨禮甚詳，又謂《春秋》條貫相屬，如紀侯去國前後共二十三則為一事，諸事貫屬類然，謂經詳傳略，一洗斷爛朝報之謬說。《論文》如齊桓三城，城邢齊與宋曹同，緣陵命諸侯城之而齊不與，楚丘命魯獨城之而諸侯皆不與，從經棄傳。又謂文以內前卿以名見而外卿悉稱人，文後外卿霸國稱名；成後大國皆稱名，又始書名後加族系，以大夫漸張，舊史書之漸詳。又謂文七年公會諸侯，晉大夫盟於扈，諸侯不序，大夫不名，以其大夫主諸侯之盟也；十有五年、十有七年諸侯盟於扈，總言諸侯，沒晉大夫，與僖二十七年公會諸侯盟於宋，總書諸侯，沒楚大夫同，皆以其大夫而先諸侯也，傳解俱誤。諸如此論，實出前儒上，故多引之。但二先生皆謂《春秋》多因史文，非有褒貶，則於《孟子》作《春秋》天子之事、知我罪我不可通矣。先生補以王跡之義，而《春秋》全體乃見。

◎錢綺《左傳札記》卷一：《史》《漢》所引人名之異，更不勝枚舉。若服本及各本異同，見於孔氏《正義》、陸氏《釋文》者，本書具在，無庸贅述。近時嘉興李富孫有《春秋三傳異文釋》一書，臚舉最詳，足資考證。

◎上海古籍出版社 2015 年《續修四庫全書總目提要‧春秋類》「春秋傳注四卷」：塨師從顏元，講求實學；及其留心傳注藝文，則重在發明經文之實用，若《周易傳注》、《大學辨業》、《四書傳注》等皆是也。惟《易》與《春秋》，賾隱奧微，而《春秋》之義尤難。後儒創為義例以解之，亦不能盡通；復有儒者起，激於「一字褒貶」之苛察繳繞，遂等《春秋》於史傳，至於目為「斷爛朝報」。塨懲二說之偏頗，乃不從「一字褒貶」之說，亦不夷經為史，以為《春秋》即有孔子筆削之跡、褒貶之意。其論《春秋》之大旨，雖不甚用義例，而頗是邵雍「《春秋》孔子之刑書」之說，故能於其中多推求孔子筆削深意及書法同異。塨嘗從毛西齡學，故此書頗引毛氏《春秋毛氏傳》、《春秋條貫篇》之說，或者以此書多與西河同，其實非也。毛氏說《春秋》以禮及文例，而塨猶本顏元本意，即經濟之書也。毛氏不喜《公》、《穀》、《胡傳》之例，而塨猶時或用之。如桓公三年「春三月」無「王」，塨謂《穀梁》曰不書王以治其罪是也，顯對毛氏此處駁《穀梁》曰「無關義例」而發。其與毛氏之旨不同甚明。此書以《春秋》即孔子經濟之書，亦即萬世致太平之法。所謂改元、即位、朝聘、會盟、侵伐、放殺、封建、郡縣諸事利弊隆替，釐然可見，是即以「六府三事」說《春秋》也。如於鄭伯克段於鄢，及魯桓公元年即位條，皆論封建之不可復；又於襄十三年晉人執季孫意如條論封建之禍，皆可見塨之寄託。此本據中國科學院圖書館藏同治八年李繼曾刻本影印。（谷繼明）

◎李塨（1659～1733），字剛主，號恕谷。直隸蠡縣（今河北保定蠡縣）曹家蕞人。康熙二十九（1699）年舉人。官通州學正。著有《周易傳注》、《傳注問》、《論語傳注》、《大學傳注》、《大學辨業》、《小學稽業》、《聖經學規纂》、《閱史郄視》四卷、《論學》、《學禮錄》二卷、《學射錄》、《學樂錄》、《平書訂》二卷、《四書傳注》、《恕谷後集》、《瘳忘編》、《顏習齋先生年譜》二卷等。後人輯有《顏李遺書》。

李光北 春秋大義考訂 佚

◎乾隆《泉州府志》卷七十四《藝文》：李光北《春王正月辨論篇》《春秋大義考訂》《伏窗詩集》。

◎李光北，字土卿。泉州府安溪（今福建安溪）人。日昍四子。康熙四十七年（1708）舉人。由明通榜教諭大田，甫七月以憂歸，起補福清教諭。著有《春王正月辨論》《春秋大義考訂》《伏窗詩集》。

李光北 春王正月辨論篇 佚

◎乾隆《泉州府志》卷五十五《文苑・國朝文苑》一：定學規，月行考課，與諸生同筆研讀書，凡有所見，無不識跋，於《春秋內外傳》尤盡心力。著有《春王正月辨論》等篇，並《伏窓詩集》。

◎乾隆《泉州府志》卷七十四《藝文》：李光北《春王正月辨論篇》《春秋大義考訂》《伏窗詩集》。

李光地 春秋 存

國圖藏 1925 年上海千頃堂書局石印篆文六經四書本

◎乾隆《泉州府志》卷四十五《列傳・國朝列傳》二：奉旨纂《周易折中》、輯《朱子全書》、修《性理精義》頒行於學宮……辛未、己丑兩主會試，得人獨多，每遇當宁求才，薦引不避，如衛既齊、陸隴其、趙申喬、徐元夢、德格勒、楊名時、李紱、蔡世遠、魏廷珍、王蘭生皆為當世名臣碩德。自通籍後與前輩老宿為忘年交，虛心請益，問音學於顧炎武、問歷算於梅文鼎，皆畧盡其要，手不停披。洛閩遺書，丹鉛數過，與門人講論不厭往復，有一言之合，即改己說而從之。嘗自言為學初入館與德子諤、徐善長相切劘，學乃一變；中歲得楊賓實、張長史，學又一變；至晚歲學問又進。論者謂元明以來依傍者拾皮毛、超躐者迷宗派，惟光地篤敬義之實學、得誠明之正傳。而羣經訂正，於易尤精專且久。其遺書宗程朱，造詣邃密，直抉其未發之蘊。所著有《周易通論／觀象》《詩所》《洪範說》《中庸章段／餘論》《大學古本說》《論孟劄記》，《尚書》《春秋》未成書，《榕村文集／語錄》又編纂數十種。

◎乾隆《泉州府志》卷七十四《藝文》：李光地《周易折衷》《周易觀象》《周易觀象大旨》《尚書七篇》《詩所》《春秋薈》《孝經註》《洪範說三種》《古樂經傳》《四書解義》《解義三種》《大學古本》《中庸餘論》《論孟劄記》《正蒙註解》《握奇經定本》《榕村韻書》《榕村講授》《講授劄記》《韓子粹言》《韓文考異》《古文精藻》《二程遺書》《朱子禮纂》《語類四纂》《禮記改定篇目》《歷代詩選》《榕村語錄》《榕村文集》。

◎李光地（1642～1718），字晉卿，號厚庵，別號榕村，諡號文貞。泉州府安溪（今福建安溪）湖頭人。康熙五年（1666）舉人、九年（1670）進士，歷任翰林院編修、翰林學士、兵部右侍郎、直隸巡撫、文淵閣大學士兼吏部尚書。子鍾倫、鍾佐，孫清機、清植、清藻、清馥、清泰，曾孫宗文。著有《河

洛奏對》不分卷、《周易折衷》、《周易觀象》、《周易觀象大旨》、《尚書七篇》、
《洪範說三種》、《詩所》八卷、《禮記改定篇目》、《古樂經傳》五卷、《春秋燼
餘》四卷、《大學古本說》一卷、《中庸章段》一卷、《中庸餘論》一卷、《讀論
語劄記》二卷、《讀孟子劄記》二卷、《四書解義》、《解義三種》、《孝經註》、
《性理精義》、《朱子全書》、《朱子禮纂》、《語類四纂》、《陰符經注》一卷、《參
同契章句》一卷、《注解正蒙》二卷、《榕村講授》、《講授劄記》、《韓子粹言》、
《韓文考異》、《古文精藻》、《二程遺書》、《朱子禮纂》五卷、《曆像要義》、《握
奇經定本》、《榕村韻書》、《榕村語錄》三十卷、《榕村文集》四十卷、《榕村別
集》五卷、《歷代詩選》等。

李光地　春秋大義　未見

　　◎趙爾巽《清史稿》卷一百四十五志一百二十《藝文》一：《春秋大義》
《春秋隨筆》共一卷、《春秋燼餘》四卷，李光地撰。

李光地　春秋燼餘　四卷　存

　　國圖藏道光二年（1822）李維迪刻榕村全集本
　　◎趙爾巽《清史稿》卷一百四十五志一百二十《藝文》一：《春秋大義》
《春秋隨筆》共一卷、《春秋燼餘》四卷，李光地撰。

李光地　春秋隨筆　未見

　　◎趙爾巽《清史稿》卷一百四十五志一百二十《藝文》一：《春秋大義》
《春秋隨筆》共一卷、《春秋燼餘》四卷，李光地撰。

李國華　春秋左國公穀分國紀事本末　二十四卷　存

　　大連、南京藏乾隆十四年（1749）松風堂刻本
　　◎扉頁題：乾隆十四年鐫《春秋左國公穀分國紀事本末》，松風堂藏板，
榕城李東峰編輯。《周禮》攷定嗣出，內集《管子》《晏子》《晉乘》《檮杌》《呂
覽》《檀弓》《家語》《史記》《越絕書》《淮南》《韓詩》《說苑》諸書。
　　◎各卷卷首題：榕城後學東峯李國華編輯，男朝元、孫宗寶全条校。
　　◎序：《史記》既作，嗣有《類函》《玉海》諸書，雖體例漸變門目漸繁，
而嗜古篤學之士每資之。昔人編摩四庫，列入乙部，良以分類考核，有功史學，
不可少也。曩余校讐經籍，竊見傳註六經之家至國朝不下數千種，其中鮮趨小

異，義迄大同，譬諸繪天者量盈縮於龍角鳥咮、賦海者驗南北于陰火陽氷，搜著以識微，即近而覘遠，表章之志，今古同揆矣。三山東峰先生，以麟經舉於鄉，起家名魁，出宰劇邑，循卓之聲載于青濟。迨解組歸，日手《春秋三傳》，釐班按部，沿波討源，或原始於隱桓以上，或博攷諸漢魏之編，閱五載而書成，名之曰《春秋左國公穀分國紀事本末》。予既受而讀之，見其纂輯經傳犁如炳如，章分而指悟，事晰而義該，初終殫給，巨細不遺。昔草廬吳氏曰：「載事則《左氏》詳於《公》《穀》，解經則《公》《穀》精於《左氏》。漢儒專門，守殘護闕，不合不公，誰復貫穿異同而有所去取。」由吳草廬之說，則三傳之宜合不宜分，若導是書之先路耶？！夫紀事本末，史例也，茲書援史例以釋經，不但繼踪史筆，進乎羽翼聖經。他日石渠天祿徵訪名書，固應編摩甲庫，後先傳註諸儒之席，又非《類函》《玉海》諸書之分部採摭、列門彙纂為足津梁史學已也。東峯先生之孫李生宗寶為予癸酉典試八閩榜下士，繼予視學閩中，宗寶為屬，績學好古，能守其家經學。因弁數語歸之，生且以質世之讀是書者。峕乾隆二十一年丙子初夏，賜進士及第中憲大夫日講起居注官翰林院侍講學士提督福建學政加一級歙溪汪廷璵拜撰。

　　◎春秋左國公穀分國紀事本末序：《春秋》之有本末，由來舊矣。稽有明洪武十二年，上以《春秋》本諸魯史，而列國之事錯見間出，欲究其始終，難於考索，乃命東宮文學傅薄等纂錄，分列國而彙集之，附以《左氏傳》，俾事之始終秩然有序，於以翼《春秋》筆削之所自，尚矣！間嘗覽其書，經事明矣，而傳多缺焉，此所謂尊經而棄傳也。又嘗覽坊刻各種，事文固合而為一，然大概有經有傳者載之，有經無傳者刪之，或則從而附會牽合之，此所謂因傳而廢經也。二者俱未盡善。我朝衡聖右文，於五經子史靡不纂修鑒正，附之學宮，訓迪區宇。竊思《春秋》由夫子筆削，褒譏與奪、是非進退一秉乎天命天討之公，雖游、夏不能贊一辭。而後儒以己意窺之，鮮有當也。故愚欲取去聖未遠，于經有所發明者，先之以內傳，案編年而傳其事者也；次外傳，分列國而詳其驗者也；次《公》《穀》，敷別解而闡其義者也。他如《管子》《晏子》《晉乘》《檮杌》《檀弓》《家語》《吳越春秋》《呂覽》《史記》《淮南》《說苑》《韓詩》諸書，又可博採旁搜以資舊聞者也。要之，事同而文異，此略而彼詳，事可互參，理歸融貫，俾讀者詠嘆滛佚，觸緒旁通，庶可以窺聖人之奧、極事類之賾、窮天地之幽、探陰陽之變，舉二百四十年之天時人事恍如目睹，而否泰廢興吉凶悔吝之故燎如指掌，然後知夫子所以維持世教，

筆之削之,為天下萬世慮者深且遠也,不誠洋洋乎大觀也哉!余幼習《春秋》,壯而獲雋,間嘗沉酣《左》《國》,每苦事跡錯落,翻閱維艱,計欲敘其本末,幾經寒暑,未得要領。嗣因解組退閒,扃戶課督,因取夙所究心,細加檢閱,歷五星霜而後本末條舉。取聖經原文,合四傳文,分為列國。始於周紀,尊王也;傳首乎魯,親親也;下迄鄭衛晉齊,尚功也;繼之楚吳,內外也;諸如子男附庸,概為立傳,封建也;而終之於越,傷周室之微而悼天下之無霸也。其間有經無傳者,又以諸書補之。但《春秋》為魯史舊文,魯事滋多,而典制攸關、災祥所繫,難以缺畧,又別為《祀典》《氏族》以及《興作》《災異》以詳之。總以明經為主,而于經文不敢妄加增損焉。集成,因標其目曰《春秋分國紀事本末》。計余年七十,老矣,幸得纂就是編,以資課督,早暮咿唔之下,聖經昭焉。《左氏》燎焉,《管》《晏》《弓》《語》以概諸子,參互而考訂焉,經史條貫,炳如煌如,俾得以鑒其得失、規其成敗,而審乎人心風俗之原、禮樂政刑之本、日月薄蝕之故、律歷卜筮之蘊,斯誠足以資化理而佐治平,豈僅供嗜學好古者之摛華擷藻已哉!客冬坊友知余成是書,固請于余曰:「書非家絃而戶誦者,不足以行遠而垂久,是書雖布帛粟菽,而全經之奧合諸各傳,而條貫詳晰,罔有遺漏,俾稽古之士咀其英而採其實,其有裨于來學者靡淺鮮也,亟宜公之於世。」余勉從其言,因付之剞劂。後之服斯文者,將有鑒於斯言歟!是為序。乾隆十有五年歲次庚午仲春禊日,古閩榕城後學東峰李國華謹識。

◎春秋分國紀事本末例言:

《春秋》一書,原係魯史編年,夫子筆削之,左氏傳以紀之。但事既紛繁,本末錯見,故從前經傳各編殊難稽覽。今照《綱目紀事》例,彙集條貫,綜其終始,繫傳于經,一以尊經,一以補《通鑑紀事》從前之缺。

一、《左傳》有先經以起義後經以終事者,錯出諸傳,甚至間數十年一見,本末迥然。今悉彙為一,俱繫經後。其先後則各繫年月,其分章則另隔之,入目了然。如晉殺申生,經在僖五年,傳錯見于莊廿八年、閔元年、僖三四年,先後五見,今悉繫于五年經後,餘倣此。

一、《左傳》分國,各家彙集成編者,人各一手,但因有經無傳,末由收覽,掛漏者多,難免毀經之病。今悉照經文,採集《外傳》《公》《穀》以補《內傳》之缺,庶不負昔賢翼經之意,而《春秋》之全經存焉,亦所以明慎重之意也。

　　一、無經有傳者，其本末宜彙為一，故前後錯見者合之。如周鄭交惡傳在隱三年，其六年鄭伯如周、八年虢公忌父實為交惡一事，今悉為序次合之。如曲沃滅翼之傳，亦依此例。集中錯見者悉倣此。

　　一、紀年，《春秋》以周正冠于篇首，明有王也，其本末必當以周為始而尊之為紀，列國各分為傳。蓋宣聖訂定二百四十餘年之事，義本尊王，炳若日星。其事實必另採出，以全周之本紀。其外傳穆恭諸王附入焉。餘列國悉照其事而備存之。

　　一、經為綱傳為目，若以傳為主，遺經勢必存傳而棄經。茲于有經無傳者取《國語》《公》《穀》以補之，使本末燎然。四傳而外，有可以補事之缺畧、闡經之大義者，附之經傳之後。至無傳可補者，仍存經文，照年月分類而列于目。總于經文無敢善棄，使讀者知全經存焉。

　　一、《春秋》百二十國分之，自魯為始，以迄鄭衛晉齊諸大國。至若附庸小國，悉列諸大國之後而紀之，本末備矣詳矣。中如魯三家、晉六卿外，又有臧孫、東門、叔肸另為列出，而敍其興廢之由，而我夫子之世系治續亦分傳焉，此又倣《史記》之例也。然大凡家國之興，必以忠敬篤勤為保世滋大之本，而驕恣淫虐卒滅亡焉。此有關于世教者靡淺，上自公卿大夫，下及氓庶，率宜兢兢致意焉，讀者審之。

　　一、四傳而外，如《管子》《晏子》《晉乘》《檮杌》《檀弓》《家語》《吳越春秋》《呂覽》《淮南》《史記》《韓詩》《說苑》等書，有事義相關者，廣為採入，以佐傳也，以明經也。

　　一、杜林註極為明晰，緣此合集羣書，卷帙既繁，故註取其尤簡要者，只疏明本義為宗，閑文不載。

　　一、列傳始于魯終于吳越，中外之分也。而越傳又以范蠡終焉，進退之審也。讀是編者，以尊周為心可以言仁，以陶朱為法可以言知，仁、知備而《春秋》之家法舉在斯矣。

　　◎春秋左國公穀分國紀事本末目次

　　卷一周紀上（《春秋》以前《國語》附）：（穆王）征犬戎，（恭王）滅密，（厲王）監謗，夷公專利，立宣王，（宣王）不耤千畝，立戲，命孝公，料民，（幽王）論周將亡，（隱三）天王崩（子桓王立），（桓十五）天王崩葬桓王（穀）。子頹之亂：（桓十八）殺黑肩，（莊十六）蒍國作亂，虢晉朝王，（十九）立子頹，（廿一）殺子頹。（廿八）齊伐衛。周鄭之惡：（隱三）周鄭交質，（六年）鄭伯朝王，

（十一）取鄭田，（桓五）王伐鄭，（七年）遷盟向（併彝皮叛），（僖十）狄滅溫。子帶之亂：（莊八）逆王后，（僖五）會首止（《公》《穀》），盟首止（《穀》），（七八年）王崩盟洮（《公》《穀》）；（十三）會鹹；召太叔；（二十）鄭入滑；王居鄭國；王告難；（廿五）晉勤王（《國》二）；（文五）王子虎卒；（八年）天王崩。毛召之難：（文十四）頃王崩；（宣十五）殺召毛（《穀》）；（十六）蘇奔晉；士會聘。昏姻：（桓八）逆王后（《公》二）；（莊十一）王姬歸；（宣二）匡王崩（弟定王立，無傳）；（宣六）定王求后；（成五）定王崩（子簡王立，無傳）；（襄元）簡王崩（子靈王立，無傳）；（十二）靈王求后；（十四）賜齊侯命；（十五）逆王后。伯輿爭政：（成十二）周公奔晉；（襄五）晉執陳生；（十年）王叔爭政（《國》）；（昭七）殺單獻公；（十一）會于戚。

卷二周紀下（周魯之好）：（隱元）咺歸賵。祭伯來。（三年）來求賵（《穀》）。（六年）京師告飢。（九年）南季聘。（桓四）宰糾聘。（五年）仍叔聘。（八年）家父聘。（十五）家父求車。（莊元）送王姬（《穀》）。錫桓公命。祭叔聘。（僖廿八）公朝王所。（卅年）宰周公聘。（文九）毛伯求金。（宣九）蒐如京。（十年）王季子聘（《國》）。（成八）賜公命。（十三）公如京（《國》）。（襄廿四）豹如京。（昭廿七）晉致戍。（定十四）石尚歸脤。（哀十九）叔青如京。戎難：（隱七）凡伯聘；（僖廿二）遷陸渾；（宣二）楚伐陸渾；（成九）王師敗；（昭九）甘閻爭田。城郟：（襄廿四年）諫壅川；（廿八）靈王崩（子景王立）；（昭十五）太子壽卒。景王階亂：（襄卅年）殺佞夫；（昭十）原人逐絞；（十五）穆后崩；（十八年。《國》）鑄大錢；（廿一年）鑄無射（《國》二）。子朝之亂：（昭廿二）景王崩；猛居于皇；王居狄泉（併地震）；（廿四）甘桓見朝；晉徵會；會黃父；（廿六）王入成周；朝告諸侯；（廿九）殺召尹；（定五）殺子朝。儋翩之亂：（定六）公侵鄭；（七年）儋翩叛；（八年）定王室。城成周：（昭廿二）城成周（《國》）；（定元）執仲幾；（四年）召陵侵楚；劉卷卒；（哀九）殺萇弘。災異：（文十四）有星孛入（《穀》）；（宣十六）宣榭火。

卷三魯傳上：隱公：（元年）惠公元妃，春王正月（《公》《穀》），葬惠公，（二年）子氏薨（《公》），（三年）君氏卒，（五年）考仲子之宮（《公》《穀》），（六年）秋七月（《公》），（四年）翬帥師（《公》），（十一年）公薨。桓公：（元年）公即位（《穀》），（三年）會于嬴，翬逆女（併年聘），（六年）子同生，（十八）會于濼，公薨（冬葬）。文姜淫行：（莊元年）春王正月（《公》《穀》），孫于齊（《公》《穀》），會禚（併享祝丘）穀，狩于禚（《公》），（五年）姜如齊（併歸俘），（七年）

會防會穀，（十五）姜如齊，（十九、廿年）姜如莒，（廿一）姜氏薨。莊公：（廿二）肆大眚，如齊納幣，（廿三）公至（《公》），（廿四）姜氏入（《公》《穀》），（卅二）公子牙卒（《公》），公薨，子般卒，慶父如齊，（廿三）蕭叔朝公（無傳），（僖卅）介人侵蕭（無傳）。閔公：（元年）春王正月（夏葬公），盟落姑，仲孫來（《公》），（二年）禘莊公，公薨（《公》），（僖元）姜薨于夷（葬），高子盟（《公》《穀》），成季生，（僖元）友敗莒師，（八年）禘于太廟。僖公：（元年）春王正月，（十一）會陽穀，（十七）滅項，會卞（併公至），（卅三）如齊公至（併公薨），（附部介）邾子來朝（無傳），（廿九）介葛盧來，冬介葛盧來。文公：（元年）公即位，服會葬，（二年）作僖公主（《公》《穀》），躋僖公（《國》），遂納幣，（四年）逆婦姜（《穀》），風氏薨，（九年）秦歸襚，（六年）不告月，（十六）不視朔（《公》），（九年）姜如齊，（十六）姜氏薨（葬），（十八）公薨（葬），子卒，姜氏歸（《穀》）。宣公：（元年）即位逆女，行父如齊，取濟西田，（八年）嬴氏薨（葬），（十年）歸濟西田，（十五）初稅畝（《公》《穀》），蝝生，（十八）公薨，歸父如晉（併還。《公》《穀》）。成公：（元年）公即位，作丘甲（《穀》），盟赤棘，（二年）齊伐我，取陽田，（六年）立武宮，（八年）歸齊汶陽（《公》），（十四）逆女婦至，（十六）會沙隨（《公》），會伐鄭，執季孫（《公》），（十八）公薨。襄公：（元年）公即位，姜氏薨（葬），（四年）姒氏薨，（九年）姜氏薨，公送晉侯，（廿九）公在楚，（卅一）共薨，子野卒（立裯），葬襄公。昭公：（元年）公即位，（五年）公如晉，（八年）蒐于紅（《穀》），（十一）歸氏薨（葬），（十三）盟平丘，公如晉，季孫在晉，意如至，（十五）公如晉，（十六）公在晉（公至），意如如晉，（廿五）鸜鵒巢，孫于齊（《公》《穀》），（廿六）取鄆圍成（《晏子春秋》），盟鄟陵，（廿七）公如齊，會于扈，懿子伐鄆，如齊居鄆，（廿八）次乾侯，（廿九）至自乾侯，平子賈馬，鄆潰（《穀》），（卅年、卅一）在乾侯，會適歷，（卅二）乾侯取闞，公薨，（哀十二）孟子卒。定公：（元年）春王，公之喪至（《公》《穀》），（八年）從祀先公（《公》），（十五）邾子朝，公薨，姒氏卒，葬定公，葬定四。哀公：（元年）公即位，（十一）國書伐（《檀弓》），會伐齊，（廿四）荊之母嬖，（廿七）患三桓。

　　卷四魯傳中：臧孫氏：（隱五）矢魚于棠，公子彄卒，（桓二）取郜大鼎，（僖廿一）夏大旱，（文二年。《國》）祀爰居，（《高士傳附》）展禽仕魯，（十年）臧孫辰卒，（襄廿二）武仲如晉，（廿三）紇奔邾，齊為紇田，（昭廿五）昭伯如晉，（哀四年）晉將伐齊。孟孫氏：（莊二）伐於餘丘（《穀》），（文二）叔服會葬，（七年）徐伐莒，（十四）公孫敖卒，（十五）歸敖之喪，（襄七）三卜郊（《檀弓》

二），（十五）向抒聘，（十九）仲孫蔑卒，（昭七）公如楚（併公至），（十一）盟禖祥，（廿四）仲孫玃卒，（哀十四）何忌卒，（十五）成叛（及齊平附）。叔孫氏：（僖五）茲如牟，（十六）茲卒，（文十一）狄侵齊（併敗狄。《穀》），（宣五）得臣卒，（成十六）齊聲孟子，（襄四）豹如晉（《國》），（廿九）札聘，（昭元）取鄆（《國》），叔孫歸，（四年）叔孫豹卒，（五年）舍中軍，仲至自齊，（廿一）士鞅聘（《國》。補入未），（廿三）婼如晉，（廿四）婼至。侯犯之叛：（定十）圍郈，州仇如齊。季孫氏：（莊廿七）友如陳（《公》），（僖十六）季友卒，（文六）行父如晉，（十八）行父如齊，莒殺庶其（《國》），（成六）立武宮，取鄆，（襄五）行父卒（《國》），（七年）城費，（十一）作三軍（《國》），（昭五）舍中軍（《國》），（襄十九）作林鍾，（廿九）取卞（《國》二），（昭七）日有食之，季孫叔卒（《檀弓》），（九年）築郎囿，（十七）日有食之，（定五）意如卒，（六年）圍鄆（《公》），（哀三）城啟陽，季孫斯卒，（廿七）康子卒（附《國語》九則）。南蒯之叛：（昭十二）慭奔齊，（十三）弓圍費，（十四）南蒯叛。陽虎之叛：（定五）囚季桓子，（六年）公侵鄭，斯如晉，虎又盟公，（七年）歸鄆陽關，國夏伐我，（八年）公侵齊，公侵齊，國夏伐我（賈誼《新書》），（八年）從祀先公（《公》二），（九年）得寶玉大弓（《公》《韓非》《淮南》）。東門氏：（宣八）遂如齊，（十四）會於穀，（成十五）仲嬰齊卒。叔肸氏：（宣十七）叔肸卒（《穀》），（成八）嬰齊如莒，（十一）郤犨聘（《國》），（十七）公孫嬰齊卒，（襄十四）會向，（廿二）叔老卒，（昭二）叔弓如晉，（十五）叔弓卒，（廿二）叔輒卒，（廿三）叔鞅卒（無傳），（廿九）叔詣卒（無傳）。

卷五魯傳下：孔子世系（《家語》）。孔子相魯：（定十）及齊平（無傳），會夾谷（併歸田。《穀》《史記》），墮郈費（《公》），（附《國語》）辨墳羊，專車之骨，肅慎之矢，（哀十一）問田賦，十二月螽，（十四）獲麟（《公》），孔丘卒（《檀弓》三、《史記》二）。祀事：（桓五）大雩（《公》），（八年）己卯烝（《公》），（十四）御廩災（《穀》），（莊廿三）丹桓宮楹（《穀》），（廿四）刻桓宮桷（《國》。僖十、《公》、《穀》一），大雩（無傳。過時），（十三）大雩（仝上），（卅一）四卜郊（《公》），（文元）閏三月，（六年）閏月不告朔（無傳），（十三）大室壞（《公》《穀》），（十六）四不視朔，（宣三）郊牛傷（《公》），（成三）新宮災（無傳），大雩（無傳），（七年）鼷鼠食牛角，冬大雩（無傳），（十年）五卜郊（無傳），（十七）用郊（《穀》），（襄五）大雩，（八年）大雩（無傳），（六年、八年、十六、廿四）大雩（俱無傳），（廿五）上辛大雩（《公》），（定元）大雩（《穀》），（七年）大雩，（九月）大雩，（十二）大雩（無傳），（十五）鼷鼠食牛，（夏郊）（俱無傳），（哀三）桓僖災，（十

五）大雩（無傳）。氏族：（隱元）益師卒，（八年）無駭卒，（九年）挾卒（無傳）。宮壼：（僖九）伯姬卒（《公》），（宣十六）郯伯姬歸。兼併：（宣九）取根牟，（成六）取鄟，（襄十三）取邿。專命：（隱元）費伯城郎，（二年）無駭入極，（莊三）溺會伐衛，（十九年）結媵陳人（《公》。併三國伐）。興作：（隱元年傳）新作南門，（七年）城中丘，（九年）城郎，（桓五）城祝丘（無傳），（十六）城向（無），（莊九）浚洙（無），（廿八）築郿（《穀》），（廿九）新延廄（《穀》），城諸及防，（卅一）築臺于郎（《公》《穀》），（卅二）城小穀，（僖廿）新作南門，（文十二）城諸及鄆，（宣八）城平陽，（成四）城鄆（無），（九年）城中城，（十八）築鹿囿，（襄三）城防，（九年）城西郛，城武城（無），（定六）城中城（無），（十三）築蛇淵囿（無），（十四）城莒父及霄（無），（十五）城漆，（哀四）城西郛（以下俱無傳），（五年）城毗，（六年）城邾瑕。講武：（桓四）狩于郎，（六年）大閱，（七年）焚咸丘（無），（莊八）甲午治兵，（昭廿二）蒐昌間（無），（定十三、十四）蒐比蒲（俱無）。災異：（隱元）有蜚，（三年）日有食之（《公》《穀》），（五年、八年）螟（蟲生苗心為災。無傳），（九年）大雨震電，（桓元）秋大水（無），（三年）日有食之（無），冬有年（《公》），（五年）秋螽（無），（八年）十月雨雪（無），（十三）夏大水（無），（十四）正月無冰（無），夏五（《公》《穀》），（十七）日有食之，（莊六）秋螟（五），（七年）恆星不見（《公》《穀》），秋大水，（十七）冬多麋（無），（十八）日有食之（《穀》），秋有蜮，（廿四）大水（無），（廿五）日有食之（《公》《穀》），秋大水（《公》《穀》），（廿六）日有食之（無），（廿九）有蜚，（卅年）日有食之（無），（卅一）冬不雨（無），（僖二）十月不雨（《穀》），（五年）日南至，（九月）日有食之（無），（十年）大雨雪（無），（十二年）日有食之（無），（十五）日有食之，八月螽（無），震夷伯之廟（《公》《穀》），（廿四）西宮火（無），（廿九）大雨雹，（卅三）隕霜不殺草（無），（文元）日有食之（無），（二年）十二月不雨（《公》《穀》），（十三）自正月不雨（無），（十五）日有食之，（宣六）螽（以下俱無傳），（七年）夏大旱，（八年）日有食之，（十年）日有食之，秋大水，冬飢，（十三）秋螽，（十五）秋螽，冬蝝生，飢，（十六）冬大有年，（十七）日有食之，（成元）無冰，（五年）秋大水，（十六）雨木冰（無傳。記寒過節，冰封著樹），六月日有食之，（十七）日有食之（俱無），（襄公七年）螽（無），（十四）日有食之（自此至廿四年，日食者九，俱無），（十六）地震（無），（廿四）大水（無），大飢（《穀》），（廿七）日有食之，（廿八）無冰（無），（昭三）大雨雹（四年仝），（十五）日有食之（無），（十七）星孛于大辰（《公》《胡傳》），（十八）四國災，

（廿二）日有食之（無），（廿四）日有食之，（定元）隕霜殺菽（《穀》），（二年），雉門兩觀災（無傳），新作雉門兩觀，（五年、十二年、十五年）日有食之（俱無傳），（哀公公〔註7〕年）地震，（十二年、十三年）螽（俱無傳），（四年）亳社災，（十三）星孛于東方，（十四）日有食之（無），冬有星孛（無），飢（無）。

卷六魯晉：（僖十一）晉殺丕鄭，（廿八）買戍衛，（卅一）取濟西田（《國》），（文元）會于戚，（二年）處父盟，（三年）會伐沈，公如晉，（七年）盟于扈（《公》），（八年）盟衡雍，（十三）公如晉，（宣七）黑壤公至，（成元）盟赤棘，（三年）圍棘，荀庚聘，（四年）如晉公至，（五年）會于穀，嬰齊如晉（併侵宋），（八年）欒聘，（十年）公如晉，（十一）犨聘，行父如晉，（十七）罃乞師，（十八）士匄聘，魴乞師，（襄三）盟長樗，（八年）士匄聘，（九年）宿如晉，（十二）士魴聘，（十六）豹如晉，（十九）宿如晉，（廿三）豹救晉，（廿六）荀吳聘，（廿八）羯如晉，（卅一）穆叔至，（昭二）韓起聘，弓如晉，（廿一。《國》）獻子聘，（廿三）公如晉，（哀廿二）晉伐齊（《呂覽》）。

卷七晉傳上：滅桓莊：（傳）晉封成師，（隱五）莊伯伐翼，（桓三）武公伐翼（《國》），（七年）滅翼，（九年）虢仲伐（《史記》），（莊廿三）桓莊族偪，（廿四）殺游氏，（廿五）殺羣公子，（廿六）都絳。滅虞虢：（桓十）虢仲奔，（莊廿七）晉將伐虢，（卅二）神降于莘，（閔二）虢敗戎（《國》），（僖二）滅下陽（《公》《穀》），（桓十）虞叔伐虞，（僖二）虢敗戎，（五年）執虞公，（莊廿四）郭公（《新書》《史記》）。殺申生夷吾入：（閔元）作二軍，（僖五）殺申生（《國》四），築蒲屈（《國》二），（閔二）伐皋落，（《國》）里克中立，申生縊，（僖九）殺奚齊卓子（《公》《穀》），夷吾賂秦（《國》二），（二十年）殺里克（《公》《穀》），改葬太子（《國》），（十一年）殺丕鄭（《國》二），王錫晉命，（十三）晉飢，（十四）秦飢，沙鹿崩，（十五）戰韓穫（《史記》《國》），歸晉侯，（十七）質子圉，（廿二）圉逃歸，（廿三）惠公卒。重耳出亡反國圖霸：（廿三）奔狄適齊（《國》），（《國》）過曹宋鄭楚，秦召公子，（廿四）納公子，殺呂郤，赦頭須，歸季隗（《晉乘》），賞從亡（《國》），（廿五）勤王（《國》二），圍原，（廿七）楚圍宋，（廿八）侵曹伐衛，衛出成公，晉入曹，戰城濮，晉教其民，三罪服民，盟踐土（《國》），會于溫，狩河陽，圍許復曹，（附《國》）晉飢，文公學書，處父傅讙，（廿九）盟翟泉，（卅二）楚請平，重耳卒。晉襄繼霸：（僖卅）秦晉圍鄭，（卅二）杞子告秦，（卅三）敗秦于殽（《公》），（文二）戰彭衙，四國伐秦，（四年）晉伐秦，（文元）晉伐衛。處父

〔註7〕按原文如此。

之禍區鄭見殺：（文五）處父聘衛（《國》），（六年）殺處父，射姑奔（《穀》），（八年）夷之蒐，（九年）殺先都，殺穀鄭。

　　卷八晉傳中：靈公始末：（文六）逆公子雍，（七年）戰于令狐，狄侵我，（十二）戰于河曲（《國》），（十三）復士會，（宣元）放胥甲父（《公》），趙穿侵崇，（二年）秦伐晉，趙盾弒君（《公》《穀》）。爭霸爭鄭：（文三）伐沈沈潰，楚圍江，處父救江，（四年）曹伯會正，（九年）遂救鄭，（十一）會承筐，（十四）盟新城，（宣元）會棐林，晉宋伐鄭，（二年）四國侵鄭，（十一）鄭復事晉，戰于郯（《公》），赦林父，（十三）狄伐晉，（十四）晉伐鄭。晉攘狄：（僖八）狄伐晉，（十六）狄侵晉，（廿八）作三行，（卅一）蒐清原，（卅三）敗狄于箕，（宣六）赤狄伐晉，（十一）會攢函，（十三）赤狄伐晉，（十五）滅赤狄，（十六）滅甲氏（《列子》），（成三）伐咎如，（十二）敗狄交剛。秦晉為成：（宣八）晉狄伐秦，（十五）魏顆敗秦，（成九）秦狄伐晉，（十一）秦晉為成，（十三）會伐秦，（襄十）晉伐秦，（十四）會伐秦，（廿四）會夷儀，（廿六）鍼如晉。郤氏興亡：（僖卅三）舉冀缺，（宣十七）盟斷道（《穀》），士會請老（《國》），（十八）晉衛伐齊，（成二）戰于鞌，盟于袁婁（《公》《穀》），晉師歸，獻齊捷，（二年）作六軍，齊朝于晉（《國》），（十一）爭郮田，（十三）至乞師，（十五）殺伯宗（《國》），（十六）獻楚捷（《國》），（十七）士燮卒，殺三郤（《國》），殺胥童，（十八）弒厲公。趙氏之難：（宣八）廢胥克，（十五）獻狄俘，（成八）殺同括，（十年）晉景公卒（《史記》）。諸侯貳晉：（成五）梁山崩，盟蟲牢，（六年）衛侵宋，遷新田，（七年）盟馬陵，（六年）書救鄭，（八年）書侵蔡，（九年）盟于蒲，（十五）會鍾離。晉楚為成：（成三）歸穀臣，（九年）歸鍾儀，辰如晉，（十二）會瑣澤，至聘楚，（十六）鄭叛晉，鸜乞師（《國》），戰鄢陵（《國》），會沙隨，會伐鄭，（十七）括侵鄭，盟柯陵。悼公初政：（十八）逆周子（《國》），悼公立（《國》），（襄元）韓厥伐，（二年）會戚，城虎牢，（三年）盟雞澤（《穀》），熒伐許，祁奚薦善（《國》），絳伐僕（《國》），絳和戎（《國》），（五年）會善道，會戚，戍陳，（七年）韓厥老（《國》）。

　　卷九晉傳下：悼公復霸：（襄八）會邢丘，（九年）盟戲，（十年）會于柤，滅偪陽，會伐鄭，戍虎牢，貞救鄭，（十一）會伐鄭，會蕭魚，（十三年）蒐綿上，（十四年）舍新軍，會于向，假羽毛，（十五年）晉侯卒，葬悼公。平公嗣伯：（襄十五）伐北鄙，（十六）會溴梁（《公》），伐北鄙（《穀》），（十九）盟祝柯，林父伐，匄侵齊（《穀》），會于柯，（廿年）盟澶淵。欒氏興亡：（桓三）伐翼，（成

十八）弒州蒲，（襄十四）范鞅笨，（廿一）欒盈奔（《國》），會商任，（廿二）盈適齊，會沙隨（《國》），（廿三）盈復入（《國》）。范趙佐晉：（廿四）豹如晉，宣子輕幣，程鄭卒，（《國》）宣子爭田，（《國》）砦祐死，（廿五）趙武為政，（廿六）烏餘奔晉，（昭九）會于虢，王勞趙孟，（《國》）文子為室，晉侯有疾，趙孟卒（《國》），鍼奔晉。齊晉為婚：（昭二）須逆女，公如晉，段如晉，齊請繼室，起逆女，罕虎如晉。韓起為晉：（襄廿六）韓起聘周，（昭三）鄭伯如晉，（七年）子產聘晉，歸州田，（《國》）叔向賀貧，（八年）石言于晉，弓如晉，（《國》）公說新聲，（《國》）公射鴳，（九年）荀罃卒（《檀弓》），（十年）星出婺女，晉侯卒，（十一）三國如晉，享諸侯，（十三）會平丘，（十四）爭郤田，（《國》）泣司馬侯，（《國》）取范氏，（十六）晉昭公卒（葬），（廿八）祁鄔通室。敗狄克鼓滅陸渾：（昭元）荀吳敗狄，（十二）伐鮮虞，（十三）侵鮮虞，（十五）圍鼓，（十七）滅陸渾，（廿一）公如晉，（廿二）滅鼓（《國》），（三年）鮮虞敗晉，（四年、五年）伐鮮虞。魏范為政：（昭廿八）魏舒為政，舉賈辛，辭梗陽賂，（廿九）龍見于絳，（卅年）頃公卒，（定四）會召陵，盟皋鼬，（《國》）圍聘晉。范中行之亡：（昭廿九）城汝濱，（定十三）趙鞅叛，寅吉射叛，（《國》）安于辭賞，（十四）祀安于，會牽，（哀元）齊衛伐晉，（二年）戰于鐵，（三年）圍朝歌，（四年）圍邯鄲，（五年）鞅伐衛，（《新序》）佛肸叛，（《韓非》）文子亡，（六年）伐鮮虞（附《國》），（《國》二）為晉陽，（《國》五）田于螻，少宰周致右，願得良臣。賀求賢，論人化。趙鞅專晉：（哀七）曼多侵（十三年仝），（十四）鞅伐衛（十五年仝），（十七）鞅衛衛，（十年）鞅侵齊，（附《國》二）襄子伐狄，晉陽之圍。知氏之亡：（哀廿三）瑤伐齊，（廿七）瑤伐鄭，瑤圍鄭（附《國》三）。

　　卷十魯齊：（隱六）盟艾，（七年）年聘，（桓十七）戰奚，（莊十）敗長勺（《國》），（十一）王姬歸，（十二）盟于柯（《公》），（廿二）盟防，（廿三）齊觀社（《國》），遇于穀，（廿七）會城濮，（廿八）無麥禾（《國》《公》《穀》），（卅年）次成，（卅一）齊獻捷，（僖三）友涖盟，（七年）友如齊，（十年）公如齊，（十三）友如齊，（十五）公如齊，（廿六年）齊侵我，夏齊伐我（《國》），（廿八）遂如齊，（卅三）歸父聘，（文元）敖如齊，（宣四）如齊公至，（五年）逆叔姬，（九年）如齊公至，歸濟田，歸父如齊，行父如齊，（十五）會無婁，（成十一）僑如如齊，（襄十六）伐齊（併）圍郕，（十七）圍桃，邾伐我，（十九）城武城，（廿年）叔老如齊，（廿四）羯侵，（廿五）崔杼伐，盟重丘，（昭七）婼涖盟，（九年）玃如齊，（定十二）盟黃，（哀八）取讙、闡，歸讙、闡，（十一）盟蒙，（廿年）齊徵會，（廿一）盟顧。

－756－

卷十一齊傳：（隱三）盟石門，（桓三）胥命，（十一）盟惡曹，（莊四）遇垂。
桓公入立：（桓十四）僖公卒（附《管子》），（八年）弑諸兒，（九年）殺無知，盟
蔇，納子糾（《史記》），戰乾時（《穀》《國》）。桓公創霸：（莊十）滅譚，（十三）
會北杏（《穀》），滅遂，（十七）殯于遂，（十四）伐宋會伐（《管子》《淮南》），會
鄄，（十五）會鄄，伐郔，（十六）三國伐鄭，盟幽（《穀》《呂覽》），（十七）執鄭
詹（併詹逃），（廿年）齊大災，（廿六）會伐徐，（廿七）遇梁丘，（閔二）遷陽，
（僖元）會檉，（五年）會首止，盟首止，（七年）盟甯母，（九年）會葵丘，盟葵
丘（《公》《穀》）。治戎：（莊廿）齊伐戎，（卅年）遇魯濟伐戎（《公》《穀》），（僖
十）伐北戎（《史記》），（卅年）狄侵齊，（卅三）狄侵齊，（文四）狄侵齊，（九年）
狄侵齊，（十一）狄侵齊（傳入魯）。救邢封衛：（莊卅二）狄伐邢（附《韓非》），
（閔元）救邢（《公》），（僖元）聶北救（《公》），遷夷儀（併）城邢（《公》），（二
年）城楚丘。攘楚：（僖正）盟貫（《公》），（三年）徐取舒，會陽穀（《公》《穀》），
楚伐鄭，（四年）侵蔡伐楚（併召陵。《穀》《管子》），城緣陵（穀），（十五）盟牡
丘，伐厲，敗婁林，（十六）伐厲，（十七）伐英氏，（十六）會于淮。勤王：（僖
五年）會首止（至十七年各傳已入周）。桓霸之衰：（僖二）貂漏師，（十七）桓公
卒（《管子》），（十八）宋立孝公，（十九）盟于齊，（廿三）齊伐宋，（廿六）伐齊
取穀，（廿七）孝公卒。商人弑君商人被弑：（文十四）昭公卒（併弑舍），單伯
如齊，（十五）行父如晉，單伯至，歸叔姬，齊侵我（併如晉、盟扈），齊侵我，
（十六）會陽穀（併郪丘），（十七）齊伐我，遂如齊，（十八）弑商人。滅萊：（宣
七）會伐萊，（九年）伐萊，（襄二）伐萊，姜氏薨，（六年）滅萊。崔慶亂齊：
（宣十）惠公卒（併）杼奔，（成九）頃公卒，（十七）無咎奔，杼為大夫，（十八）
殺國佐，（襄十七）晏弱卒，（十九）靈公卒，殺高厚，（廿一）佐為大夫，會商
任，（廿二）盈適齊，（廿三）伐衛伐晉，襲莒，杞梁妻（《說苑》），（廿四）杼伐
莒，會夷儀，楚伐鄭，（廿五）杼弑君（列國史），會夷儀（併）重丘，（廿七）慶
封聘，杼生成，（廿八）朝于晉，慶封奔（附《韓非》），辭邶殿，（昭三）田于莒，
（四年）殺慶封。晏子避禍納諫：（襄廿九）札聘（全傳入魯），（昭三）更宅省刑，
（廿年）齊侯疥，田于沛，至自田，齊彗星，坐于路寢，（附）公有愛焉（《晏子
春秋》），公飲酒（附雜記）。高止之放欒高之逐：（襄廿九）高止奔，（卅一）殺闔
丘，（昭二）起納幣，（三年）公孫竈卒，（八年）公孫蠆卒，（十年）欒施奔，姤
至。納北燕：（昭三）燕歁奔，（六年）伐北燕，（七年）暨齊平，（十二）納北燕
（《公羊》）。齊衛叛晉：（定七）盟于鹹，（十年）會安甫，（十三）次垂葭。陳乞

陳恆弒君：（哀五）景公卒，（六年）國高奔，陽生入（《公羊》），（八年）殺胡姬，殺鮑牧，齊請師，（十年）會吳伐陽生卒，（十四）恆執君，齊弒君，（附）東郭亥（《孔叢子》），齊大飢（《檀弓》），（十五）無丕奔。

卷十二魯衛：（桓十）會桃丘（無傳），（文四）甯俞聘，（宣七）孫良夫盟，（襄元）公孫剽聘，（七年）宿如衛，孫林父聘。衛傳：（隱三）莊公娶齊，（四年）州吁弒君，衛立晉，（五年）葬桓公，（桓十二）晉卒，（十三年）葬宣公，（十六年）朔奔齊，（莊五年）會伐衛，（六年）突救，（廿五年）朔卒，懿公失國文公復衛：（閔二）狄入衛（《史記》《說苑》），（二年）城楚丘，（十三年）狄侵衛，（十八年）邢狄伐衛，（十九年）衛伐邢，（二十年）盟于邢，（廿一年）狄侵衛，（廿五年）滅邢，（卅一年）狄圍衛，（卅二年）衛侵狄，（文十三）狄侵衛。元咺之訟：（僖廿八）侵曹伐衛，衛侯歸，晉執衛侯（《國》《公》），殺元咺（《公》）。孔達死事：（文元）晉侯伐衛，衛伐晉，（二年）盟垂隴，（三年）衛侯如陳，（七年）歸衛地，（八年）歸衛田，（宣十二）盟清丘，（十四年）殺孔達。孫甯出君：（成二年）戰新築，衛侯卒（葬），（七年）林父奔，（十四年）林父歸，衛侯卒（葬），（襄十四）衛侯奔，會于戚，（十七年）石買伐曹，（十八年）執石買，石買卒，甯惠子疾，（廿五年）入于夷儀，（廿六年）甯喜弒君，衛侯歸（《檀弓》），會澶淵，執甯喜，（廿七年）殺甯喜（《公》《穀》《呂覽》），（廿八年）石惡奔，（廿九年）衛侯卒（葬），札適衛。襄靈嗣立：（昭七）衛襄公卒（葬），（廿年）盜殺摯。召陵皋鼬：（定四）盟皋鼬，（八年）鞅侵衛，斯侵衛，盟曲濮，（九年）次五氏，鞅圍衛。富而能臣：（十四年）戌來奔，結來奔（《檀弓》）。蒯輒爭立：蒯奔宋，（哀二）納蒯蒯（《穀》），（三年）圍戚（《公》《穀》），（十年）孟彄歸，（十一年）世叔齊奔，（十五年）鞅伐衛，（十六年）遺奔，蒯自戚入（《家語》《孝子傳》《說苑》），鄆肸告周，瞞成奔，（《祭統》）賜悝鼎銘，悝奔宋，疾劫盟，（十七年）疾殺良夫（《韓詩外傳》），衛出莊公，（十八年）石圃逐君，（廿五年）衛侯奔，（廿六年）納衛侯。

卷十三魯宋：（隱元）盟宿，（四年）遇清，（桓二）會稷（《公》《穀》），取郜鼎（《公》），（十一）盟折，夫鍾，于闞，盟穀丘，于虛，于龜，于武父，伐宋，（十七）及伐邾（入邾），（莊十）侵宋，次郎（《檀弓》），（十一）敗鄑，（僖五）逆婦，（文十五）華孫盟，（成四）華元聘，（五年）蕩如宋，（六年）嬰齊如晉，蕩僑如侵，（八年）華元聘，壽納幣，衛來媵，（九年）伯姬歸，行父致女，晉來媵，齊來媵，（襄二）豹如宋，（十五）戌聘，（廿年）宿如宋，（昭十二）華定聘，

（廿五）婼如宋。宋傳：（隱三）穆公讓國，（隱三）宋公和卒，葬穆公（《公》），（附）宿傳，（隱八）宿男卒，（莊十）遷宿。宋鄭之怨：（隱四）四國伐鄭，（五年）邾鄭伐，宋伐鄭，（六年）取長葛，（七年）宋鄭平，（八年）遇垂，盟瓦屋（《穀》），齊告成，（桓十三）會紀鄭，（十四）宋以齊蔡。華督宋萬弒君：（桓元）督弒君（《公》），會稷，（莊二）宋公卒，（三年）葬莊公，（十一）乘丘之役，（十二）萬弒君（《公》）。御說為君：（十一）宋大水，（僖八）宋公疾，（九年）宋公卒。宋襄圖伯：（僖十五）伐曹，（十六）隕石宋五（《公》《穀》），（十九）執嬰齊，盟曹南，圍曹，（廿一）盟鹿上，會孟盟薄（《公》），（廿二）四國伐，戰泓（《公》《穀》），（廿三）宋公卒，（廿四）宋楚平，（廿五）宋殺大夫。宋昭不道：（文七）宋公卒，宋殺大夫，（八年）宋殺司馬，（十年）狄侵，（十一）遂如宋，（十四）哀來奔，（十六）弒杵臼，（十八）武氏之族，（十七）四國伐（《國》），會扈，（宣元）侵陳宋盾救，圍曹。華元柄宋：（宣二）戰大棘，（九年）圍滕，（十四、十五）圍宋宋楚平，（成二）宋公卒二月葬，（五年）殺圍龜，（十五）宋公卒華元奔，（十八）楚鄭伐，圍彭城，楚鄭侵，會虛杅，（襄元）蒍會圍，壬夫侵。子罕為司城：（襄六）弱來奔，（九年）宋災，（十五）宋人得玉，（十七）伐陳，華臣奔，國父為太宰。向戌弭兵：（廿六）殺世子痤，（廿七）會宋，盟宋（附屈建卒），左師請賞。災變：（文三）雨螽，（廿八）無冰，（廿九）宋亦飢，（卅年）宋災伯姬卒，會澶淵。華氏之亂：（召六）合比奔，平公卒（附葬），（廿年）日南至，華向奔，（廿一）華亥叛，華登救，城以晉師至，（廿二）華亥奔，（廿五）元公卒。樂祁使晉：（定六）執樂祁犁，（八年）軃歸祁，（九年）大心奔。向魋之亂：（定十）地奔陳，（十一）辰入蕭叛，（哀十四）向魋叛。景公無常：（哀十八）殺皇瑗，（廿二）景公卒，（廿六）宋人立得。

　　卷十四魯鄭：（隱六）鄭渝平，（八年）鄭歸祊，（桓元）會于垂，盟于越，（十年）戰于郎，（十四年）會于曹，（僖六）會伐鄭，（襄五）發聘，（定十一）及鄭平。鄭傳（《春秋》以前《國語》附）：（《國語》）桓公為司徒。克段伐衛：（隱元）克段于鄢（《公》《穀》），（二年）伐衛，（五年）侵衛牧。討宋不王：（九年）會于防，（十年）會中丘，伐戴取之，（十一年）鄭虢伐宋，（十年）齊鄭入郕。鄭入許：（十一年）會時來，息伐鄭。忽突亹儀繼立：（七年）鄭忽成昏，（八年）忽逆婦，（九年）戎侵鄭，（桓六）忽救鄭，（十一年）鄭伯卒（葬），宋執祭仲（《公》），（十五年）突奔，突入櫟，會于袲，（十六年）會于曹，會伐鄭，（十七年）渠彌弒君，（莊十四）殺傅瑕，（十六年）殺公子閼，（廿年）鄭伯突卒（葬），（閔二）

鄭棄其師。齊楚爭鄭：（僖五）盟首止，（六年）圍新城，楚圍許，（七年）齊伐鄭，殺申侯，盟甯母，（廿四年）子臧奔，（十八年）鄭朝楚，（廿二）鄭如楚。穆公嗣立：（卅二）鄭伯捷卒，（卅三）三國伐許，（宣三）鄭伯蘭卒，（四年）歸生弑君。晉楚爭鄭：（文十七）會于扈，（宣三）楚侵鄭，（四年）楚伐鄭，（五年）楚伐鄭，（六年）楚伐鄭，鄭殺漫滿，（七年）會黑壤，（九年）楚伐鄭，（十年）四國伐楚，楚伐鄭，（十一）盟辰陵，（十二）楚圍鄭，戰于邲，（成三）會伐鄭，（四年）鄭伯堅卒（葬），（十六）盟武城，喜侵宋，（襄二）鄭伐宋，鄭伯睔卒，（八年）鄭侵蔡，貞伐鄭，（九年）盟戲楚伐鄭，（十年）楚鄭伐宋，（十一）鄭侵宋。髠弑君尉止亂：（襄七）鄭伯如會，葬僖公，（十年）楚鄭侵我，盜殺子髠，（十五）鄭納賂于宋。鄭許交訟：（成三）鄭伐許，（四年）晉救許，（五年）盟蟲牢，嬰齊伐書救，（七年）楚伐會救，（九年）執鄭伯（《穀》），鄭圍許，（十年）衛侵會伐，（十三）殺子班，（十四）鄭伐許，（十五）許遷于葉。子產輔鄭：（襄十九）公孫蠆卒，殺公子嘉，（廿二）晉人徵朝，（廿五）舍之入陳，鄭伐陳，（廿六）子產辭邑，楚秦侵鄭，鄭伯歸，（廿七）享垂隴，（廿八）游吉如晉，（廿九）段如周，子展卒，季札聘。伯有為戮：（廿八）公如楚，（廿九）黑如楚，（卅年）鄭伯如晉，殺良霄，（昭七）伯有為厲。（襄廿三）子張歸邑。（襄十一）子產治鄭：（卅年）子皮授政，子產從政，鄉校論政，子產擇能，尹何為邑，（卅一）壞晉館垣。諸游禍變：（襄廿二）游販奪妻，（昭元）鄭放游楚，（二年）殺公孫黑，（十九）泗偃卒。子產相鄭：（昭四）作丘賦，（五年）罕虎如齊，（六年）鑄刑書，（七年）罕朔奔晉，（十二）鄭伯嘉卒（葬），（十三）盟平丘，子皮卒（劉晝《新論》），（十六）韓起聘，宣子辭玉，鄭餞六卿，鄭大旱，（十七）星孛大辰，（十八）四國災，鄭為火故，（十九）鄭大水，（廿年）子產卒，（廿八）鄭伯寧卒（葬），（定八）駟歂嗣政，鄭伯蠆卒（葬），（哀五）鄭殺駟秦。宋鄭交兵：（定十五）罕達伐宋，（哀七）宋侵鄭，宋伐鄭，（十二）宋伐鄭，（十三）取宋于喦，（十五）鄭伐宋。

卷十五魯楚：（莊公）荊人來聘（《穀》《史記》），（僖公）公至（無），宜申獻捷（無），遂乞師，（文公）椒聘，（宣公）歸父會宋，楚莊王卒，（成公）會于蜀，盟于蜀，公衡逃歸，（襄公）羯如晉，公如楚（《國》），公在楚，薳罷聘，（昭公）弓如楚，公如楚，弓會于陳。

卷十六楚傳上：楚猾中夏：（桓公）會于鄧，楚侵隨，合沈鹿，熊通稱王（《史記》），敗鄧師，盟貳軫，伐絞，伐羅，（莊公）伐隨，伐鄧，伐黃，伐鄭。

子文為政：(莊公) 伐鄭，為令尹 (《國語》《家語》)，(僖公) 侵鄭，滅弦，伐黃 (《穀》)，伐隨。得臣為政：(僖公) 伐陳，納頓子，滅夔，圍緡，子玉治兵，殺得臣。商臣弒君：殺子上，(文公) 弒君頵，滅江，滅六，伐鄭，殺申宜，次厥貉，伐麋。楚莊爭霸：(文公) 莊王立，滅庸，(宣公) 滅若敖，滅舒蓼，伐陳。叔敖霸楚：(宣公) 盟辰陵，城沂，尹莖薦敖 (《呂氏春秋》)，會漢陽，滅蕭，伐宋圍宋，楚子卒，傅太子 (《國》)。楚吳之釁：(成公) 巫臣奔，吳入州來，滅舒庸。

卷十七楚傳下：楚靈不道：(昭公) 鄭伯如楚，會于申，執徐子，殺慶封，吳伐楚，殺屈申，韓起送女，棄疾如晉，冬伐吳，歸蹶由，罷帥師，公如楚，公至，(《國》) 章華之臺，宇執閽，城陳蔡不羹 (《國》)，殺成熊，伐徐，(《國》) 靈王虐，(《國》) 倚相筬矗，子北弒君 (《國》)，殺子比 (《史記》《公》)。平王初政：盧吳歸，然丹簡兵，殺成然，朝吳奔，殺戎蠻 (《公》)。楚備吳患：(昭公) 城郟，吳滅胡沈，吳伐州來，瓦城郢，吳滅巢 (《史記》)，城州屈。平王信讒：建居城父，建奔宋，員奔吳 (《韓非》《呂覽》)，蘯越緥，楚子居卒，殺郤宛，(《國》) 闘且見子常。覆楚復楚：(昭公) 日有食之，(定公) 楚圍蔡 (列國史)，戍敗吳 (《公》)，王奔隨，王在隨 (《韓非》)，包胥哭秦 (《史記》)，包胥復楚，吳入楚 (《穀》)，楚入郢 (《國》)，城廪，(列國史) 子常請死，(《國》) 射父論天地，平王卒，(定公) 子西遷郢，滅頓，滅胡，(哀公) 吳師在陳 (《國》)，執戎蠻 (《公》)，吳伐陳，(《史記》) 師于城父，楚子軫卒，楚人伐陳 (《韓非》)，(《國》) 期祀平王。白公之亂：子西召勝，葉公平亂 (《國》)，巴伐楚，諸梁伐夷，(《國》) 文子辭梁。

卷十八秦傳 [註8]：取梁入都，秦晉兵爭 (各傳入晉)，魯秦結好，殉三良。

卷十九吳傳：(襄十) 吳子乘卒，(十四) 札辭國，(廿九) 札聘。吳楚搆兵：(廿五傳) 諸樊伐楚，(廿九) 閽弒餘祭 (《穀》)，(卅一傳) 屈孤聘晉，(昭十五) 夷末卒，(十七) 戰長岸，(廿七) 弒君僚，(卅年) 滅徐，(傳) 子胥謀楚，(定二) 楚伐吳。吳兵加魯：(哀六) 會于柤 (無)，(七年) 會鄫，(八年) 吳伐我。吳兵加齊：(哀元年。《國》) 吳許越成，(九年) 城邗 (無)，(十一年) 會伐齊 (《國》)，(傳) 殺伍員 (《國》)。圖伯爭盟：(十二) 橐皋會鄖，(十三) 會黃池 (《國》《穀》)，(十五年) 楚伐吳，(《國》) 告勞于周。吳滅于越：(二十年) 殺慶忌，(傳) 越圍吳，(廿二年) 越滅吳。

〔註8〕卷十八卷前原無目，據正文補事目。

卷二十陳傳〔註9〕：五父之亂，敬仲奔齊，濤塗被譖，徵舒弒君，陳背楚，陳招之亂，吳楚爭陳。

卷二十一曹傳：（桓九）射姑朝，（文四）會正來朝（十一年、十五年、成公七年附），（成十三）曹伯盧卒，（十五）盟戚執曹，（十六）曹伯歸，（昭二十）會奔宋（《公》《穀》），（哀七）宋圍曹，（八年）宋滅曹。州傳：（桓五）州公如曹，（六年）寔來。穀鄧：（桓七）穀鄧來朝。蔡傳：（桓十七）蔡侯卒，（文十五）缺伐蔡，（襄二十）殺公子燮，（廿八）般弒君，（昭十一）楚殺般，會厥憖。（十三）盧歸蔡，（二十）朱奔楚，（定三年傳）昭侯如楚，（定四）合召陵，蔡滅沈（《公》），（哀元）楚圍蔡，（二年）遷州來，（四年）盜殺蔡侯（《公》）。滕傳（薛無傳）：（隱七）滕侯卒，（十一）滕薛朝，（文十一）滕子朝，（宣九）宋圍滕，（十年）宋伐滕，（昭三年）滕子卒。

卷二十二邾傳：邾魯結好：（隱元）盟蔑，（五年）邾鄭伐宋，（七年）公伐邾，（桓八）伐邾（無傳），（十五）邾人牟人葛人來朝（三人皆世子。無傳），（十七）盟趡，及伐邾，（莊廿八）邾子卒（《檀弓》）。滅須句：（僖廿一）伐邾，伐邾戰升陘，（廿三）伐邾，（文七）伐邾。納捷菑：（文十三）邾文公卒，（十四）彭生伐，盟新城（《公》《穀》），（宣十）歸父伐，（十八）戕鄫子，（成十七）定公卒（《檀弓》）。脩好失好：（成十八）邾子來朝，（襄十五）伐南鄙，（十七）宣公卒（無傳），盟祝柯，（廿年）速伐邾，（廿一）庶其奔，（十八）邾來朝，邾鄅，邾滅鄅。納邾叛：（昭十一）盟祲祥，（廿七）邾快來奔（無傳），（卅一）黑肱奔（《公》），（定三）莊公卒，盟拔。伐邾歸益：（哀二）盟句繹（三年。叔孫、州仇、仲孫何忌帥師圍邾，無傳），（六年）忌伐邾（無傳），（七年）益來，（八年）歸益，（十年）益來奔，（廿二）革奔，（廿四）立公子何。小邾：（莊五）犁來朝，（十五）三國伐郳，（僖七）小邾來朝（無），（襄七）小邾來朝，（昭三）小邾來朝，（十七）小邾來朝，（哀四）宋人執小邾子（無），（十四）射來奔。

卷二十三莒傳：魯莒脩好：（隱二）莒入向，盟密（盟浮來），（隱四）伐杞，（僖廿五）盟于洮，（廿六）盟向，（宣十三）齊伐莒，楚伐莒，（成八）巫臣如吳，（九年）楚伐莒。屬鄫：（襄四）公如晉，邾莒伐鄫，（五年）豹巫如晉（《公》），盟于戚（莒滅鄫。《穀》），六年（宿如晉），（八年、十年）莒伐我，（十六）晉執莒邾，（廿年）盟于向。莒人弒君：（卅一年）弒密州，（昭元）去疾入。莒訴魯：（昭元）取鄆，（五年）公如晉（牟夷奔），弓敗莒，（十年）伐莒取郠，（十二）公

如晉，（十三）盟平丘。郊公奔復：（昭十四）殺意恢，（十九）齊伐莒，（廿二）齊伐莒，（廿三）庚輿奔。

卷二十四許傳：（桓十五）許叔入，（莊廿九）鄭侵許，（僖四）許男卒，（六年）楚圍許，（成四）鄭伐許，（襄十六）會伐許，（廿六）許男卒。楚遷許：（昭九）許遷夷，（十八）遷白羽。許止弒君：（十九）止弒君（《穀》），葬悼公（《公》《穀》），（定四）遷容城。杞傳：（桓二）杞侯朝，（莊廿五）伯姬歸，（僖五）伯姬來（《穀》），（廿三）杞子卒，（廿八）杞子朝（遂入杞），（文十二）杞伯來，（成四）杞伯來。治杞：（成十八）杞伯朝，（襄廿三）杞伯卒，（廿九）城杞，士鞅聘，杞子盟，（卅年）食城杞，（昭七）治杞田，杞伯卒。紀傳：（隱元）紀伐夷，（二年）繻逆女（《公》），（桓五）齊鄭如紀，（莊元）齊遷紀，（三年）紀季入齊（《公》），次于滑（《公》），（四年）紀侯大去（《公》），紀叔姬歸（無）。郯傳：（宣十六）伯姬歸，（成七）吳伐郯，（襄七）郯子朝，（昭七）郯子朝。郕傳：（隱五）衛入郕，（莊八）次郎，（文十）郕伯奔。戎傳：（隱二）會潛盟唐，（莊十八）追戎濟西，（文八）盟暴。越傳：（昭卅二年）吳伐越，（定五）越入吳，（十四）越敗吳，（哀元）敗越夫椒（《國》），（十三）越入吳（《國》），（十七）越伐吳，（廿年）越圍吳（《國》），（廿一）越始來（併廿三年），（廿二）越滅吳。

◎李國華，號東峰。福建榕城（今福州）人。乾隆時人。著有《春秋左國公穀分國紀事本末》二十四卷、《蕙浦詩鈔》一卷。

李灝 春秋求中錄 六卷 存

北大藏乾隆刻李氏經學四種本

李宏道 春秋補傳 佚

◎光緒《山西通志》卷八十七《經籍記》上：《春秋補傳》，李宏道撰。

◎光緒《山西通志》卷一百五十五《文學錄》中：所著有《遵道議》《易補傳》《春秋／周禮解》等書。

◎李宏道，山西襄陵人。萬曆五年（1577）進士。授南陽知縣，調羅山，擢兵科給事中。直言忤時，出為潁州僉事。掛冠六年，起為陝西巡道，轉參議，引疾歸里。以御史林時疏薦，即家賚白金二十兩優異之。起潁州兵備，因治水與總河見左，改關南道，歷九月復告歸。性好學，湛深經術。所著有《遵道議》《易補傳》《春秋補傳》《周禮解》等書。

李集鳳 春秋輯傳辨疑 一百一十六卷 首一卷 存

湖南藏康熙二十七年（1688）抄本

北大藏清抄本（七十二卷）

四庫全書存目叢書影印北大藏清鈔本

◎一名《春秋辨疑》。

◎史夢蘭《爾爾書屋文鈔》卷下《與王文泉孝廉》：

久疏箋候，渴想殊深。所刻之書刷印幾何，畿旬祕笈又搜采多少？念念！《春秋辨疑》一種舊稱為六十五卷，今此部共作八函五十本，較當年四庫采進之本少二冊，當亦大略相同。以字數計之，足二百餘萬。以之付梓，非二三千金不可。工費既多，書亦繫重難讀，然其精詳處實為古今說《春秋》者空前絕後之作。鄙意於此竊體作者苦心，並感先生刻書盛意，故不辭譾陋，取其全書反覆校閱，酌為刪節，約去五分之二，改分七十二卷，重付鈔胥。及鈔成再校，又刪去十分之一，改分卷數，以符《通志》所稱之數。然不過去其繁複，絕不敢使有漏義，亦不敢妄有增改。至書中所引《左傳》《公》《穀》及《胡傳》之說，於四人皆稱某子，《四庫提要》譏其不類，誠是。今並改作某傳，殊為直截。渝關之渝本當從水旁作渝，書中皆從木旁作榆，係沿《遼史》之陋。彭山季氏乃明人季本也，書中季皆作李，當是鈔胥筆誤，今並改正。此雖小節無關輕重，然既欲為之傳遠，自不得仍其謬誤。先生復起，或不罪其僭妄也。茲將兩部並為寄上，祈照收外擬提要一條。並各書評騭之語附錄呈閱。

《春秋輯傳辨疑》〔註10〕，國朝李集鳳撰。集鳳字翽升，山海衛人。順治十二年拔貢生。官河南洛陽縣丞。卒於官。邑人請從祀周公廟，直隸於康熙五十三年祀鄉賢。《畿輔通志》稱集鳳幼即端嚴，以聖賢自期，及長淹通羣籍，凡濂洛關閩之書無不究悉，尤善《春秋》，彙先儒經解，討辨詳核，歷三十年凡四易薰然後成書，名曰《春秋輯傳辨疑》，凡六十五卷，海內稱之。《四庫存目》則謂不分卷數，共五十二巨冊。以紙數計之當得一百餘卷。疑《通志》所言未確。蓋當時採進之本猶其未編之藁也。按王漁洋所跋又名《春秋集解》，稱為四十卷，並云其門人汪檢討楫出守河南府，雅重其書，欲為之梓以傳，則其書之見重於名流也久矣。

◎提要：《畿輔通志》稱其「淹貫群籍，尤善《春秋》，匯先儒注解，討辨詳核，歷三十年，凡四易稾，然後成書六十五卷，名曰《春秋辨疑》」。此本細

〔註10〕 此段原低一格。

字密行，凡五十二巨冊，不分卷帙，蓋猶其未編之稾，以紙數計之當得一百餘卷，《通志》所言似未確也。其書所載經文皆從《胡傳》，而三傳之異同則附錄之，未免信新本而輕古經。說經則事多主左義多主胡，故並尊之曰「左子」、「胡子」，比擬亦為不類。其諸家所解則臚列而參考之。徵引浩博辨論繁複，殆有《堯典》二字說十四萬言之勢焉。

◎《皇朝文獻通考》卷二百十五《經籍考》五〔註11〕：《畿輔通志》曰：「集鳳淹貫群籍，尤善《春秋》，匯先儒注解，討辨詳核，歷三十年，凡四易稾然後成書，名曰《春秋辨疑》」。

◎《大清一統志》卷二十《永平府三‧人物》：淹通羣籍，尤精《春秋》，著《春秋辨疑》六十五卷。

◎王士禛《重輯漁洋書跋》「《春秋集解》」：洛陽縣丞李集鳳，字翽升。山海衛人。貢士。研精三傳，撰《春秋集解》四十卷。予門人汪檢討楫出守河南府，雅重其書，欲為刻之梓以傳。十五年前，有青浦縣丞施鴻者，字則威，閩侯官人，以部運至京師，投予所著《史測》若干卷，論南北朝事，靡靡可聽。皆下吏之有經學、史學者也。

◎李集鳳，字翽升。山海衛（今河北臨榆）人。貢士。官終洛陽縣丞。著有《春秋輯傳辨疑》一百一十六卷首一卷。

李繼聖 春秋經傳合解 二十卷 佚

◎同治《常甯志》卷九《藝文‧經類‧國朝》：李繼聖《春秋經傳合解》二十卷（嘉慶《通志》）。

◎光緒《湖南通志》卷二百四十六《藝文志》二：《春秋經傳合解》二十卷，常寧李繼聖撰（《縣志》）。

◎《沅湘耆舊集》載李繼聖孫李文吳：李徵君為人器宇宏深，耽於纂著。其先世藏書再經火，復購弆數萬卷，多古刻善本。道光壬辰，逆瑤竄洋泉，踞其宅，所著及藏俱焚。

◎李繼聖（1696～），字希天，號振南，別號抱雄兒。湖南常寧縣（今常寧市）人。李廷賢孫。雍正二年（1724）舉人，授江西萬年知縣，後調廣豐知縣。晚年掌教石鼓書院。著有《春秋經傳合解》二十卷（或著錄作《春秋今古合解》）、《衡郡文獻考辨》、《老閒雜錄》十卷、《常寧土語》、《奇男女衍義》十

〔註11〕著錄為無卷數。

二卷、《尚論編》一卷、《尋古齋集》六卷、《尋古齋文集》四卷補編一卷、《尋古齋詩集》一卷補編一卷、《尋古齋詩前集》二卷、《尋古齋後集》一卷、《窑金論》。

李景濂 左氏管窺 佚

◎劉聲木《桐城文學撰述考》卷四「李景濂撰述」:《左氏管窺》□卷。

◎李景濂(1869～1939),字右(佑)周。直隸廣平府邯鄲縣(今山東邯鄲)人。光緒三十年(1904)進士。入民國,任議員、內閣中書、學部總務司案續科主事、北洋大學堂幫辦、直隸高等學堂教務長、直隸文學館副館長,兩入清史館。與徐世昌、沈鈞儒、胡景桂、王雪濤、劉春霖、李叔同、邢贊亭、賀培新等交善。著有《左氏管窺》《左傳講義》《吳汝綸傳》《學部調議存稿》,與王振垚合著《中國地理》二卷。

李景濂 左傳講義 未見

李景星 春秋淺說 十二卷 佚

山東博物館藏 1927 年山東官書局鉛印屺瞻草堂經說三種本

山東文獻集成第三輯影印山東博物館藏 1927 年山東官書局鉛印屺瞻草堂經說三種本

◎《屺瞻草堂經說》莊復恩後序著錄。

◎李景星,字紫垣,一字曉篁。山東費縣人。光緒廩生。著有《易經劄記》一卷、《春秋淺說》十二卷。

李鏡蓉 春秋左氏疑義答問箋注 存

稿本

三晉出版社 2015 年排印本

◎三晉出版社 2015 年排印本出版說明:本書是國學大師章太炎先生弟子——山西大學已故教授、國學大師李亮工(鏡蓉)先生對章太炎先生的《春秋左氏疑義答問》進行研究、箋釋的成果。此次選用了運城學院中文系尚恒元教授批註李亮工先生原稿本進行影印,原樣呈現了兩代國學大師的精深學養,同時將李亮工先生在世時未刊著述刊行於世,弘揚了章氏國學的學術精神,同時也客觀反映了民國時期山西學術的繁榮。

◎薛千山《國學大師李亮工‧引子》：遺著有《音韻學》（山大語文科石印講義）、《〈音韻學〉增訂加注》《〈說文解字〉注訂》、《〈說文解字〉增訂箋記》、《〈爾雅〉新義》、《〈春秋左氏疑義答問〉箋注上》、《〈春秋左氏疑義答問〉箋注下》、《章太炎〈文始〉注釋》、《成韻圖解》、《〈文始〉箋記》、《〈文學總略〉箋注》、《說文例十六種》、《春秋五十九凡例》《呂季姜醴壺銘記》等及《篆書三字經墨蹟》等。現在查尋到的僅《春秋》一冊、《〈春秋左氏疑義答問〉箋注》上下各一冊、《〈文學總略〉箋注》一冊、《呂季姜醴壺銘釋》一冊及《尚母李太夫人墓誌銘》。

◎李鏡蓉（1882～1947），別號亮工。山西河津人。光緒三十年（1904）公派日本北海道農學院攻農藝學，為同盟會首批會員，與魯迅、錢玄同、王用賓、邵修文、景梅九善。與黃侃先後為章太炎入室弟子，人稱南黃北李。1911年任南洋教育司司長，1912年任山西大學校（今山西大學）校長。1917年後任教山西農業專科學校、陝西師範專科學校等。著有《春秋五十九凡例》、《春秋左氏疑問札記》、《春秋左氏疑問答手稿》、《春秋左氏疑義答問箋注》、《音韻學手稿》、《音韻學增訂加注》、《說文解字增訂箋注》、《說文例十六種》、《爾雅新義》、《說文例十六種》、《章太炎文始注釋》、《成韻圖解》、《文始箋記》、《文學總略箋注》、《篆書三字經墨蹟》、《呂季姜醴壺銘釋》等著作。其生平可參薛千山《國學大師李亮工》一書。

李鍇 春秋通義 十五卷 特筆 一卷 通論 一卷 存

國圖藏清朱絲欄抄本

◎李鍇《鐵君文鈔》卷上《春秋通義自序》：經傳《春秋》，三傳之所自出也。傳所以翼經，遂與經而行。事詳《左氏》，義精《公》《穀》，傳各有師承焉。顧漫漶騰說與浚以深入，往往與經倍，傳立而經亡，亦其弊也。然則學者將奈何？曰通之而已矣。通之奈何？曰屬辭比事，原始要終，因傳以求經，因經以求義，則其義周、其理該、其旨宏而密、其歸趣婉而盡，庶幾其說不曲不鑿不異不詖，十得五六焉，二三焉期於中之而已。譬夫指薪以求火則火亡，舍薪以求火則火妄，通之之為貴矣。解《春秋》者數十百家，習此駁彼，護前斥後，針膏肓，起廢疾，訟言無已。至啖助、趙匡始設疑信，陸淳、張洽始暢新義，劉兆、胡訥始合三傳以求解，遠趣近尋之效也。或曰近事目治遠事耳治，仲尼因舊史作魯《春秋》，異辭有三，亦以立定、哀而遡遊

故也。三傳《左氏》最近,《公》《穀》次近,通《春秋》,舉有疑焉,將無遠近易真耳目異治乎?曰事有遠近,理無二致。諺有之:「索甘浚井,索驗測景」,苟曰索之於高深乎何有。作《通義》十五卷、《特筆》一卷、《通論》一卷,凡十七卷。

　　◎陳梓《刪後文集》卷十二《李眉山生壙志》:著《尚書／春秋解》及《尚史》共數十卷藏於家。

　　◎陳梓《刪後文集》卷十六《答李鐵君》:知己天限南北,一悶事。尊著《尚史》《春秋解》何時登棗?及未死前得一讀為快耳。

　　◎李鍇(1686～1753),字鐵君,號眉山,又號廌(豸)青山人,晚號焦明子、後髯生。鐵嶺人,漢軍鑲(一作正)白旗人。晚隱於盤山,築斗室曰睫巢。與陳梓稱南陳北李,又與同時文人戴亨、陳景元稱「遼東三老」。通四聲,辨小篆,尤工草書。乾隆十五年(1750)詔舉經明行修之士而以老疾辭。著有《原易》三卷、《春秋通義》十五卷、《春秋特筆》一卷、《春秋通論》一卷、《含中集》、《睫巢集》、《睫巢後集》、《尚史》、《南史稿》等。

李年　春秋大事始末　佚

　　◎同治《續纂揚州府志》卷十三《人物志》五:著有《春秋大事始末》《瓣香書屋詩文集》(《家狀》並新採)。

　　◎同治《續纂揚州府志》卷二十二《藝文志》上:《春秋大事始末》(李年撰)。

　　◎李年,字幹夫,號蓬觀。揚州府興化(今泰州興化市)人。生平好古多聞,文必徵實,不喜為浮華語。著有《春秋大事始末》《瓣香書屋詩文集》。

李培綱　春秋年譜　二卷　佚

　　◎光緒《湖南通志》卷二百四十六《藝文志》二:《春秋年譜》二卷、《春秋人物備攷》四卷,湘陰李培綱撰(《縣志》)。

　　◎李培綱,湖南湘陰人。著有《春秋年譜》二卷、《春秋人物備考》四卷。

李培綱　春秋人物備考　四卷　二卷　佚

　　◎光緒《湖南通志》卷二百四十六《藝文志》二:《春秋年譜》二卷、《春秋人物備攷》四卷,湘陰李培綱撰(《縣志》)。

李圻 左類 三十卷 存

清華藏清抄本

◎李圻（1697～），字兆基，號野園。山東昌邑人。著有《左類》三十卷。

李渠 春秋注 一卷 存

青島藏清手鈔本

◎李渠（1742～1800），字漪園，號南麓。山東諸城人。乾隆二十五年（1760）舉人、二十六年（1749）進士。歷任廣東長寧、陝西扶風知縣。與諸城李林、益都李文藻、四川羅江李調元等相友善。著有《春秋注》一卷、《見山堂詩文集》。

李碻 讀春秋通旨 不分卷 存

上海藏稿本

◎李碻（1591～1672），本名天植，字因仲，明亡後更名碻，字潛初（夫），自號村學究、老頭陀、蜃園、管葛山人、龍湫山人，學者稱蜃園先生。浙江平湖乍浦人。崇禎六年（1632）舉人。性肅散，三試進士不第。與嘉興巢鳴盛、長洲徐枋並稱海內三高士，卒羸餓死。著《讀春秋通旨》不分卷、有《蜃園集》、《梅花百詠》一卷、《九山遊草》一卷、《乍浦九山補志》十二卷、《平寇志》十二卷。

李仁積 左傳考辨 佚

◎光緒《湖南通志》卷二百四十六《藝文志》二：《左傳攷辨》，湘鄉李仁積撰（《縣志》）。

◎李仁積，湖南湘鄉人。著有《左傳考辨》。

李仁榮 左氏練韻 佚

◎《濟寧直隸州續志・藝文》著錄。

◎李仁榮，字少桓，號未村。山東濟寧人。光緒九年（1883）歲貢。著有《書經詳解》、《書經摘句韻語》、《尚書釋義辨蒙》、《補空山堂書釋》、《詩經古音便讀》、《讀詩偶評》、《左氏練韻》、《中庸道脈圖》、《學庸微旨》、《爾雅釋詁釋言釋訓說文異同證》三卷、《爾雅釋親》一卷、《四聲便讀詮解》。

李任 麟經指掌 佚

◎孫葆田《山東通志》卷百二十七《藝文志》第十：是書見《府志》。

◎李任（1642～1713），字式九。山東棲霞人。康熙二十五年（1686）拔貢。著有《麟經指掌》。

李紹崧 左傳快讀 十八卷 卷首一卷 存

南開、華東師範大學藏乾隆五十二年（1787）曲江書屋刻本

天津南京藏道光二十九年（1849）刻本

首都圖書館藏道光三十年（1850）承德堂刻本

湖南藏同治五年（1866）三槐書莊刻本

上海、吉林、哈爾濱、濟南、錦州、重慶藏同治七年（1868）緯文堂刻本

南京藏同治七年（1868）登雲閣刻本

國圖、首都圖書館藏同治十一年（1872）拾芥園刻本

天津藏光緒五年（1879）崇文堂刻本

牡丹江藏光緒五年（1879）寶翰堂刻本

湖北藏光緒二十三年（1897）經綸元記刻本

湖南藏光緒二十四年（1898）邵陽澹雅書局刻本

天津、丹東藏光緒二十五年（1899）掃葉山房刻本

南開大學、遼寧、重慶藏光緒二十八年（1902）新化三味書室刻本

南開大學、遼寧、重慶藏光緒二十八年（1902）巴蜀善成堂刻本

湖南、齊齊哈爾藏清邵陽經元堂刻本

天津藏光緒曲江書屋刻本（題曲江書屋新訂批註左傳快讀）

天津藏光緒三讓堂刻本

光緒石印本

浙江、南京、丹東、哈爾濱藏宣統元年（1909）上海書局石印本

上海廣益書局石印本（題新訂批註左傳快讀）

北大清末刻本

撫順、黑龍江藏 1914 年直隸書局石印本

1920 年上海鴻文書局石印本

遼寧、黑龍江、黑龍江社科院藏 1938 年上海錦章圖書局石印本

浙江大學藏台灣經學文化事業有限公司稀見清代四部輯刊第六輯影印本

◎《新訂左傳快讀》目錄：

卷之首刻左傳快讀例言、馮氏讀左厄言、馮氏春秋時事說、馮氏春秋三變說、馮氏列國盛衰說，馮氏魯十二公說、馮氏周十四王說、杜氏經傳集解序。卷之一隱公。卷之二桓公。卷之三莊公。卷之四閔公。卷之五僖公上（自元年起至二十年止）。卷之六僖公下（自二十一年起至三十三年止）。卷之七文公。卷之八宣公。卷之九成公上（自元年起至十二年止）。卷之十成公下（自十三年起至十八年止）。卷之十一襄公上（自元年起至十四年止）。卷之十二襄公中（自十五年起至二十五年止）。卷之十三襄公下（自二十六年起至三十一年止）。卷之十四昭公上（自元年起至八年止）。卷之十五昭公中（自九年起至二十二年止）。卷之十六昭公下（自二十三年起至三十二年止。附錄補傳十一篇）。卷之十七定公（附錄補傳七篇）。卷之十八哀公。

《左傳》全部，《漢書・藝文志》古本分十三卷，《杜林合註》則分五十卷，凡皆經傳合編，一字一句，概登無遺。今既屬選本，不得復遵舊制，但就頁數之多寡分列傳頭，如僖成襄昭四公之傳各得百餘十頁，故傳則或二或三；其隱桓莊閔文宣定、哀八公，每傳祇得數十頁，雖各立一卷，猶不免厚薄之殊，故另序浮簽，以成一十六部。

◎卷首題：《曲江書屋新訂批註左傳快讀》，晉杜預元凱先生原註，唐陸元朗德明先生音義，宋林堯叟唐翁、朱申周翰兩先生參註，本朝馮李驊天閑、陸浩大瀛兩先生批評，善化李紹崧駿喦選訂，同學諸子參閱，男履道、晉道、謙道、頤道、泰道、恆道、豫道、萃道校字。

◎徐元展序：司馬溫公曰：「讀書破萬卷，天下之大快事，實天下之大苦事也。」吾人髫年識字，皓首窮經，蓋苦之日多而快心事求一日而不可得，非讀書不與人以可快也，唯苦之不真，斯快之不遂耳。五經傳註，惟麟經最繁，《左氏》與《公羊》異矣，《胡傳》又異之，因而《左傳》之傳註益繁。杜、陸各殫其長，《左翼》註詳而失之雜，《左繡》註簡而失之略，讀者終莫得其快心之處。《句解》一集，而於地輿典故未及紀備，則又不過便於句讀而已。今觀李君駿喦新刻一編，既宗杜、林之見，參《翼》《繡》之精，復於地輿典故無不詳悉攷註，而且音韻更極較明，評論悉歸至當。分行晰註，無略無褻，誠能使讀者一見而稱快，極天下之大觀，實天下之第一快心事矣。夫天下事必先快於己，而後能快於人，學者求一日而不可得者，何以駿喦能得之，不獨快於己，而又能快於人也？不知其幾費苦心而能成此快，誠如溫公

所云者！予於是恍然于天下之大苦事實天下之大快事也。是為序。乾隆己卯歲夏六月天貺後三日，敕授文林郎知善化縣事加三級紀錄十次宛平徐元辰東屏氏拜撰。

◎刻左傳快讀說：余幼時讀經義畢，塾師即授以《左傳句解》，於時雖字義固無不明，而於篇章、句法、字法確有精義者，則茫乎不知。先君子亦嘗謂余曰：「此書即制義之津梁，毋徒略觀大大意。」余亦不知何所謂而云然也。弱冠後於坊間檢得《左繡》，披閱數過，然後知《左氏》一書實為天地間不朽文字，細按其篇章字句，無法不備。秦、漢、《國策》，諸公矜奇炫異之作，皆此公先為之開山也。始恍然於先君子之所以教我者，殆有本有則也。夫循故步不能陟嵩華，繫輕舟何由觀溟渤，予於是書津津篤好，若有夙緣而不可解，矻矻者二十餘年矣。於是奉先君子教我之言與我之得力於《左繡》者，繕輯精要，選本數卷，以課兒輩。原先輩之論評，參拘儒之心得，使之隨讀隨釋，爽然於口，即爽然於心。名其書曰《快讀》，此之謂也。敢不揣固陋而問諸世哉！今年春，同學諸友輩總覽凡例，循閱傳文，咸謂是集也，較《左繡》尤見顯易，不特為初學指掌，實終身拱璧，與其藏而私諸家，曷若顯而公諸世，使人人皆讀而稱快，不幾於《左氏》有功歟！余不勝赧然愧、惺然駭，竟莫知何以自主。友人乃再四勉請，遂以付之剞劂。竊恐管見折衷之義，終無當經傳之萬一云。時丁未秋七月既望，駿嵒自記。

◎凡例：

一、《左氏》全書為羽翼聖經傳也，離傳而言經，暗室觀畫矣，全書之不可偏棄也如此。近世學者崇尚簡要，便取記誦，執舉業為正經，目《左氏》為紀事，謂但能引用制義、葦賞典贍足矣。而於經傳相發明處者，則略不講焉。此《左氏》選本之所由刻也。

一、選本如林，好尚固殊，體式亦異。雖理解不變，亦各抒所長，於一篇之首尾段落，每多割裂更張之病，於作者經營苦心有遺憾焉。愚是選也，取全書之六七以附剞劂，每篇必具錄全文，庶成完璧云。

一、前人選本，多有不得不離去經文、撮舉篇中要義以名篇者，如此則初學者必不知某傳為某經發義，究何裨於制義哉！余少時嘗受此累矣，蓋傳有先經、後經、錯經不同故也。茲本取本傳之經為題，傳為文，照制義格式低二字，非敢黜經崇傳，俾學者即經以觀傳，即傳以明經爾。

　　一、杜氏注《左》，不減《左》之傳經千古，奉為拱璧。然字句高古，非初學所能驟悟，必雜採林氏、朱氏以及先儒之註辨，詳參折衷，祈歸明當而止。有見各不同者，即妄抒管見，以歸於一焉。

　　一、前人批評傳義，不過標舉事實之臧否、行文之奇正，而於謀篇立局命意措辭無法不備、一字不苟者，則我朝馮、陸兩先生獨闢新徑，直達九遠。所謂「《左氏》一書為文家津梁」者，微二公，人猶在夢寐耳。愚於上層批錄有未著名者，皆《左繡》原本也。他如《公／穀·胡傳》、東萊《博議》、聘侯《左翼》，閒輯頗多。其餘二孫、韓、鍾、俞、顧、劉、王諸前輩，時亦節取。至於鄙見，或附上層，或附篇末，以按字、圈字、愚見別之。亦千慮一得，曾不自知其當否。

　　一、音義陸氏原本甚確，亦閒有未註者。竊恐方言乖謬，概遵《康熙字典》，逐一考較。其原本仍從反，較正者概從切，隨注於本字之下，或注於本字之旁。或一字而已見前者，略不復注。隨文變音者必從清切，閒有續經考正者，補音篇末。庶上上、善善、施施、道道之類易致混淆者，反切明而文義亦得矣。

　　一、字畫訛謬相延，習焉不察。童年慣熟，白首茫然，此病誤人不覺。如望望、受▨（音到）之類，辨誤尚易。若睢（音咀）睢（綏追二音）、改改（音以）、▨壬（音挺）、郤卻之類，分別止在毫釐短長之間，而音義卻絕不相侔。此類不可枚舉，茲書悉遵《康熙字典》辨別毫釐之間，而魯魚亥豕庶乎免矣。

　　一、列國地名，杜註與今不合。後周思兼有《左繡彙纂》之刻，悉照姚平山考註證明，方輿瞭如指掌。但旁註額於格式，另列上層，以便省觀。其原本未註者仍舊，不敢妄增。

　　一、東周紀年，必冠於十二公每年之上，尊王之義今古不移也。其如列國紀年則祇附序十二公元年之側。元年以下概從約略，則但將列國卒立之君按年附錄紀事而已。其元年所紀班序，先鄭次晉者，鄭近畿而晉崇周也。次衛蔡曹者，先同姓後異姓也。次宋杞陳者，由近及遠也。次秦楚者，明內外也。其餘小國則略而不錄。

　　一、馮氏《讀左巵言》實能窺《左氏》堂奧，學者潛心研究，毫髮無遺，不徒作史氏權輿觀，直秦漢以來文章之鼻祖也。今附載卷首，為《快讀》之由來，即是舉業之法門也，俾讀者知之。

　　一、杜預《經傳集解序》經孫月峰先生注釋，始知經傳相為表裏。讀《左傳》而不讀杜序，侈談《春秋》發凡、言例等說者，皆門外漢也，又惡知左氏

何為作傳？！愚錄杜序於首卷之末，非冠履倒置也，亦欲讀《左》者必先讀是篇，然後可知《左》之所以傳經也。

◎光緒《湖南通志》卷二百四十六《藝文志》二：《左傳快讀》十四卷，善化李紹崧撰（《縣志》）。

◎李紹崧，號駿嵒。湖南善化人。著有《左傳快讀》十八卷卷首一卷。

李時溥 春秋地理考實 佚

◎民國《懷寧縣志》卷十九《儒林》：所著書有《經義考實》四卷、《春秋地理考實》、《等韻解》、《國朝地理圖考》、《天文圖考》十二卷、《算學精蘊》十六卷。遺稿皆其生徒孫氏所拾襲，刊行者惟《經義考實》云。

◎李時溥，字博齋。道光二年（1822）舉人。授壽州學正，卒於官。精漢隸。博覽典籍，尤肆力於經，天文算學著述甚富。著有《春秋地理考實》、《等韻解》、《經義考實》四卷、《天文圖考》十二卷、《國朝地理圖考》、《算學精蘊》十六卷。

李式穀 春秋衷要 六卷 存

道光十年（1830）南海葉夢龍風滿樓刻五經衷要本

◎目錄：卷一隱公、桓公。卷二莊公、閔公、僖公。卷三僖公、文公。卷四宣公、成公。卷五襄公。卷六昭公、定公、哀公。

◎五經衷要序：羣言淆亂衷諸聖，自漢氏以來，說經者幾千百家，而折衷至當、義精理粹者，莫如我朝御定經義，所謂日月出而爝火熄、江河行而畎澮歸也。顧卷帙浩繁，寒士力鮮能購，抑且不便舟車。此書於五經中舉出其理之精奧、說之歧出者悉衷以御定《精義》，間采自漢迄今諸說。得《易》《書》《詩》各十二卷、《春秋》六卷、《禮記》三十卷，共七十二卷。仁和李式穀所纂，其同邑何元錫得之。元錫客死廣州，書將散佚。南海葉農部夢龍謀梓以傳，而問名於余。余以前義名之曰《五經衷要》。其纂止五經者，以科舉功令所定也。農部子多而均能讀父書。此書之出，將由一家以及國，由國以及天下。其嘉惠後學之心盛矣。顧十三經皆有御定，農部他日必能續纂。拭目俟之。道光十年歲次庚寅斗指亥之月拜經之日，吳榮光伯榮撰。

◎李式穀，字申茲，號海匏。仁和（今浙江杭州）人。嘉慶中歲貢，官衢州教授。深於經學，著有《易經衷要》十二卷、《書經衷要》十二卷、《詩經衷

要》十二卷、《春秋衷要》六卷、《禮記衷要》三十卷，合稱《五經衷要》。又著有《爾雅箋微》。

李壽愷　春秋語存　佚

◎光緒《湖南通志》卷二百四十六《藝文志》二：《春秋語存》，清泉李壽愷撰（《縣志》）。

◎李壽愷，湖南清泉人。著有《春秋語存》。

李斯孚　春秋人物編年考　四卷　佚

◎孫葆田《山東通志》卷百二十七《藝文志》第十：是書見《縣志》。

◎李斯孚，一名岵，字貞庵，又字蓼園。山東長山人。著有《春秋人物編年考》四卷。

李天昶　春秋捷　佚

◎光緒《湖南通志》卷二百四十六《藝文志》二：《春秋捷》、《左傳文批點》，衡陽李天昶撰（《縣志》）。

◎李天昶，字圭峰，號日永。湖南衡陽人。乾隆貢生。李天旭弟。著有《周易錯綜解》、《周易集注管參》《周易異同解義》、《書經傳義集說纂要》、《儀禮注疏集解纂要》、《禮記注疏集解纂要》、《春秋捷》、《左傳文批點》、《詩經異同匯纂》、《學庸章旨解》、《七經經解》、《全楚人才考》、《歷朝古文選》、《敝帚集》、《敝帚集續》。

李天昶　左傳文批點　佚

◎光緒《湖南通志》卷二百四十六《藝文志》二：《春秋捷》、《左傳文批點》，衡陽李天昶撰（《縣志》）。

李天經　讀左便　佚

◎《臨沂縣志》本傳著錄。

◎李天經，字孝庭。山東蘭山人。乾隆五十四年（1789）舉人。歷任平度訓導、長清教諭。著有《讀左便》。

李調元　春秋例義會要示兒論　四卷　存

乾隆三十五年（1770）起綿州李氏萬卷樓刻函海第十七集本

◎李調元（1734～1802），字美堂，號雨村，又號鶴州、童山蟄翁。四川羅江人。乾隆二十八年（1763）進士。入翰林為庶吉士，散館授吏部主事，歷任廣東鄉試副主考、考功員外郎、廣東學政、直隸通永道。後因忤和珅，遭誣陷罷官，擬發配伊犁，以母老贖歸故里，潛心著述。築萬卷樓藏書十萬餘卷，時稱西川藏書第一家。嘉慶初，樓為土賊所焚，抑鬱而終。父李化楠及堂弟鼎元、驥元均為進士，有「父子一門四進士，弟兄兩院三翰林」之稱。著有《易古文》三卷、《春秋例義會要示兒論》四卷、《春秋三傳比》二卷、《春秋左傳會要》四卷、《左傳官名考》二卷、《童山文集》、《童山詩集》，《蟄翁詞》、《雨村詩話》四卷、《雨村詞話》、《雨村曲話》、《雨村賦話》等，又輯有《函海》。

李調元 春秋三傳比 二卷 存

國圖、北師大、內蒙古自治區、保定藏乾隆三十五年（1770）起綿州李氏萬卷樓刻函海本

光緒八年（1882）鍾登甲樂道齋刻函海本

◎卷上隱公至宣公。卷下成公至哀公。

◎序：說《春秋》者，類以《左氏》為之證，而糸以《公》《穀》二家。彼其因事以屬詞、緣詞以命例，事同則詞同，詞同則命例宜無不同。然而正變相錯，權衡互異。若繼弑一也，或書即位或不書即位；紀元一也，或書王正月或不書王正月或單書春王而不書正月；伐國一也，或名或不名，或爵或不爵；專將帥師一也，或去其公子或不去公子。乃三家各就其詞而為之說，求之《春秋》之本文，皆無有也。考班固《藝文志》云：「仲尼傷杞宋之亡徵，以魯周公之國，禮文僃物，與左邱明共觀史記而作《春秋》。」信斯言也，則傳與經有輔車之倚，其事與詞無不可信，而何有於《公》《穀》二家乎？乃漢初鼎列於學宮，而《左》猶後出，後人又有浮夸之議焉，則亦不得崇《左》而黜《公》《穀》矣。今其文中互異之處班班可比，而去聖既遠，靡所適從，則惟有摘錄於篇，不加論斷，以自附於闕疑之後而已。童山李調元序。

◎趙爾巽《清史稿》卷一百四十五志一百二十《藝文》一：《春秋三傳比》二卷，李調元撰。

◎上海古籍出版社 2015 年《續修四庫全書總目提要・春秋類》「《春秋三傳比》二卷」：是編上、下二卷，乃以三家異同，次第排比，始於隱公，終於哀公，凡若干條。前有李氏自序，謂《春秋》以《左氏》為之證，而參以《公》、《穀》二家。彼其因事以屬詞，緣詞以命例，事同則詞同，詞同則命例宜無不

同。然而正變相錯，權衡互異，或書或不書、或名或不名、或爵或不爵、或去或不去，三傳扞格處多矣，去聖既遠，靡所適從。則惟有摘錄於篇，不加論斷，以自附於闕疑之後而已云云。按此書雖考三家之異同，然一人名地名之微，非熟於三傳者，不能道其隻字，其用功之勤，洵足欽矣。其撰著之由，及闕疑之度，以其之博雅，不事武斷，其虛懷亦足多矣。據班固《藝文志》云：「仲尼傷杞、宋之亡，徵以魯周公之國，禮文備物，與左丘明共觀《史記》，而作《春秋》。信斯言也。」則傳與經有輔車之倚，其事與詞，無不可信，而何有於《公》、《穀》二家乎？乃漢出鼎立於學宮，《左》猶後出，後人又有浮誇之議，則亦不得崇《左》而黜《公》、《穀》矣。是其互異之處，皆有關當時史事，且由三家之所謂因事、屬詞、命例之各異，即可考見經之微旨，與史之真相。則是書之作，雖不加論斷，亦有功古史，嘉惠來學。此本據北京大學圖書館藏清乾隆李氏萬卷樓刻《函海》本影印。（高瑞傑）

李調元 春秋左傳會要 四卷 存

國圖、北大藏光緒八年（1882）鍾登甲樂道齋刻函海本

國家圖書館出版社 2012 年宋志英選編左傳研究文獻輯刊影印光緒八年（1882）鍾登甲樂道齋刻函海本

◎李調元序〔註12〕：《左傳》，傳也，而列於經，故漢儒專治之。自漢以來，人手一卷，亦既自謂握靈蛇珠矣，然而鮮有能盡其蘊者。杜元凱號稱左癖，亦不過句梳而字櫛之，俾學者曉然易解；而其中義蘊之閎、包含之富則亦不能無遺焉。余於是書原未嘗有所窺測，第自束髮受書即已肄業及之，止欲借以為帖括助。而習熟既久，偶能綜貫，隨以己見書之於冊。比從書簏中檢得馬氏《事緯》，適協余心。因再加釐訂而別為一書焉。若謂余有所會心，而居然得其要領也，則豈敢！雨村李調元序。

◎目錄：卷一天文分野、日食三十六、良月、星名、星孛三、星隕一（隕石一附）、雨雪、經用周正傳參夏時、周曆、周室封建、天子調侯建都、諸侯興廢、國號不一、列國城郭井里宮室園池。卷一姓氏、謚法、王侯妃匹、晉卿十一族、魯三桓、春秋同姓名人、盟誓、兵戎、陳名、刑名。卷三變卦起於左氏、左傳引尚書、春秋賦詩斷章、逸詩、歌、謳、誦、謠、銘箴、繇詞、雜詞、諺（古人之言附）、誄、策命、盟辭、禱辭、誓辭、引古書、隱語、葬歌。卷四左

〔註12〕此序又或見於馬驌《左傳事緯》。

氏字義、用字之異、春秋王侯之享年久者、善星文人、勇力人、善射人、形貌、
美婦人、手文、鬼神、夢異、物怪、衣飾、車、舟、鼎、鐘、鼓、琴、劍、弓、
矢、甲、旗、王、器、賄賂、木、鳥、獸、馬、犬、龜、蟲。

　　◎趙爾巽《清史稿》卷一百四十五志一百二十《藝文》一：《春秋左傳會
要》四卷、《左傳官名考》二卷，李調元撰。

　　◎上海古籍出版社 2015 年《續修四庫全書總目提要・春秋類》「《春秋左
傳會要》四卷」：是書凡四卷。首有李氏自序，稱《左傳》為傳，而列於經，
故漢儒專治之，然鮮有能盡其蘊者，縱杜元凱號稱左癖，亦不過句梳而字櫛之，
俾讀者曉然易解，而其中義蘊之閎、包含之富，則亦不能無遺。於《左傳》原
未嘗有所窺測，而習熟既久，偶能綜貫，隨以己見書之於冊，比從書麓中檢得
馬氏《事緯》，適協其心，乃重加釐訂，而別為一書云云。按是書貫穿全傳，
條分縷析，考據細緻入微，評論心慮亦密，頗有見識，如卷一之「經用周正傳
參夏時」、「周室封建」，卷二之「姓氏」，卷四之「鬼神」等諸條。此書欲於探
尋史迹之中，發其義蘊，實可謂「左傳事類」，似與經義無涉。此本據華東師
範大學圖書館藏清光緒八年鍾登甲樂道齋刻《函海》本影印。（潘華穎）

李調元　左傳官名考　二卷　存

　　北京大學、北京師大、內蒙古自治區、保定藏乾隆三十五年（1770）起綿
州李氏萬卷樓刻函海本

　　商務印書館 1939 年叢書集成初編據函海本排印本

　　國家圖書館出版社 2012 年宋志英選編左傳研究文獻輯刊影印光緒八年
（1882）鍾登甲樂道齋刻函海本

　　◎左傳官名考序：《春秋》經，理大物博，左氏傳之，義蘊不見其有加，
而類例之多又有積千百人尋繹不盡者，是以作《左傳地名錄》者，嚴彭祖、裴
秀、杜預、楊湜、張洽、鄭樵、杜瑛、楊慎諸人是也；作《左傳名臣傳》者姚
咨是也；作《左氏人名考》者劉城是也。而考焦氏《經籍志》，又有《春秋宗
族名氏譜》《春秋名字異同錄》等書。竊疑春秋職官，其名稱之見於《左傳》
者，不一而足。雖當諸侯去籍之餘，而去古猶近，或不無千百什一之存焉。歷
稽書目，未之前聞，則嘗歎用心之密，亦不能無所遺焉。遂於公餘之暇，取《左
氏傳》溫習一過，凡遇各國官名，分別書之，並附載注疏之說於下，與《周官》
參校之，略可見侯國之差錯焉。其有國異而官同者兩存之，以仍各國之舊云。
卍齋李調元序。

◎趙爾巽《清史稿》卷一百四十五志一百二十《藝文》一：《春秋左傳會要》四卷、《左傳官名考》二卷，李調元撰。

◎上海古籍出版社 2015 年《續修四庫全書總目提要‧春秋類》「《左傳官名考》二卷」：是書凡二卷。李氏以《春秋》理大物博，前人於類例研究多有涉獵，如作《左傳地名錄》有嚴彭祖、裴秀、杜預等，作《左傳名臣考》有姚咨，作《左氏人名考》有劉城，而春秋職官名稱之見於《左傳》者，不一而足，未聞有人稽考，遂於公餘之暇作是書。是書以國為綱，所遇各國官名分別書之，相關傳文標明出處，並附載注疏之說於下，與《周官》參校之，略可見侯國之差錯。其有國異而官同者，兩存之，以仍各國之舊。李氏是書非簡單羅列，於注疏之後，亦有詳解及相關評說。如卷下「嬪嬙」錄引哀公元年「宿有妃嬪嬙御焉」，疏：《周禮》有九嬪，嬪是婦官，知嬙亦婦官。李注：蓋周末婦官有此名，漢成帝時以掖庭王嬙賜匈奴，名因於古。此本據北京大學圖書館藏清乾隆間綿州李氏萬卷樓刻《函海》本影印。（潘華穎）

李廷鏡　春秋分國三傳合編

◎嘉慶《重修揚州府志》卷六十二《藝文志》一：《春秋分國三傳合編》（李廷鏡撰）。

◎李廷鏡，江蘇高郵人。舉人。嘉慶十二年（1807）任青浦訓導。著有《春秋分國三傳合編》。

李廷琳　春秋注解　八卷　佚

◎孫葆田《山東通志》卷百二十七《藝文志》第十：是書見《縣志》。

◎李廷琳，字元璋。山東諸城人。康熙歲貢。著有《春秋注解》八卷。

李侗　春秋經傳述杜　八卷　佚

◎《續安邱新志‧藝文考》著錄。

◎李侗，字子愿。山東安丘人。生員。著有《春秋經傳述杜》八卷、《紀統辨異》十二卷。

李侗　紀統辨異　十二卷　佚

◎《續安邱新志‧藝文考》著錄。

李文衡 春秋纂 佚

　　◎光緒《湖南通志》卷二百四十六《藝文志》二：《春秋纂》，平江李文衡撰（《縣志》）。

　　◎李文衡，字尺玉。平江（今湖南平江）人。著有《周易纂義》、《春秋纂》。

李文淵 左傳評 三卷 存

　　國圖、山東、吉林、湖南、華東師範大學藏乾隆四十年（1775）李文藻潮陽縣衙刻本

　　國圖藏乾隆五十四年（1789）後印歷城周永年輯刻貸園叢書初集十二種本

　　山東大學出版社 2011 年山東文獻集成第三輯影印乾隆四十年（1775）李文藻潮陽縣衙刻本

　　中華書局 1991 年重印叢書集成本

　　國家圖書館出版社 2012 年宋志英選編左傳研究文獻輯刊影印乾隆四十年（1775）李文藻潮陽縣衙刻本

　　◎錢大昕序：古者左史記事右史記言，言為《尚書》事為《春秋》。史之職，據事直書懲惡勸善而已，曷嘗規規焉若後世論文者之說哉！昭明太子不以《春秋內外傳》《史記》入《文選》，真西山《文章正宗》始采《左氏傳》為古文之首。近世寧都魏氏、桐城方氏各以作文之法評《左氏》，謂字句縣簡皆有義例，其說甚辨。二君世所稱二為古文者也，益都李靜叔好學嗜古，手評《左氏傳》，議論頗有出魏、方兩君之上者。點次未竟，不幸夭折，其兄素伯哭之，踰時而慟。因錄其本，刻而藏之家塾。起隱公元年，盡僖公廿有四年。嘉定錢大昕序。

　　◎卷一首云：《左氏傳》，予十四五時讀未熟而廢。今幾十年矣，乃取此本點評之，前後遺忘，弗能窺其深也。乾隆乙酉九日，僅堂李文淵識。

　　◎卷末：予弟靜叔之于古文，奉退之為圭臬，子厚、習之而下，即以為不合法。桐城方氏刪改唐宋八家文，當時已有詆諆者。靜叔獨好而錄之，又謂所授《左傳義法舉要》于韓城、濮、邲、鄢陵諸戰十僅得五而已得其九。年未冠即取《左》、《國》、《史記》、兩《漢書》、《五代史》、韓歐諸集手加評點。旋復自悔，多塗改不可識。丙戌夏，遭吾母之喪，既葬，以毀卒，年二十六。自為墓志，且標其文之可存者之目。予盡得其草藁而藏之，所讀書盈三巨簏，鍵置其室，以付弟妻郇子與平仲、季深，皆不忍啟視矣。己丑春，予將謁選，哭而

啟之，檢得所評《左傳》二冊，才至僖公廿有四年耳。先是靜叔好古文辭，壬午歲見周書昌于濟南，歸而潛心《易》《禮》兩經，取古人圖象傳注羅而繹之者數年，以至於病且死。故他所評閱，或未終卷。是書予攜以入都，投學士嘉定錢公及瑞金羅君臺山、餘姚邵君二雲，皆以為可采而惜其未竟。其冬予過里閈，平仲忽發篋取去，謂予自揚州入粵，舟行且七千里，書無副，虞其失也，予竟不能強。庚寅夏到官恩平，惟時展視其文及海內諸文匠所為表傳哀辭以抒予慟而已。辛卯冬，季深自新安回里視平仲。壬辰五月，予方移潮陽，而季深攜此書之副來。弆三年，至甲午冬，錢公以少詹事督廣東學政，相見于羊城。即索觀此書，且為之序。予乃釐為三卷，命之《左傳評》以付梓。其城濮以後諸戰，靜叔自謂所見勝于方氏者，今集內尚未著筆。嗚呼！使天假靜叔以年，則是書必非定本，而靜叔之可傳者實亦不在乎是。乾隆乙未四月廿五日，伯兄文藻書。

　　◎提要：《春秋左傳》本以釋經，自真德秀選入《文章正宗》，亦遂相沿而論文。近時寧都魏禧、桐城方苞於文法推闡尤詳。文淵以二家所論尚有未盡，乃自以己意評點之。僅及僖公二十四年，而文淵夭逝，書遂未畢。其兄文藻哀次遺稾編為三卷，刊版於潮陽。末有文藻跋，稱其潛心《易》、《禮》兩經，取古人圖象傳注羅而繹之者數年，以至於病且死，故所評閱多未終卷云。

　　◎劉聲木《桐城文學撰述考》卷一「李文淵撰述」：《左傳評》三卷（《貸園叢書》本）、《得心錄》一卷、《古文選》□卷、《三家文選》□卷、《諸子粹言》□卷、《北宋文選》□卷。

　　◎孫葆田《山東通志》卷百二十七《藝文志》第十：是書有《貸園叢書》刊本，《四庫》存目。嘉定錢大昕序略云：「近世寧都魏氏、桐城方氏各以作文之法評《左氏》，益都李靜叔好學嗜古，手評《左氏傳》，議論頗有出魏、方兩君之上者。點次未竟，不幸夭折。起隱公元年，盡僖公二十有四年。」據本書。

　　◎紀昀《閱微草堂筆記》卷十一《槐西雜志》一「魂依于墓」：益都李生文淵，南澗弟也。嗜古如南澗，而博辯則過之。不幸夭逝，南澗乞餘志其墓。匆匆未果，並其事狀失之，至今以為憾也。

　　◎李文淵（1742～1767），字靜叔、叔卿。山東益都人。李文藻弟。著有《左傳評》三卷、《得心錄》一卷、《靜叔遺文》一卷。

李文炤　春秋集傳　十卷　首一卷　存

　　湖南藏乾隆四為堂刻李氏成書本

◎卷首一卷為序及《春秋綱領》。

◎春秋集傳序：世之碩人傑士，不必皆試之事而後見也。然世亦有蘊書在中、不試之事而即不見者，究其人，既非本無可見，抑又非隨在不可自見，此古今來有學有行之人，原不待著述而顯，而著述其顯者也。初余至星沙，見從吾遊者輒問，述及其鄉之前輩李元朗先生。先生強學力行，終其身不可強以仕，凡鄉鄰中後進之士，聞其風者即莫不於其書之所存喜而讀之。方其既沒，即無不於其社祭以報之。蓋其人平時既能無書不讀，又嘗出所見以論著羣經。凡他書所傳既多鏤諸板以行世矣，先生之壻柳君玉藹自幼受學於先生之門，今於其手定《春秋集傳》一書既復刻而傳之，乃為問序於余。余觀世之言《春秋》者，三傳而外，於唐則有三家，宋則發揮於程伊川、劉原父諸儒。其他論解疏說，幾幾乎不可以十百計。今先生合諸傳註彙而集之，刪其繁，間復斷以己意。凡所言，粹然一出於正，以故是書之作，人皆知有用於世，非若後世徒事著述碌碌無所表見者之為。然正惟其人有足以當世用者，乃能於古人詩書中獨見其大而不局於細，其不輕於一試，正其有可見之行事者也。余今者亦非徒以言見先生，蓋合於其鄉人之公好，益以見先生無窮之德意不減於人心，因不揣固陋而謬為一言以序於簡端也。乾隆十三年歲次戊辰孟冬月上澣，賜進士出身原任翰林院編脩加一級欽命巡行整理江南上江鳳穎泗等處地方宣諭化導使辛酉科順天鄉試壬戌科文武會試三次同考官特旨詔對內廷四次同修國史兼充明史綱目館纂修官掌教楚南嶽麓書院桂海後學黃明懿頓首撰。

◎春秋集傳小引：煌幼習舉子業，從塾師受《春秋》以為本經。嘗博搜四傳，兼考諸家，茫乎未之有得也。一日侍坐先生，側語及是書，因舉數說就質，先生曰：「子攻專經而泛覽若是，可謂勞矣。昔黃聲隅問程叔子如何看《春秋》，答曰『以傳為案，以經為斷』，又云『以傳考經之事實，以經別傳之真譌』，至哉言乎，學《春秋》之準繩也。余反覆玩味，歷有年所，始克訂為成說。」因手授一編曰：「子歸而求之，則聖人筆削微意庶幾劃然解耳。」煌袖歸卒業，則見其於敍事也，取左氏之簡要；其於斷案也，取公、穀、文定暨先儒之精液。間有未備者，則出以己見，敷陳妙義，程子所謂「大義數十，炳如日星」者，真如日星之燦著；而其所謂微辭奧義為未易曉者，亦且無微之不闡、無奧之不闢矣。倘非有得於宣尼之心，孰能披豁至是哉！今先生逝已閱一紀，煌亦唐喪歲月，雖蠹魚研鑽，常勤五夜，而鵬程蹭蹬，莫奮三千。其為孤負先生之期望，恧顏滋甚。顧煌思之，先生之著述非欲藏之名山，將以昭茲來許，與其秘之篋

笥作傳家長物，曷若付諸梨棗，公海宇同好？爰解素囊，請工剞劂。因付記於後，用表煌夙昔契先生之情藂，且誌先生搜羅刮剔之苦心，俾同志之君子得有所考焉云爾。乾隆丙寅歲九月上浣之吉日，受業子壻柳煌薰沐謹識。

◎春秋集傳弁言：剛風左旋無停機，七曜疾徐何紛若。由來大運有窪窪，三五相推代昏椓。火輪東轍翳桑榆，熠燿眾猿爭閃爍。乾綱紐接坤軸搖，西歸好音久不作。于時東山老布衣，掩映泣麟勤筆削。絜將命討還天公，一十二君重斟酌。徽纏糾挈六典裁，性天奧窔微言劃。宇宙生心變在手，游夏待贊一詞莫。左史雙盲高赤迂，下逮陸啖恣穿鑿。斤斤後來諸老翁，飛蟲有時亦弋獲。魚目蠙珠竟錯陳，其間妙義誰披豁。吾兄掉臂百家中，妙契淵源心印合。羣言薈萃瑀璜聯，曠解晶瑩璞玉琢。丙丙尼山燈一擎，有如日星輝河岳。結璘拜手慶重光，金背蝦蟇潛幽壑。孰謂空言寄簡端，袞鉞森森在毫末。愚弟芳華拜稿。

◎贈言：氣運善翻覆，天地若無權。拄撐不有人，兩儀久陷焉。尼父生三季，結想唐虞前。目擊時事非，自不勝嗚咽。斧柯不在手，扼腕東山巔。且滋萬世懼，奮筆寫心傳。六典存王跡，用意含毫先。筆削適時中，一一見公平。變換生乎心，命討天宛然。游夏莫與贊，百代誰與傳。左氏失竅會，高赤坐頗偏。何怪千載下，啖胡起鑿穿。茫如墜煙霧，澖洗費煩捫。多君瘁心力，薈萃盡真詮。何如瀾重翻，獨探淵之泉。何如月久蝕，獲覩光且圓。發揮極性命，乃見天心傳。空言寄行事，長嘆撫遺編。同邑研弟周正拜藁。

◎李文炤序〔註13〕：今按〔註14〕《春秋》，議道之書也。道之大原出於天，分而為三綱，而人遂各戴其天焉。天子以之平天下，諸侯以之治其國，大夫以之齊其家，士庶人以之修其身，而宇宙無不得所之物矣。皇古以來，君師代作，成周有制，六典昭垂，融融泄泄，莫非天理之充周，即莫非道術之經緯，不誠〔註15〕以為太和之運哉！東遷以後，下淩上替，卿尹之擾攘而百官失其統，邦國之吞蝕而四海失其均。世官用而賓興〔註16〕之法失，稅賦增而養民之意衰。僭竊相仍，而禮樂變矣；爭奪無已，而侵伐〔註17〕擅矣；盜賊〔註18〕日滋，而刑罰縱矣；田邑逾制，而疆理壞矣。舉六典之所載者皆紊而廢之，則道術不用

〔註13〕又見於李文炤《恒齋文集》卷一、《湖南文徵》卷六十一，題《春秋集傳序》。
〔註14〕《恒齋文集》卷一、《湖南文徵》卷六十一無「今按」二字。
〔註15〕《恒齋文集》卷一、《湖南文徵》卷六十一「不誠」作「其斯」。
〔註16〕《恒齋文集》卷一「賓興」作「興賓」。
〔註17〕《恒齋文集》卷一「侵伐」、《湖南文徵》卷六十一作「征伐」。
〔註18〕《恒齋文集》卷一「盜賊」、《湖南文徵》卷六十一作「亂賊」。

而智力相競，亦其勢然也。孔子生乎其時，夢想周公而不獲一試，於是因魯史而作《春秋》，以成周之道術治成周之臣民。掃陰雨晦霾之積沴〔註19〕，指示以太虛之本體，而宇宙之太和在其手矣。蓋其心如天之於萬物，包涵遍覆，以知則易，以能則簡，故形於言者，絕無委曲煩擾之跡。隨其所發莫非〔註20〕性命之精微，無我故也。後之儒者，不能得聖人之心，而思窮聖人之言，訐以為直，徼以為智，舍康莊而入於荊榛〔註21〕之中，又何道之能議耶？伊川程子略舉其端，未竟其緒。私淑其學者，迭相闡明，譬諸以管窺天，而終不能見〔註22〕其全體。竊不自量，裒集之，擇取之，間亦附己意而足成之，未知於聖人之意果如何〔註23〕，而諸儒之穿鑿附會則盡去之矣。嗟夫！宇宙之綱維，一道而已。純之則為王，駁之則為霸〔註24〕，氣化之遷流，不能不疊興於其間。聖人未嘗不欲一切以道繩之，而僅寄一線於簡冊之中，此聖人之所深悲也。使凡有天下者，與有國、有家、有身〔註25〕者，讀其文、推其意而思其義，一念之慊，不啻華衰之加也；一念之欺，不啻斧鉞之至也。則日用云為，無適而非《春秋》，即無適而非聖心，無適而非天理矣。撥亂反正，莫要於此，心一身之，三代既復，而後推之於家也，可推之於國也，可推之於天下也，亦無不可載之行事之深切著明。皆本乎天道，以符乎六典，豈徒二百四十二年之陳跡而已〔註26〕哉。不然，則是吏案而已矣，則是邸抄而已矣。雍正丁未歲六月丁亥湘川李文炤謹書〔註27〕。

　　◎李文炤《恒齋文集》卷五《與黃上珍》：蓋朱子之於聖學，譬諸李沆、韓琦，安社稷則有餘，拓邊境則未暇。故四子之精蘊闡發無遺，而六經之名物度數則未免於闊略也。邇來作《春秋集傳》，而成周之典制益明。不知胡康侯何以不信《周禮》而乃欲解《春秋》也。又得吳宥函《春秋臆》，亦多所發明而惜未盡也。以此起興，勒成一書。俟脫稿日，然後可郵寄耳。

〔註19〕《恒齋文集》卷一、《湖南文徵》卷六十一「莫非」作「而莫非」。
〔註20〕《恒齋文集》卷一「沴」作「滲」。
〔註21〕《恒齋文集》卷一、《湖南文徵》卷六十一「荊棘」作「荊榛」。
〔註22〕《恒齋文集》卷一、《湖南文徵》卷六十一「見」作「盡見」。
〔註23〕《恒齋文集》卷一、《湖南文徵》卷六十一「何如」作「如何」。
〔註24〕《恒齋文集》卷一、《湖南文徵》卷六十一此下有「戾之則為裔，戕之則為賊」兩句。
〔註25〕《恒齋文集》卷一「身」作「口」。
〔註26〕《恒齋文集》卷一「已」作「而已」。
〔註27〕《恒齋文集》卷一、《湖南文徵》卷六十一無此句。

◎李文炤《恒齋文集》卷五《與傅慎全》（諱良辰。漢川人）：少日曾習《春秋》，羣疑百出。承攜楊恥庵解說見示，啟發良多。但先儒拘守左氏傳聞之辭，往往牽經以合傳。而恥庵遂一概不信，竟視為傳奇雜劇之比，則是秦固失之而楚亦未為得。此程子所以有「扶醉漢，救一邊倒一邊」之歎也。螢窗雪夜，四顧寂寥。因歎宣尼志在周公而生非其時，乃寓周公之思於亂世之跡，一切皆以天理裁之。蓋《周禮》、《春秋》雖所載有治亂之殊，而其為運用天理之熟爛，則一也。不揣固陋，總合群言而精擇之，但以易簡二字，淨諸家之委曲煩擾。勒成一編，俟告竣之日，繕寫相商，然後並恥庵原本完趙。

◎李文炤《恒齋文集》卷五《與傅慎全》附傅慎全書：宋之學者，以不知天下有伯淳為恥。弟非衡湘之遊，幾不知善化有先生矣。學以中為宗，道以中為至，傳道必中行。狂狷偏倚，得聖人裁抑，亦可以與於斯文。然人之稟受，聖不世出，而中行不易。有狂狷不經聖人裁抑，則偏倚不化。至於垂世立教，各有所主。其講學聚訟，勢使然也。先生得中行之資、善人之質，且學之博、識之大、著述之精，是可以紹斯文於幾晦者也。客冬奉訪，蒙不棄，納之教下。坐雪田春風中數月，特無光庭之領受為愧耳。別歸，無書可教，諸凡拮据。小女算字，議於九月。俟出室後，或有西蜀之行。攜來《易經拾遺》，猶未抄錄。並石經《大學注疏》、《周禮序文》等作，朋輩讀之，無不欽服。所集刊刻，望速寄我。若石經行世，《周禮》闡揚，則聖學由宋至今，又一昌明，其功豈淺鮮哉。但弟猶有說焉。天之生人不偶，人之無負於天非易。治骨角者，既切而復磋之；治玉石者，既琢而復磨之。以先生之明敏天授，加之勤學好問，固無須此以進。然於規勸之義，或不以為過焉。臨穎不禁神往。

◎李文炤《恒齋文集》卷五《與王廷鑒》：又前承論以《春秋衍》之書可得而致，然競不能待而胸中技癢，遂於丁未歲勒成《春秋集傳》一編，今在黃上珍案頭相與參酌。然私心必欲得《春秋衍》一觀，而後可以晰疑賞奇也。不識年兄何以為計乎？

◎李芳華《李恒齋先生行述》：《春秋胡氏傳》，朱子嘗謂：「且存其本子與後人看。」先生一日觸於出禮入律之言，遂取《春秋》書法按之《周禮》而得其解。時芳館於宗祠，欣然出相謂曰：「《春秋》所譏者即反乎《周禮》者也，所褒者即合乎《周禮》者也。」於是纂輯群言參以己見，成《春秋集傳》。

◎提要：是書大旨，宗《胡傳》而稍采諸說，變其面貌，往往蔓延於經義之外。如解元年而牽及改元，已為旁文。又因改元而深譽前明十三帝之不改元，

不更蛇足乎？衛桓書葬，是為據事而筆諸冊，乃牽及衛侯不當諡桓，謂以著衛人之私。然則凡葬必書諡，以何者別非譏耶？許世子不嘗藥，引張氏之說，謂其必用砒霜鍛之不熟，已屬臆揣，又責以不能窮理居敬，去本事不太遠乎？是但知拾五子之緒言而未嘗知三傳之古義者耳。

◎光緒《湖南通志》卷二百四十六《藝文志》二：《春秋集傳》十卷，善化李文炤撰（《四庫全書總目》。提要曰：「文炤有《周易本義拾遺》已著錄。是書大旨，宗《胡傳》而稍采諸說，變其面貌，往往蔓延於經義之外。如解元年而牽及改元，已為旁文。又因改元而深譽前明十三帝之不解元，不更蛇足乎？衛桓書葬，是為據事而筆諸冊，乃牽及衛侯不當諡桓，謂以著衛人之私。然則凡葬必書諡，以何者別非譏耶？許世子不嘗藥，引張氏之說，謂其必用砒霜鍛之不熟，已屬臆揣，又責以不能窮理居敬，去本事不太遠乎？是但知拾五子之緒言而未嘗知三傳之古義者耳。」案卷首有雍正丁未自序，有乾隆十三年翰林院編修黃明懿序，有乾隆乾隆丙寅子壻柳煌小引，稱其敘事取左氏之簡要，斷案取公、穀、文定暨先儒之精液，有未備者則出己見敷陳。先生逝已一紀，爰付剞劂云）。

◎尋霖、龔篤清編《湘人著述表》：自序言：朱子曾稱《周禮》為天理爛熟之書，表章雖明而訓釋未逮之，諸儒之說不能有醇無疵，於是熟讀精思，遠稽博采，勒為一編。

◎李文炤（1627～1735），字元朗、朗軒，號恒齋。湖南善化人。康熙五十二年（1713）舉人。任嶽麓山長多年。精究宋明理學，與邵陽車無咎／王元復、寧鄉張鳴珂等友善，貫通諸書。著有《周易本義拾遺》六卷、《周易拾遺》一卷、《周易序例》一卷、《學庸講義》二卷、《周禮集傳》六卷、《儀禮經傳通解集注》四十六卷、《家禮拾遺》五卷附錄一卷、《家禮喪祭拾遺》一卷、《春秋集傳》十卷、《四書詳解》、《太極解拾遺》一卷、《通書解拾遺》一卷《後錄》一卷、《西銘解拾遺》一卷、《恒齋文集》十二卷、《朱子語類約編》、《聖學淵源》、《嶽麓書院學規》、《續白鹿洞書院學規》、《地理八書》、《道德經解》一卷、《楚辭集注拾遺》十七卷、《古文醇》、《續古文醇》、《李氏成書》〔註28〕、《宋五子書集解》〔註29〕。

〔註28〕 含《周易本義拾遺》六卷、《恒齋文集》十二卷、《周禮集傳》六卷、《春秋集傳》十卷、《家禮拾遺》五卷。
〔註29〕 含《通書解》一卷、《通書後錄解》一卷、《西銘解》一卷、《西銘後錄解》一卷、《正蒙集解》九卷、《近思錄集解》十四卷、《感興詩解》一卷、《訓子詩解》一卷。

李僩 讀左偶筆 佚

◎民國《續修歷城縣志》卷二十二《藝文考》一：李僩《讀左偶筆》（見《二南詩續鈔》，卷未詳）。

◎李僩，字仲恂。歷城（今山東濟南歷城區）人。詩以七古著稱。著有《讀左偶筆》。

李燮如 春秋指要 佚

◎孫葆田《山東通志》卷百二十七《藝文志》第十：是書見《府志》。

◎李燮如，字理昭，號翕翁。山東霑化人。雍正元年（1723）拔貢。著有《春秋指要》。

李揚華 春秋四傳彙箋 佚

◎李揚華朱卷易星際批：作者講求實學，著有《紙上》《西征籌筆》《密林子簡記》《几筆秋餘》《經解又分》《四書淪檢》《讀易管窺》《春秋四傳彙箋》《浣紅文集》《浣紅詩集》《浣紅小技》《雪鴻集》《芝城紀行》，又選注《古文大觀衍用》，編《湖南五家古文詩粹》《今詩約》，以乏梓本，僅刻四五種行世。

◎李揚華（1833～1884），譜名光輔，字實蕃、浯先，號潛先，別作鏡仙。湖南衡陽人。同治九年（1870）舉人。嘗入陝撫劉蓉幕，後歷官兵部主事。曾主講岳屏、石鼓、船山諸書院。著有《讀易管窺》、《經解籌世》九卷、《公餘手存》十六卷、《紙上談》十二卷首一卷、《西征籌筆》二卷首一卷、《密林子簡記》、《鐵筆秋餘》、《經解又分》、《四書備檢》、《四書紀傳略》、《濂溪講義》、《中興演義》、《衡陽縣志稿》、《浣紅（山館）文集》、《浣紅詩集》、《浣紅小技》、《浣紅駢體》、《雪鴻集》、《芝城紀行》、《國朝石鼓志》、《雷鳴錄》、《燕息餘話》、《見所見古文體要》、《行篋吟草》、《粵遊日錄》，又選注《古文大觀衍用》，編《湖南五家古文詩粹》、《今詩約》等。

李貽德 春秋左氏傳賈服注輯述 二十卷 存

國圖、北大、復旦、上海、天津、遼寧大學、瑞安市文物館藏同治五年（1866）餘姚朱蘭金陵書局刻本

國圖、北大、上海、遼寧、瀋陽、大連、重慶、首都圖書館藏光緒八年（1882）江蘇書局重刻本

國圖、北大、中科院、上海、首都圖書館藏光緒十四年（1888）南菁書院刻皇清經解續編本

國圖、上海、首都圖書館藏光緒十五年（1889）上海蜚英館石印皇清經解續編本（一卷）

中科院藏光緒浙江書局刻本

續修四庫全書影印同治刻本

北京大學 2016 年儒藏精華編徐公喜校點本

◎一名《左傳賈服注輯述》。

◎序：余少承先大夫訓，不敢濫交。道光壬午北行，遇次白於途。次白早聞先大夫名，遂投刺與余交，如舊相識。余聞其談論古今，十不識一，心竊愧之。入都，往來甚懽。一日寒甚，披新裘游法源寺，次白一見呵曰：「若衣此，何可令老翁見！」余悚謝，自是推服為畏友。丁亥戊子間，次白隨海鹽朱虹舫師學幕，復隨入都。己丑，余倖捷南宮，入翰林，出所習律賦質之。次白必為別白是非，有當意者則曰：「子所言自有身分」，且勉以正學。余處事疑難，就與商榷，裁制輒當理，始歎從前之相知未盡也。庚寅假歸，次白為余己丑同年生代撰先大夫壽言，先大夫喜曰：「作古文有學識，吾罕見其匹。」是年冬，余復至都，則次白貧愈甚，仍橐筆為虹舫師校定《國朝從政錄》。後館歙縣吳退旃師邸第課諸公子，間握管作程文、習權書。蓋次白數十年研究經史，忽易其所學，於不願為者而為之，其胸中鬱結當何如也。次白體弱，素患痰喘，至壬辰益劇，病革取所著書付嘉興錢子萬，託其尊人衎石先生手定。既歿，退旃師哭之甚。余與子萬經紀其喪，歸之於家。丁酉，余視學楚北，任滿入都，次白子文賁已登賢書，來謁。下第將行，余助之金歸。旋聞子萬捷鄉闈，方謂次白遺書錢氏父子可力任其事，無何文賁歿，衎石、子萬相繼物故。余於咸豐癸丑告養旋浙，詢之文賁子保蔭茂才，知遺書已從錢氏取歸。余取次白《攬青閣詩集》及其配吳孺人《早花集》擬先付梓，出百金屬保蔭別錄《春秋左氏傳賈服注輯述》待刊，未幾保蔭又歿。同治癸亥，余視學皖中，次白從姪少石刺史出《賈服注輯述》手稿畀余。塗乙增改，不能盡識。適延寶應劉叔俛茂才在幕，茂才以經學世其家，余屬為校勘。經始於今年春，十月蕆事。爬梳抉摘，條分件繫，始燦然可讀。時李少荃宮保方開書局於金陵，因將是書暨其夫婦詩集節俸鋟諸板，俾少石終其事焉。次白所著錄甚多，而《賈服注輯述》尤所經意，旁通曲證，使古誼昭若發蒙。詩亦才華發越，性情真摯，酷肖其為人。吳孺人

詩秀骨天成，絕非近時閨秀所能及。綜其生平，享文字之福至厚，乃早喪嘉偶，
屢上春官終不獲一第。中年客死，遺書經歷歲時，多所散落。而是三書故完好
無恙，固次白之幽光必耀，抑亦天之償於身後者尚豐耶？！余老而無聞，負此
畏友，惟念生平落落寡交，至今稍知自守，不背先訓，則猶賴次白提撕之力也。
次白事蹟詳衎石、惺齋兩先生所作銘傳，書之精蘊詳叔俛所撰序跋中，茲但記
吾兩人相交之深以及人事變遷傳書之難如此。此書刻成，可稍慰次白於地下。
世有志次白之心者，當益為發明，以傳諸不朽也。同治丙寅冬至日，餘姚朱蘭
序。

　　◎序：嘉興李次白先生邃於經史，尤善小學，沉潛不近名，世鮮知者。陽
湖孫淵如觀察，一見劇賞之。觀察晚年善病，所著書多先生為助。嘉慶戊寅，
本省鄉試，以經策博贍中式，出高郵王文簡公之門。文簡小學為海內所推，既
得卷，甚喜。自是屢赴公車，徵於旅次。與餘姚朱久香宮詹訂莫逆交，兩先生
皆謹慎不妄交友者也。先生數奇，卒不第，宮詹已捷南宮，官翰林。先生歿於
退翁吳尚書京邸，宮詹親視含斂，集貲歸其喪於家。既又取所著書並古近體詩
選錄，將付梨棗，于是先生所著《左傳賈服注義》始見於時。其書援引甚博，
字比句櫛，於義有未安者亦加駁難。雖使沖遠復生，終未敢專樹征南之幟而盡
棄舊義也。至《周禮膡義》《詩考異》《詩經名物考》《十七史考異》（見錢衎石
先生所撰墓誌），今俱無存。所為詩名《攬青閣詩鈔》，配吳孺人亦慧才能詩，
有《早花集》。風雅商榷，或相唱酬，為閨中韻事。恭冕嘗取合讀之，沖和縣
邈，怡情悅性，於溫柔敦厚之旨未之失焉。吳孺人早卒，先生年未三十，遂不
續娶。子戔園先生名文賁，世其學，道光乙未科舉人，與先君子為同年生，恭
冕未之見也。其孫保恩亦謹厚有祖父風，宮詹招至使署，與恭冕共事久，故得
讀先生遺著而謹括其學行之大，俾後之人有所考焉。同治乙丑，寶應後學劉恭
冕謹序。

　　◎後序〔註30〕：右《春秋左氏傳賈服注輯述》二十卷，嘉興李次白先生所
著也。先生生於乾隆癸卯，多見當時耆舊。嘉慶戊午，洪稚存太史至嘉興，先
生年甫十六，聆其緒論，即深企慕（先生《攬青閣詩鈔》卷上《洪稚存先生建言詩》
有「鴛水聽詩如昨日」之語，自注：戊午歲遇先生於馮七硯觀察橫經書舍；卷下《題
洪稚存太史集後》云「龍頭何幸返家山」，自注：先生為吳中後七子之冠）。甲戌乙亥

〔註30〕此序又見於劉毓崧《通義堂文集》卷四，題《李次白先生春秋左氏傳賈服注輯
　　　　述後序》，無末「同治丁卯三月，後學儀徵劉毓崧謹序」句。

間謁孫淵如通奉於江寧，事以師禮（《詩鈔》卷下《孫淵如夫子五畝園落成恭賦》云「多感師門憐立雪，入園先許醉顏酡」，自注：甲戌臘月二十七日師招陶山、曼迦諸君子集園亭，德亦與焉。時園未落成），為題《山館樂神圖》（《詩鈔》卷下《臘月十九日為蘇文忠公生日，同人集五畝園作會，即用集中游蔣山韻送淵如師山館樂神圖》後序云：問年紀亥當丙子公生之前）。故詩古文詞大率與孫、洪相近，而邃於《春秋左氏》亦復相同。太史《左傳詁》一書久已傳播，通奉《春秋集證》亦有功經學之書（其凡例云：「《春秋》事迹見於諸子百家者甚多，皆三傳所無。此編網羅放失舊聞，竊附史學之後，不為解經而作，故事迹詳而議論不錄。」然證佐集而事迹彰，則得失是非無難立判，不待多採議論而褒貶之義自明，雖僅自附於史學，而其有功於經術也大矣），雖未刊行而稿本已具（咸豐庚申閏三月毓崧寓居東臺，杜小舫方伯時官泰州分轉，客有攜《春秋集證》稿本求售者，自隱公至莊公共抄本四冊、自閔公以下聞尚有二十五冊，因價昂未購，其書未署撰人姓名，檢其凡例二紙，係用十三行墨板，印格中縫有「平津館王」字。平津館係通奉齋名。又檢第四冊莊公三十二年案語內引家侍御志祖云云，旁用朱筆改「家」為「孫」。按志祖係仁和孫頤谷侍御之名，通奉《冶城遺集》內《題家頤谷侍御深柳勘書圖詩》有「天與吾家難王肅」之句，此稿改家為孫者，蓋用鄭康成注《周禮》稱鄭大夫鄭司農之例，足證其為通奉之書矣）。前四冊初校在辛未，通奉自德州引疾還江寧即在是年（四冊之末皆書辛未五月某日，邵子峯初校據通奉年譜，是年官山東糧道，三月督運，五月回至德州，七月引疾，重九前一日抵金陵），自五冊以下是否寫定於辛未以前，抑或告成於壬申以後，非懸揣所能知（通奉年譜辛未以前常州張氏紹南所撰，壬申以後江寧王氏德福續撰，皆未言及《春秋集證》。意者作譜之時偶未見其稿歟）。然通奉於先生既相知之晚（錢衎石給事《李次白墓誌》云：「淵如孫先生僑居金陵，賞其詩，走與語，大驚，恨知之晚。」徐欣菴侍郎《李次白傳》云：「時陽湖孫廉使星衍亦喬寓金陵，君投以詩百韻，即相得甚歡，與上下古今，窮晝夜不息。」），諒必出其稿以相示，況凡例所言欲補輯各門（凡例云：「古人事蹟，傳聞異辭，別作案語，折衷其是，俟諸書成之後。」又云：「此編既採諸子百家輔翼三傳，則列國地名人名官名有不盡見於經傳者，應別作《春秋地名考／姓氏表／職官表》以補前人之闕」），安知不引以相助（錢誌云：孫先生善病，晚年所著書多付次白為卒其業），是此書緣起，實因游通奉之門（徐傳云：其在金陵時，孫廉使輯漢魏之說經者為《十三經佚注》一書，命同志諸人分任之，君著有《周禮膝義》《春秋左傳賈服注輯述》若干卷），而編次、體裁則與太史為近。書中引用孫說稱為孫先生（卷六僖四年傳「昔召康公」條、卷十六昭九年傳「辰在

子卯」條並引孫先生《疏證》云云），引用洪說稱為洪氏（卷四莊元年「絕不為親」
條、九年傳「及堂阜而稅之」條、卷七僖二十六年傳「嬰子」條、卷十七成十七年傳
「懼不敢占也」條並引洪氏亮吉云云），因有受業未受業之分，而宗旨所存，則二
公皆其生平願學，故此書實事求是，由古訓以通大義微言。凡《春秋》與《周
禮》表裏、《左傳》《國語》《公》《穀》異同、賈服兩家與經傳子史符合者，一
一溯其原委，自天文五行輿地職官名物度數，莫不條分縷析疏通證明。至於杜
注與賈、服相違者，正義多曲從杜說，則必為之權衡時地，揣測事情，援古義
以表微，掃浮詞以解惑，不啻發蒙振落，摧陷廓清，洵可謂左氏之功臣，景伯、
子慎有靈，必當引為知己。此固由於天子卓犖，稽古功深，而亦因早見孫、洪，
有以開先路之導也。先生重師承而兼隆友誼，非道義之友未嘗往來。今安徽學
使閣學餘姚宋公，與先生訂僑、札之交，結范、張之約，哲嗣鎮夫隨侍節署，
與先生從子少石、次孫、杏孫聯聲舉之蹤，紹紀羣之雅，世敦古誼，久要不忘，
裒輯先生遺書，延寶應劉君叔俛精校付刊，屬毓崧作序。閣學與先君子己卯同
年，夙仰光儀，未經摳謁，遽承委撰，不敢固辭，爰就先生師友淵源加以申述，
俾讀其書者知親師取友乃為學之大綱，趨嚮端斯經術邃矣。若夫搜采之多、抉
擇之慎、考正誤文誤義之精，則叔俛序跋言之已備，茲不贅焉。同治丁卯三月，
後學儀徵劉毓崧謹序。

　　◎跋：此書冕前既序之，今歲久香閣學取槀本屬重校且為審定。既畢，乃
復于閣學曰：漢儒注《左氏》者自賈誼始（《後漢書・儒林傳》：賈誼為《春秋左氏
傳訓詁》，授趙人貫公），其後劉歆、鄭眾、賈逵、馬融、延篤、彭汪、許淑、穎
容、謝該、服虔、孔嘉各為之訓釋，而諸家中以賈、服為最備，故學者多並稱
之（《隋書・儒林傳》：傳《左氏》者甚眾，其後賈逵、服虔並為訓解。陸德明《經典釋
文序錄》亦祗列賈、服二家注）。顧自杜氏《集解》、孔氏疏出，而二家遂亡。近
時金谿王氏（謨）始有輯本。次白先生輯此注稍後王氏，而搜采較多，抉擇尤
慎。如《左傳序》，疏引賈云：「孔子覽史記，就是非之說，立素王之法」，此賈
氏《春秋序》文。隱十一年「夫許太岳之允也」，疏引賈云：「四岳，官名，太
岳也。主四岳之祭。」此賈氏《周語》注文，而王氏以為《左傳》注義，非也。
《詩・南山》疏引服云：「蓋魯桓公之喪從齊來，以文姜為二年始來，二句語氣
不接，中間當有脫誤。」而王氏仍依疏文連引之。《禮記・祭法》疏引服云：「曾
祖之廟曰祧者，以魯襄公于時冠于衛成公之廟，成公是衛今君之曾祖，曰祧也。」
服氏此注祗曾祖之廟曰祧六字，餘皆疏引申之語，以傳疏及《士冠禮》疏證之

自見（傳疏云：服虔以成公是衛之曾祖，即云祧謂曾祖之廟也。《士冠禮》疏云：服虔注以祧為曾祖廟者，以其公還及衛冠于衛成公之廟，成公衛曾祖，故以祧為曾祖廟），而王氏概列為服注。宋本哀七年傳疏引服云：「眾君子眾國君，妄耳。」「妄耳」是孔疏文，毛本誤作「妾耳」，而王氏亦列為服注，非也。至其述義，援據傳注，疏通證明，能不失經注之意。而考正誤文誤義，如隱八年注「先者見或」誤倒于「必不往相救」之前；僖二十六年注「夔楚熊渠之孫」，「孫」當作「子」；宣四年注：「兵車旁幔輪」，「輪」當作「轂」；成十六年注「袴而屬於跗」，「袴」上當有「若」字；襄二十七年注「楚君」，「楚」疑作「燕」，君字下屬；昭十三年注「鄭伯爵在男畿為賈本義，男當作南，南面之君為賈或義，男當作南」句上當依《國語》注補「或云」二字，皆誤文之顯然者也。桓五年「旛動如鼓」從杜氏，以旛為旗，不取飛石之說；昭八年「自幕至於瞽瞍」從鄭氏，幕為舜先，不取舜後虞思之說；十六年「其祭在廟已有著位」，從杜氏，為助君祭，不取孔張先祖配食之說；十九年「楚子之在蔡也」，從杜氏，以楚子為大夫時往聘蔡，不取楚子為蔡公時之說，皆誤義之顯然者也。蓋《春秋左氏》經傳自國朝以來，為此學者若顧氏（炎武）之《杜解補正》，沈氏（彤）之《小疏》，傅氏（遜）、惠氏（棟）、馬氏（宗璉）之《補注》，洪氏（亮吉）之《詁》，雖昌言古注，而遺略猶多，其所發明亦未有能及此書之精博者也。先生同時有吳沈文起、儀徵劉孟瞻兩先生，皆專治是經，俾古注為杜氏乾沒者得以眾著於世，使及見此書，當必推許引為同志。是則先生之學必能自致不朽，而閣學之亟謀剞劂篤念故人於無已者，其風誼又曷可及也！同治丙寅十月，後學劉恭冕謹跋。

◎孫殿起《販書偶記》卷二：《春秋左氏傳賈服注輯述》二十卷，嘉興李貽德撰。同治丙寅餘姚朱蘭刊。光緒壬午江蘇書局重刊。

◎許瑤光修，吳仰賢等纂光緒四年《光緒嘉興府志》卷八十《經籍一》：李貽德《春秋左傳賈服注輯述》二十卷（劉恭冕曰：漢儒注《左氏》者，以賈逵、服虔為最備，自杜氏《集解》、孔氏《疏》出，而二家遂亡。近金谿王氏謨始有輯本，先生輯此稍後，而搜采較多，抉擇尤慎，於義有未安者，亦加駁難）。

◎李慈銘《越縵堂讀書記・經部・春秋類》：

終日疲困，閱李杏村《春秋左氏傳賈服注輯述》，其於名物訓詁，皆推究古義，務極精嚴。若發明經傳之旨，求其文從字順，則賈、服舊解奇零不全，他書所存，往往上下冢屬，遽難別白。或有本非賈、服而刺取誤及者，以證經義，多不可通，故轉不如杜氏也。同治丁卯十二月十八日。

閱《左傳賈服解注》，其中論丘甲一條、八百乘一條，俱引《司馬法》以申服賈之說，極為明晳。因取凌曉樓《四書典故覈》、黃薇香《論語後案》、焦理堂《孟子正義》及江慎修《周禮疑義舉要》、沈果堂《周官祿田考》、胡雒君《儀禮釋官》諸書證之，惟金籙齋《禮箋》之說足相發明。蓋以人計者為共賦之法，《周禮·小司徒》所謂「凡起徒役，無過家一人」、《司馬法》所謂「九夫為井」云云，即《小司徒》之「大事致民」，金氏所謂正卒是也；以家計者為出軍之法，《小司徒》所謂「惟田與追胥竭作」、《司馬法》所謂「夫三為屋」云云，即《小司徒》之「大故致餘子」，金氏所謂羨卒是也。同治壬申八月二十八日。

◎李次白孝廉傳（平湖徐士芬撰）：君諱貽德，字天彝，一字次白，又號杏村。先世由江陰徙居嘉興梅倉里。曾祖我郊官廣西參政，祖宗海、父朗皆國子生，本生祖宗渭永昌府知府，本生父蘭乾隆己亥舉人。君二歲而孤，三歲外祖陸公韻天口授以詩，至「輾轉反側」句輒下上其手。七歲賦柳絮，有「滿地落花應羨汝，春風吹到最高飛」之句，族人進士集一見目為奇童，延之家塾，為剖析經義數十條，每覆解未嘗失一字。十歲習舉子業，一藝出輒冠其曹。年十八為縣學生，試高等，食餼。因家貧，遊慈谿，習法家言。尋以母病歸，燀湯調藥悉身親之，時說稗官雜劇，凡可以娛親心者無不為也。後館硤川蔣氏，蔣藏書富，盡發其篋讀之，學益進。繼又館金陵王氏，時陽湖孫廉使星衍亦喬寓金陵，君投以詩百韻，即相得甚歡，與上下古今，窮晝夜不息。孫公晚年所著書，君為卒其業居多。嘉慶戊寅舉於鄉，對策為浙士冠，得進呈。嗣是六上春官，屢薦不售。都下無不知君學行，爭欲延致之。會朱閣學方增視學江蘇，延君衡校，所甄拔盡一時名士。壬辰會試，復報罷。君念祖父皆未中年齎志卒，思得甲第以慰先人，以故精力已衰而志未嘗少挫。時子文賁已食餼于庠，以書請歸，君報之曰：「父子各努力，毋遽作歸去來辭，灰乃翁心也。」是年館吳氏，課少司空椿之子。司空重其學，倍加敬禮。君力疾督課不少輟，竟於十一月以痰喘歿於館舍，年五十歲。君生性孝友，篤於內行。本生母鄭孺人性嚴，時怒輒跪受無少忤。兄鳳孫有廢疾，終身敬事之無少衰，撫兩從子若己出。家徒四壁立，而歲所入輒以贍宗郒之貧無依者。配吳孺人工吟詠，姑卒，泣血成療疾不起。君時甫逾冠，誓不再娶，作《述哀》《悼亡》諸詩以見志。素耿介，人不能干以私。房師桐城李公宗傳居停、婺源王公鳳生先後攝本郡守，裹足不一及其門。與人交肝膽披露不少隱，有不可輒面斥之，然不設崖岸。讀書一見

成誦，終身不忘。嘗徵事云：「出某書第幾卷第幾葉」，人覆視之，不少爽。尤具經濟畧，於天下山川阨塞士馬芻糧以逮治河興屯諸利弊，羅列若指諸掌。弱冠時即工韻語，亦閒為倚聲。著有《攬青閣詩鈔》《夢春廬詞存》若干卷。後乃與馮太史登府、張孝廉昌衢以經術相切劘。著有《詩攷異》《詩經名物攷》若干卷。其在金陵時，孫廉使輯漢魏之說經者為《十三經佚注》一書，命同志諸人分任之，君著有《周禮膡義》《春秋左傳賈服注輯述》若干卷。於史學則自漢以迄五代靡不縷析條貫，實事求是，著有《攷異》若干卷，視錢宮詹《攷異》一書尤加詳焉。他若糾鄧氏《姓氏辨證》之謬，則為訂正之；因錢氏《史韻》之缺，則為增補之。而待勒成書者，復有數種。文貴以行狀請為傳，因刪剟其凡如此。

史官徐士芬曰：余與次白同舉鄉試。又皆出桐城李公房，里居接壤，一見如故，遂同偕計車北上，復共舍館。自是每在都，間二三日必相過，氣誼之親，侔手足焉。君豐頤便腹，不事脩飾，吐屬諧雋，見者如飲醍醐，亦莫測其涯涘。高郵王公深契之，每論學術，必語及君。禮闈見浙人二三場淵博深厚者，輒疑為君卷，亟入選，蓋欲昌其學也。使其得展所負，豈止著書數尺已哉！不幸賫志以殁，令子克世其學，屬其裒集著述以備采入史傳云。

◎嘉興錢儀吉撰《李次白墓誌銘》：次白生二歲而孤，家故有書，多散失。年十七補縣學生，處貧，則習法家言以養母。其後舍館於硤石蔣氏、金陵王氏，兩家藏書聞海內。次白窮晝夜縱觀，經目輒成誦不忘。淵如孫先生僑居金陵，賞其詩，走與語，大驚恨知之晚。孫先生方纂集《十三經佚註》，次白分任之，成《周禮膡義》《左傳集解》若干卷（恭覬謹案，當作《春秋左傳賈服注緝述》若干卷）。孫先生善病，晚年所著書多付次白為卒其業。舉嘉慶戊寅鄉試入京師，於是高郵王尚書，其舉主也，深於經，尤善小學；吾郡程學使同文善言史，尤諳習國朝掌故及山川阸塞士馬芻糧治河興屯，盡悉諸利弊，皆以所學名於一時。及與次白語，則皆驚歎，以為殊絕。然次白處眾中，侈頤莞憚，退然若不能言者。其自守嚴甚，非其義一無所授受……余與次白兩人家事相商度無隱，次白以語余者，不語人人也。迺其所著書，則雖余不以告。蓋次白志意深邃，初不屑屑文字間。今得其手稿，有《攬青閣詩》《望春廬詞》及《詩攷異》《詩經名物考》。又有姓氏、輿地諸書草畧未竟。其《十七史攷異》最完善，辨覈諦審，當與嘉定錢氏書並行者。嗚呼！次白已矣，幸而傳其所著書，其終見知於後世也夫！

◎錢泰吉《甘泉鄉人稿》卷八《曝書雜記》中：竹南嘗著六經，詳所未詳，凡若干條。竹南沒後，遺稿不可問矣。與堯民、竹南同里相善而視為畏友者，莫若李貽德次白。次白於學無不綜貫，嘗佐孫淵如先生成《周禮贍義》《左傳集解》若干卷。其自著則有《攬青閣詩》《望春廬詞》及《詩考異》《詩經名物考》，又有姓氏輿地諸書草略未竟。吾兄衎翁謂《十七史考異》最完善，辨覈諦審，當與嘉定錢氏書並行。次白戊寅鄉舉後久客京師，與吾兄交最深。余每讀《衎石齋記事稿》中次白《墓誌銘》及《刻楮集・送杏村適館東城五言古詩三首》《旅逸小稿・廣州客舍不寐作》，輒思次白並思我堯民、竹南也（史竹南、李次自所著書）。

◎張之洞《書目答問》卷一《經部》：《左傳賈服注輯述》二十卷（李貽德。餘姚朱氏刻本。馬宗槤先有輯本刊行，李書為詳，且有發揮）。

◎趙爾巽《清史稿》卷一百四十五志一百二十《藝文》一：《左傳賈服注輯述》二十卷，李貽德撰。

◎許瑤光修，吳仰賢等纂光緒四年《光緒嘉興府志》卷五十一《列傳二・文苑・嘉興縣》：陽湖孫星衍纂《十三經佚註》，貽德實分任之。著述甚富。有《三家詩異文釋》《詩經名物考》《十七史考異》《夢春廬詞》《攬春閣集》（《續梅里詩輯》）。

◎上海古籍出版社2015年《續修四庫全書總目提要・春秋類》「《春秋左氏傳賈服注輯述》二十卷」：是書前有朱蘭序、劉恭冕序，述李貽德生平及刊刻經過。次徐士芬撰《李次白孝廉傳》、錢儀吉撰《李次白墓志銘》。是書凡二十卷，於孔疏、《史記》、《通典》等著作中輯錄賈、服舊注，援引《公羊傳》、《穀梁傳》、《說文解字》、《白虎通義》、《禮記》諸書，詳加分析賈、服立論之據。如卷一「聲子」，於《通典》卷一百四輯得服注「聲子之謚，非禮也」，貽德引《毛詩鄭箋》、《白虎通義》等以釋「謚」，又據《禮記・郊特牲》「婦人無爵，從夫之爵，然則婦人亦當從夫之謚矣」，以為「聲子，妾也，以不得蒙惠公之謚，而別為謚，非禮也」。劉恭冕稱是書「援引甚博，字比句櫛，于義有未安者，亦加駁難。雖使沖遠復生，終未敢專樹征南之幟而盡棄舊義也」。又時能正賈、服之誤，如「旝動能鼓」之「旝」不取賈逵「發石」義，而從杜注「旌旗」義。《書目答問》稱是書較馬宗槤輯本為詳，「且有發揮」。是書旁通曲證，使古誼昭若發蒙，詳剖漢儒舊注持論之基，為後來學者梳理舊注奠定基礎。此本據浙江圖書館藏清同治五年朱蘭刻本影印。（潘華穎）

◎李貽德（1783～1832），字天彝，號次白，又自號杏邨。先世自江陰遷浙江嘉興。遂為嘉興梅會里人。我郊曾孫。年十八為縣學生，試高等，食餼。因家貧，遊慈谿，習法家言。後館硤川蔣氏，盡發其書讀之，學益進。繼又館金陵王氏，時孫星衍亦喬寓金陵，乃定交。孫氏晚年所著書，李氏為卒其業居多。嘉慶二十三年（1818）中舉人，出高郵王引之門。學行為王氏所深器，每論學術必語及之，禮闈見浙人二三場淵博深厚者，輒疑為李氏卷，亟入選，實欲昌其學也。然六試春官，屢薦不售。與桐鄉程同文善。道光十二年（1832），會試復報罷，遂遘疾，歿於京師。治經長於《詩》，尤善小學。習聞天下山川，阨塞形勝，以逮治河興屯諸利弊，羅列若指掌。著有《詩考異》、《詩經名物考》、《周禮膡義》、《春秋左傳賈服注輯述》二十卷、《十七史考異》、《攬青閣詩鈔》、《夢春詞存》等書，輯有《韻府大成》。

李藝元 聽園讀左隨筆 二十卷 存

上海藏同治九年（1870）刻本

北大、湖南、寧波市天一閣博物館藏同治十二年（1873）長沙李一經堂刻本

臺中縣文聽閣圖書有限公司 2010 年晚清四部叢刊第一編據同治九年（1870）刻本影印本

◎附《說文異字》及《諸經異字》。

◎李元度《天岳山館文鈔》卷二十八《讀左隨筆序》：左邱明受經於孔子，為《春秋》作傳。自劉向、桓譚、班固迄魏晉諸儒並無異論、至其作傳之緣，則劉知幾躬為國史之言最確，蓋經與傳同因國史而修也。唐趙匡始謂左氏非邱明，宋孫復和之。蓋欲攻傳之不合於經，必先攻作傳者未嘗受經聖人而後可。自《四庫全書提要》斷為邱明所作，斯足定千古之論矣。《春秋三傳》互有異同，而蘇氏轍《春秋集解》獨以《左傳》為主，謂左氏有國史可據而公穀多意測也。其專明《左氏傳》者，自杜注外，宋呂氏祖謙有《左傳類編》《左傳博議》《左氏傳說》，與魏氏了翁之《左傳要義》相發明。明傅氏遜有《左傳屬事》，則袁樞《紀事本末》之例也。馮氏時可有《左氏釋》，則趙汸《補注》之例也。國朝朱氏鶴齡有《讀左日鈔》，馬氏驌有《左傳事緯》，朱氏元英有《左傳拾遺》，姜氏炳璋有《讀左補義》，至李氏文淵《左傳評》則專主論文。蓋傳本以釋經，自真西山選入《文章正宗》，遂開論文之法。魏氏禧、方氏苞於文法推闡尤詳，

然魏氏作《左傳經世》，謝氏文洊作《左傳濟變錄》，要皆以實事求是為歸也。吾宗賓門明經，胚胎家學，尤有征南之癖，於二百四十二年事蹟，融液而貫通之。所箸《讀左隨筆》十卷，語皆心得，多發前人所未發。以此開拓學者之心智，俾一隅三反，緣傳以通乎經，自能經事綜物，而盡人情之變，第賓賓焉求諸文字閒，抑末也。然則是書也，固當與潁濱、東萊、鶴山諸家，同為有功於素臣。求諸昭代，亦勺庭、秋水諸先生之亞也。世有劉知幾，得不以才學識三長許之哉？！

◎孫殿起《販書偶記》卷二：《聽園讀左隨筆》二十卷，《說文異字》附，長沙李藝元撰。同治癸酉長沙李一經堂刊。卷首至八測義，卷九至二十音釋。

◎李藝元，字賓門，號聽園。湖南長沙人。著有《聽園讀左隨筆》二十卷。

李藝元 聽園讀左隨筆音釋附 存

寧波市天一閣博物館藏同治十二年（1873）長沙李一經堂刻本

李益 春秋旨要 一卷 佚

◎光緒《湖南通志》卷二百四十六《藝文志》二：《春秋旨要》一卷，瀏陽李益撰（《縣志》）。

◎李益，湖南瀏陽人。著有《書經論文》一卷、《春秋旨要》一卷、《學庸脈絡》二卷、《墓竹園詩草》一卷、《丹鉛總錄輯要》一卷。

李因篤 春秋說 佚

◎阮元《儒林傳稿》卷一《李容傳》附李因篤：著《春秋說》，汪琬亦折服焉（《鶴徵錄》）。

◎馮景《解春集文鈔》補遺卷二《晉用夏正駁》：康熙戊午，予見富平李天生於京師，謂晉用夏正，周天王固許之，觀定四年「啟以夏正」可見。時閻百詩曰：「不然，是政也，非正也。即其義通，然伯禽、康叔皆啟以商政，豈又建丑乎？何周初自亂其正朔也？！」天生不能難。今予觀百詩所著，又謂列國惟晉擅用夏正，如僖五年卜偃曰「其九月十月之交乎」、襄三十年絳縣人曰「臣生之歲正月甲子朔」，杜註皆云夏正可驗也。予以為不然。王者受命，莫先於革正；臣子尊王之義，莫大於奉正朔。改朔必改月，改月必改時。《雜記》孟獻子曰：「正月日至，可以有事於上帝；七月日至，可以有事於祖；冬至十一月正月也，而奚以日至；夏至在五月七月也，而奚以日至？故曰改朔必改月。

孟子「秋陽以暴之」趙岐註：周之秋即夏之夏，盛陽也。漢章帝以旱下議，而陳寵奏事有云：「十一月天以為正，周以為春；十二月地以為正，殷以為春；十三月人以為正，夏以為春。」故曰改朔必改時。使春秋時列國皆尊周正晉獨用夏正，則凡春朝秋覲聘問盟會諸大禮，其果改時改月而行之乎？抑不改時改月乎？改時改月可令於國中，而不可協於列辟，何以主盟中夏？王制變禮易樂者為不從，不從者君流；革制度衣服者為畔，畔者君討。而況擅改正朔哉？吾觀昭十七年夏六月日食，魯太史云：「當夏四月」，是謂孟夏。又梓慎云：「火出於夏為申月，於商為四月，於周為五月。」蓋春秋時人好以夏正解周正，此類實繁。若因卜偃絳縣人之言遂謂晉用夏正，亦將因魯太史及梓慎之言而遂疑魯非周正也，而可乎？百詩曰：「朱子疑《竹書紀年》純用夏正，而《竹書》乃魏史記。魏出於晉，吾故信之。」獨不思晉出於唐，而《唐風・蟋蟀》之詩非周正乎？夫蟋蟀在堂，夏正十月耳。而即云「歲聿其莫」者，周建子以十一月為正月，則十月非歲莫而何？故《孟子》十一月輿梁成即夏令十月成梁也。哀十三年十二月螽，而《家語》載季康子之問曰：「今周十二月，夏之十月也，而猶有螽，何也？」則《唐風》之為周正非夏正灼然明矣。苟《唐風》之不信，而安據夫不可知之魏史記為？」百詩曰：「是固然矣。封唐叔於夏虛，必啟以夏政，則又何也？曰：「夏虛，大夏，今太原晉陽也。杜註：『因夏風俗，開用其政』，信矣。」且如晉侯夢黃熊入於寢門，子產教之祀夏郊而疾有間，夫衛不祀相而晉祀鯀，此非啟以夏政之一徵與？若緣此而遂謂晉用夏正，吾不信也。

李澄 春秋纂義 佚

◎嘉慶《重修揚州府志》卷六十二《藝文志》一：《春秋纂義》（李澄撰）。

◎李澄，字鏡月〔註31〕。揚州府興化（今泰州興化市）人，移居高郵。順治二年（1645）舉人。著有《春秋纂義》、《敦好堂詩文集》三十卷、《懿行編》八卷。

李穎 說春秋冊 佚

◎郝懿行《李飲川說春秋冊跋》〔註32〕：飲川明府通經術，以《春秋》世

〔註31〕 或謂字鏡石。
〔註32〕 錄自郝懿行《曬書堂文集》卷四。

其家。其學出入三傳，上下唐宋諸家，其要歸一衷於經。或徑路稀絕，每曲折以通其義。視余斤斤自持者，蓋不侔焉。顧不以自多，嘗與余往復，又取余《春秋說》條錄而加以明辯，於此經可謂精且勤矣。余以拘迂，不能全用其說，僅採錄數事入於本書，餘仍歸諸明府，用誌一時切攡之益焉。明府以久次選武邑，從此以經術飾吏治，將不徒託之空言矣，余即以其說《春秋》卜之。嘉慶十三年戊辰秋九月跋。

◎郝懿行《曬書堂文集》卷二又有《答李飲川論春秋書》可參。

◎孫葆田《山東通志》卷百二十七《藝文志》第十：是冊有郝懿行跋略云：「其學出入三傳，上下唐宋諸家，其要歸一衷於經，或徑路稀絕，每曲折以通其義，取余《春秋說》條錄而加以明辯，余以拘迂，不能全用其說，僅採錄數事，入於本書，餘仍歸諸明府，用誌一時切劘之益焉。」見《曬書堂文集》。

◎李穎，字飲川。山東濟寧人。舉人。官武邑知縣。著有《說春秋冊》。

李永書 許齊卓 左傳匯箋 二十卷 存

國圖藏清抄本（缺八卷：卷十三至二十）

◎一名《余清堂左傳匯箋》。

◎李永書（1706～1774），字綏遠，號芳園。直隸河間（今河北河間市）人。雍正十三年（1735）拔貢。官仙遊、荊溪知縣、福建西倉同知、海州知州、江蘇按察使。著有《左傳匯箋》二十卷、《浚河紀略》十卷。

◎許齊卓，又名其卓，字武田，號鑒堂。安徽合肥人。許夢麒長子，李天馥外孫。力學能文。雍正十三年（1735）拔貢。乾隆元年（1736）以知縣用，分發福建，歷任閩省八縣知縣，所至多善政。

李有洙 春秋繁露求雨止雨篇彙考 無卷數 未見

◎孫殿起《販書偶記》卷二：《春秋繁露求雨止雨篇彙考》無卷數，海昌李有洙撰。乾隆戊戌夏刊。

◎李有洙，浙江海昌（今海寧）人。著有《春秋繁露求雨止雨篇彙考》無卷數。

李元春 左氏兵法 二卷 存

道光刻青照堂叢書本

老古出版社 1978 年南懷瑾主編正統謀略學彙編（初輯）本

海潮出版社 1992 年鉛印王志平吳敏霞編著左氏兵法淺說本（有補）

◎一名《左傳兵法》。

◎左氏兵法序：儒者不可以不知兵，固也。兵法之要，世謂《七書》盡之，予以為不然。《七書》中太公《六韜》為先，而識者或以為偽書；次若《孫子》十三篇、《吳子》六篇確有可據矣，乃皆在《左氏春秋傳》後，則《左氏》固兵法之祖也。《左氏》喜談兵，敍兵事往往委曲詳盡，使人如見其形勢計謀，故其為文不得不然。亦以兵事詭秘如所謂《軍志》者，世不必有傳，書其傳者，皆名將之所志疆場臨時之所用，故具書之以告後人。是又安見《孫》《吳》所言，非即據《左氏》諸所述者以為藍本乎？今觀春秋二百餘年，其為將多矣，其紀戰亦不少矣。戰言兵不必戰，而亦言兵於兵事何一不備，即《孫》《吳》之所言何一不該。《孫》《吳》所言，空言也；《左氏》所言，驗之於事者也。後人之善用兵者，皆知其出於《孫》《吳》，烏知其實出於《左氏》。試略舉而言之：兵貴用奇，奇莫如田單火牛，《孫》《吳》未嘗明言也，《左氏》之燧象則先之矣；奇莫如宗愨畫獅、狄青銅面，《孫》《吳》未嘗顯示也，《左氏》之蒙馬則先之矣；項羽救趙，軍鉅鹿，諸侯莫敢仰視，而其所以勝者，不外《孫子》所謂「兵勢」、《吳子》所謂「勵士」，然曹劌之論戰則無不該也；即其沉舟破釜，猶塞井夷灶之法也；匈奴困漢高於白登，一時智略英雄盡從之，而不能不墮其計中，冒頓之用兵疑出漢朝君臣上，然道不出《孫子‧虛實》《吳子‧應變》兩篇，而實則本楚子之贏師也；即高祖所以解圍，猶射麋顧獻之意也。《孫子》「校之以計而索其情」，《吳子》衍之為料敵，子元之料陳、伯比之料隨，皆是矣。智罃三分四軍之謀，漢高用之以撓楚；齊桓遠結江黃之計，孔明用之以圖魏。其小者李光弼殺賊於將飯，一郟垂之敗戎人；白孝德取將於橫流，一平中之獲觀虎。若以陣法言，近世名將戚少保稱最矣，其駕鴦陣固自鶴鵝、魚麗出，其方陣亦自左拒右拒來耳。至如越王使罪人三行，屬劍於頸沖吳陣，其故若亟思之而不可解，不知正以其不可解者為神奇，此雖《孫》《吳》猶有未能言，後世猶有不盡用也。夫用兵如為文，神明變化何有窮極！善為文者，談古人文章，搦管操觚，不襲古人之字句而自能為至文；善用兵者，閱古人兵書，運籌決勝，不效古人之謀畫而自能為奇兵。然使不讀古人文章、不閱古人兵書，必不可也。惟得之古人者深，或不用古人而古人自為我用，或用古人而使人不見古人之為我用，是正善用古人之至者。文與兵，一也。關壯繆、岳武穆皆好讀《左氏春秋》，其生平用兵無一為《左氏》之所有，而無一非《左氏》

之所有，「運用之妙，存乎一心」，武穆之言，夫孰非《左氏》之所未言而實諄諄言之者哉！予讀《左氏傳》，愛其文章，尤喜其言兵。暇日因取其言兵者別錄為帙，加以評點，仿王文成之評《七書》，間即以《七書》印合之，名曰《左氏兵法》。私以為吾輩讀書，縱不能如班定遠棄筆硯覓封侯萬里外，而為此寂寂使鄧禹笑人，即何妨以草廬茅舍作軍門壁壘觀也。天下不少同志之人，或有攜吾書以出應當世者，亦未可知矣。桐閣學人李元春。

◎李元春，號時齋、桐閣學人。陝西朝邑（今大荔）人。著有《桐窗囈說》一卷、《益聞散錄》三卷、《左氏兵法》二卷、《四書文法摘要》一卷、《拾雅》十卷附字音一卷、《四庫全書辨正通俗文字》一卷、《經傳摭餘》五卷、《臺灣志略》二卷、《熙朝新語刊要》二卷、《農桑書錄要》一卷、《農桑二編》一卷、《西域聞見錄》八卷首一卷，編有《御案七經要說》三十九卷，訂《圖書檢要》七卷，評《蘇氏易傳》九卷，均刻入所輯《青照堂叢書》八十七種二百四十卷。西北大學出版社 2015 年王海成點校整理《李元春集》收錄其詩文較全。

李源　春秋輯要　佚

◎孫葆田《山東通志》卷百二十七《藝文志》第十：是書見《縣志》。

◎李源，字巨濤，號雲鶴。山東利津人。乾隆三十年（1765）進士。官至台州知府。著有《詩經說約》、《書經輯要》、《春秋輯要》、《春秋傳注會參》、《四書考疑》一卷、《字核》不分卷、《歷代紀元》一卷、《寓拙軒稿》等。

李源　春秋傳注會參　不分卷　存

北大藏嘉慶三年（1798）利津李氏刻本

李筠　春秋三傳釋經　五十卷　佚

◎汪正元、吳鶚光緒《婺源縣志》卷十九《人物志・儒林》：著有《增補三魚堂四書大全》四十八卷、《春秋三傳釋經》五十卷、《讀書隨錄》《內省筆記》各一卷。前督學沈公維鐈為之傳。

◎汪正元、吳鶚光緒《婺源縣志》卷五十五《藝文志・典籍》：李筠著（《春秋三傳釋經》五十卷、《增補三魚堂四書大全》四十八卷、《內省筆記》）。

◎汪正元、吳鶚光緒《婺源縣志》卷五十五《藝文志・典籍》：李筠著（《春秋三傳釋經》五十卷、《增補三魚堂四書大全》四十八卷、《內省筆記》）。

◎李筠，字煥文。婺源（今江西婺源）下市人。家貧力學，遊進士胡光琦門。著有《春秋三傳釋經》五十卷、《增補三魚堂四書大全》四十八卷、《讀書隨錄》一卷、《內省筆記》一卷。

李在泮 春秋題解 佚

◎民國《黃縣志》本傳：有《春秋題解》行世。

◎李在泮，字文生。山東黃縣人。康熙十四年（1675）舉人。官青城教諭，服闋，補蒲臺教諭。秩滿陞靖海衛教授著有《春秋題解》。

李之實 春秋辨疑 佚

◎民國《重修泰安縣志》卷八《人物志・鄉賢》二《文學》：著《春秋辨疑》《四書存是編》藏於家。

◎民國《重修泰安縣志》卷十一《藝文志・著述》：是書見《府志》。

◎孫葆田《山東通志》卷百二十七《藝文志》第十：是書見《府志》。

◎李之實，字賷其。山東泰安人。康熙二年（1663）舉人。篤志嗜學，為文奔放有奇氣。知州張錫懌、州同賀運清皆名進士，雅重之。一上公車不第，退而教授生徒，成就人材甚夥。著有《春秋辨疑》《四書存是編》。

李鍾泗 規規過 佚

◎嘉慶《重修揚州府志》卷五十一《人物》六：鍾泗治經長於《左氏春秋傳》，嘗撰《規規過》一書，抑劉申杜，精妙詳博。

◎蔣超伯《通齋詩話》上卷：近世甘泉李鍾泗抑劉申杜，有《規規過》；江寧程延祚攻毛西河，有《冤冤詞》，蓋仿宋人劉章之《非非國語》《刺刺孟》、明人徐懋升之《留留青》、周應治之《廣廣文選》，而為是名也。揚子雲《反離騷》，徐禎卿亦《反反離騷》。禎卿固明世一作家，其舟懷詩尤幽峭逈緊，似中唐人手筆（宋江端禮、元虞槃亦有《非非國語》，明劉節有《廣文選》，刻於維揚）。

◎李鍾泗，字濱石。其先阜寧人，父世璉賣卜揚州，遂居甘泉。嘉慶六年（1801）舉人。讀書性善記，為文走筆千言，又工歌詩賦頌箴誄雜文。年三十九卒。著有《規規過》。

李子茂 春秋左傳蠡測 八卷 未見

◎尋霖、龔篤清編《湘人著述表》著錄。

◎李子茂，字卯生。湖南衡山人。子榮弟。光緒十二年（1886）與兄同中進士，散館以知縣分發福建，官閩十載，有政聲。著有《詩音韻微》五十卷、《詩經求是》四卷、《書經求是》八卷、《爾雅稗疏》三十二卷、《春秋左傳蠡測》八卷、《史記瑣釋》二十六卷、《論語附箋》一卷、《闕里識小》十卷、《蟄存詩文集》。

李宗侗 春秋公羊經傳今注今譯 二冊 存

1973 年台灣商務印書館排印本

天津古籍出版社 1988 年古籍今註今譯影印系列影印 1973 年台灣商務印書館排印本

◎李宗侗（1895～1974），字玄伯，河北高陽人。早年留學巴黎大學，返國後任教北京大學。嘗任國民政府財政部全國註冊局局長、開灤礦務局督辦、故宮博物院秘書長等，抗戰時曾護送故宮文物南遷京滬並轉運重慶。抗戰後將中央圖書館圖書完璧送歸政府。後任中法大學教授，兼文學院院長。1948 年受聘為國立臺灣大學歷史系教授。後歷兼國史館史料審查委員、編譯館編審委員、臺灣省文獻委員會顧問、中華文化復興運動推行委員會委員等職。著有《春秋公羊傳今注今譯》《資治通鑒新注》《中國古代社會史》《中國古代社會新研》《中國歷代大學史》《歷史的剖面》《史學概要》《中國史學史》《希臘羅馬古代社會史》《史官制度──附論對傳統之尊重》《李鴻藻先生年譜》《李宗侗自傳》《李宗侗文史論集》。

李足興 春秋摘要 佚

◎光緒《山西通志》卷八十七《經籍記》上：《春秋摘要》，曲沃李足興撰。

◎道光《曲沃縣志》卷七《鄉宦》：著有《春秋摘要》《學庸大成》《讀史識略》《浙閩遊草》《朔吟草》《西園集》等書。

◎道光《曲沃縣志》卷十二《藝文》：李足興《春秋摘要》《學庸大成》《浙閩遊草》《讀史識略》《朔遊草》《西園集》。

◎李足興，字靖共，號耐庵，人稱半先生。山西曲沃人。康熙四十八年（1709）進士。選平遠衛教授。著有《春秋摘要》《學庸大成》《讀史識略》《浙閩遊草》《朔吟草》《西園集》。

李祖程 左傳彙纂 佚

◎一名《春秋左氏傳彙纂》。

◎同治《常甯志》卷九《藝文·經類·國朝》：李祖程《左傳彙纂》。

◎光緒《湖南通志》卷二百四十六《藝文志》二：《春秋左氏傳彙纂》，常寧李祖程撰（《縣志》）。

◎李祖程，字次清，號慕溪。湖南常寧人。諸生。門下多知名士。家貧，得館金常以遺弟。性迂，好研經，有《左傳》癖。著有《左傳彙纂》。

立峯繪 春秋輿圖繪證 存

國圖藏光緒十六年（1890）彩繪本

連斗山 左史合璧 佚

◎道光《阜陽縣志》卷十二《人物志》二《文苑》：家藏遺稿尚有《詩經精義》《左史合璧》《南軒韻約》《卜易錄要》《醫學擇要》《全唐詩選》《奇文鼎》《補註荀子》諸書，鑽研之功蓋至老不倦云。

◎連斗山，字叔度，號南軒。安徽穎州（今阜陽）人。由稟貢生官江寧府學訓導。引疾歸，結廬郡城北七棄莊，研討百家，專攻註疏，日以著述為事，足不履城市十餘年。繼任太平府學訓導。著有《周易辨畫》四十卷、《卜易錄要》、《詩經精義》、《左史合璧》、《南軒韻約》、《全唐詩選》、《奇文鼎》、《荀子補註》。

連華巖 左氏兵法用例釋義 一冊 存

1936年連華巖排印本

◎左氏兵法用例釋義編例要旨：

一、本編以研究古代兵法，參證切要事例，務求適合灌輸現時軍事淺識為主。

一、篇中行文不取艱深詞句，以便訓授失學、淺學同志。

一、篇中取材以《左傳》及《國語》《管子》為主，間引《孫子》，及列代史傳名將言行，用資模仿。

一、凡已見用例或釋義一次者，遇再見節錄時，不再釋說，以避重複。

一、篇中參附釋義，或中，或後，以便行文作用為主，不拘定式。

一、用例多夾述釋義中者，不再標明釋義，以省繁文。

一、用例中謂係當時陣法，如荊尸、魚麗等佈置方法，因周代車戰程式均非現代所能用，概不列入，藉明反古生今之非宜。

一、用例中蒐、獮、佈置，非現代所宜，概不采列。

一、用例中軍紀信條，係雜組兼集，用者宜相時損益，參照現行陸海空軍刑法措施，切戒拘泥。

一、篇中仍以章、節、項、款分述綱要，俾統系分明。

一、篇中循例分綴標點符號及括弧以醒眉目。

一、此篇專為發明《左氏》兵法用例學說之一，不附何種考據，及性理學派陳言，亦無求合任何著作文體同異之必要。

一、後世兵書操法操典各編及營制、營規、軍事教範，汗牛充棟，什九各伸主張，未具中心系統，本編因屬專釋《左氏》前言，無濫引之需要，概不引列。

◎華巖宗兄左氏兵法用例釋義跋：周秦以來，言兵者多矣，而要推邱明左氏為能得真詮。其用例首發揚於城濮、鄢陵、鞍陵、泌陽四大戰役之發縱指揮。戰國時孫、吳、尉繚、穰苴諸子，則又本夫七德，而變不失正者。後世諸葛、陸、曹以下之用武，莫能外焉。近代科學戰爭日烈，海陸軍師而外，更有天空立體之機軍。東西洋進化已蕃，吾國仍敝於滿虜之荒嬉，而軍訓久成絕響。太平、回捻之既，湘淮曾左李馬之軍畧，久付消沉。共和初唱，部皆招募，堂雖講習武事，學雖別有軍官，然將不知兵、卒不服習、器不利用、地不因乘，故中東一敗，華威不可復張，外患從而日烈。基舊於宗台玉崑公門下，交其長孫華巖宗兄，見所為《左氏兵法用例釋義》一編，篇幅雖非特殊鴻鉅，而上下五千年縱橫九萬里，頗具取精用弘之眼光，且於最下層注重兵德、兵心、兵材；於最上層注重將選、將識，申之以軍紀軍訓軍略，要之於地方各不私兵，揆諸現代情勢，實非專言操典歐法之徒所望塵。蓋玉崑公前總漳鎮兵符時，華巖兄常侍左右，聞見較真，故繩武尤摯。會此間前督劉麟去職，基承乏斯區，特延宗兄兼參帷幄，朝夕研討，獲益尤多。倘吾輩同舟能本斯義，推行大公天下之規猷，行見內固吾圉，外攘姦凶，再競南風，即用茲篇為嚆矢矣。謹跋。時在黃帝紀元四千六百○九年辛亥十月，山東煙台登灘總司令臨時都督宗愚弟連承基書於公廨。

◎本會總務部長連君華巖原著左氏兵法用例釋義題詞：趙括能讀父書而不能將兵，連子刻繩其祖武而佼佼乎知存知兵。翳維茲編之上述左氏甲兵兮，

爰致力乎兵材將畧之陶甄。羌乃訓此國人兮，安內攘外而共榮。今值此軍役之方殷兮，願毋忘此七德之研精。將殺敵而致果兮，惟三戶之揚聲！北京中華自治協會總會文藝部長弟王胡玉題。

◎北京中華自治協會總會總務部長連華巖君左氏兵法用例釋義題詞：不規矩於行陣，不營營於陰符，惟七德之所祖，廼四戰之權輿。萃上下五千年之韜畧，與縱橫二萬萬里之乘除。此為楚人之軍訓，初何俟乎陸海空軍之潮趨。翳維此將選兵材戰畧軍紀之用中執兩兮，夫何大無畏之不可驟期！前達總統府秘書長弟饒制漢祥題。

◎目錄：緒言。第一章軍制。第二章兵額。第三章兵心。第四章兵德。第五章兵氣。第六章兵材。第七章將選。第八章將識。第九章軍紀。第十章軍略。第十一章戰術。第十二章戰備。結論。

◎連華巖，曾任北京中華自治協會總會總務部長。著有《左氏兵法用例釋義》。

梁恩霖 五硯齋困知左傳說 不分卷 存

國圖、中科院藏清刻本

◎孫殿起《販書偶記》卷二：《五硯齋困知經說》一卷，江都梁恩霖撰。無刻書年月，約光緒間刊。

◎是書為梁氏讀書劄記《五硯齋困知經說》之一，不載《左傳》全文，有所論說則分別摘錄，亦不加標題。多推求經傳字義，史事、義例少有闡發。

◎梁恩霖，字可孫，自號古人書賊。江都（今江蘇揚州）人。生卒未知，然考其《光緒秋八月奉題南春仁兄司馬大人圖照即希雅正》署「愚弟梁恩霖拜草，時年六十有七」，知其為道咸同光間人。

梁國成 春秋三傳異義 佚

◎梅曾亮《柏梘山房文集》卷十五《誥封奉直大夫梁府君墓誌銘》（戊申）：（嘉慶）二十三年試禮部，留京師，遂卒，年三十二。啟其篋，得抄錄《史／漢書／春秋三傳異義》若干卷、時文及時義若干卷。

◎梁國成（1786～1818），字振西。廣東信宜人。嘉慶十八年（1813）舉人。著有《春秋三傳異義》《史記異義》《漢書異義》。

梁鴻翥 春秋辨義 不分卷 存

青州李氏抄本

◎一名《春秋條辨》。

◎道光《濟南府志》卷六十四《經籍》：《周易觀運》《尚書義》《書經續解》《春秋辨義》《春秋義類》《儀禮綱目》《詩經／周官／禮記辨義》《中庸義》《論語孟子義》，共計近百卷，德州人梁鴻翥撰。

◎孫葆田《山東通志》卷百二十七《藝文志》第十《春秋辨義》（李有基撰傳作《條辨》，云有李文藻刻本）：是書《州志》載其自序略云：因三傳及胡氏諸說而為之辨，或每事有分見之義，或數事有合見之義，或推不錄者以證特書之義，或就已書考以證不錄之義，或析其責有專重之義，或解其罪在所輕之義，要以闡明舊說分裂牽連之誤，且以明《春秋》之義為聖人審勢達權，非迂儒之守經不變者也。

◎民國《德縣志》卷九《宦績志》：所著《周易觀運》《尚書義》《書經續解》《春秋辨義》《春秋義類》及《儀禮綱目》《詩經／周官／禮記辨義》共計近百卷，皆未刻，歷城周翰林永年收藏之。

◎平步青《霞外攟屑》卷六《玉樹廬芮錄》「梁志南《尚書義》」：國朝今文《尚書》之學甚多，定宇、西莊、民庭、淵如為最。其從事古文《尚書》者，不少概見。乾隆中，德州老儒梁志南（泰鴻）。漕督翥鴻從弟也。有《尚書義》若干卷，羅臺山曾校之。又有《周易觀運》《書經續解》《春秋辨義》《春秋義類》《儀禮綱目》《周官辨義》《禮記辨義》《詩經辨義》計百卷。志南終於優貢。年五十九。書皆未刻。歷城周書倉藏之。據吳穀人《還京日記》卷上云：「書倉亡，書籍聞頗散失」，故梁書至今不傳。梁名多作鴻翥者，皆誤。

◎梁鴻翥，字志南。山東德州人。乾隆三十六年（1771）優貢。家貧好學，不屑屑於章句。每治一經，案上不更列他書，遇有疑義，積日累月思之，必得解而後已。著有《梁志南先生說易》一卷、《周易觀運》、《周易摘條辨義》不分卷、《書經續解》、《詩經辨義》、《儀禮綱目》、《周官辨義》、《禮記辨義》、《春秋辨義》、《春秋義類》、《四書闡注》、《中庸義》、《論語孟子義》等。

梁鴻翥 春秋義類 存

青州李氏抄本

◎道光《濟南府志》卷六十四《經籍》：《周易觀運》《尚書義》《書經續解》

《春秋辨義》《春秋義類》《儀禮綱目》《詩經／周官／禮記辨義》《中庸義》《論語孟子義》，共計近百卷，德州人梁鴻翥撰。

◎孫葆田《山東通志》卷百二十七《藝文志》第十：見《州志》。分人倫、政治、世運、天道四類。自序略云：割裂之弊，失《春秋》之義者一。面擇之弊，失《春秋》之義者二。所謂割裂失《春秋》之義者，如聖人取伯姬因紀之將亡而死節，傳乃於逆女為之解，歸紀為之解，卒葬又為之解，其割裂如此，反不見錄伯姬之義矣。所謂面擇失者，如聖人因王綱之不振而錄列國會盟侵伐之事，傳則謂聖人惡盟而不及侵伐，以侵伐為無王而不及會盟，此但擇其字面之殊而不究其情之同也。凡在諸傳諸儒論列之得失，前編已備舉之，今更分類為編，以明大義之要云爾。

◎民國《德縣志》卷九《宦績志》：所著《周易觀運》《尚書義》《書經續解》《春秋辨義》《春秋義類》及《儀禮綱目》《詩經／周官／禮記辨義》共計近百卷，皆未刻，歷城周翰林永年收藏之。

◎平步青《霞外攟屑》卷六《玉樹廬芮錄》「梁志南《尚書義》」：國朝今文《尚書》之學甚多，定宇、西莊、艮庭、淵如為最。其從事古文《尚書》者，不少概見。乾隆中，德州老儒梁志南（泰鴻）。漕督翥鴻從弟也。有《尚書義》若干卷，羅臺山曾校之。又有《周易觀運》《書經續解》《春秋辨義》《春秋義類》《儀禮綱目》《周官辨義》《禮記辨義》《詩經辨義》計百卷。志南終於優貢。年五十九。書皆未刻。歷城周書倉藏之。據吳穀人《還京日記》卷上云：「書倉亡，書籍聞頗散失」，故梁書至今不傳。梁名多作鴻翥者，皆誤。

梁寬 莊適選注 左傳 一冊 存

商務印書館 1934 年萬有文庫第一集學生國學叢書鉛印本

台灣商務印書館 1976 年王雲五主編人人文庫本

臺中文聽閣圖書有限公司 2008 年民國時期經學叢書第一輯影印本

崇文書局 2014 年新編學生國學叢書張東校定本

團結出版社 2017 年謙德國學文庫今注今譯本（底本為商務學生國學叢書本）

商務印書館 2018 年學生國學叢書新編劉影賈紅校訂本

中國文史出版社 2020 年新編學生國學叢書本

◎目錄：緒言：一《左傳》在中國文學上和史學上的位置、二《左傳》的真偽問題及其與《春秋》經的關係、三《左傳》的作者、四本編的編例。鄭莊之跋扈。齊桓霸業。宋襄圖霸。晉文建霸。秦穆霸西戎。楚莊爭霸。晉悼復霸。諸侯弭兵。吳闔廬入郢。越句踐滅吳。春秋重要各國年表（附）。

◎摘錄緒言：

一、左傳在中國文學上和史學上的位置

春秋為我國文化的成人時代。自榛狉之世直到此時，經過幾千年的演進，地域由莽廣而漸可指證，器物由窳陋而漸得賅備；在政治一方面，國與國之競爭日漸劇烈，結援要好的風氣日漸盛行。同時在中國附近的部落（當時所謂蠻夷戎狄的）也極力想找機會，伸張勢力入中國的內地，而中國內部的人也想方法去抵抗他們。在這個政治文化一大轉捩的時代，激蕩的潮流，迸出來的，都是燦爛的水花，而一部偉大的歷史，實在是時代的需要，而《左傳》便應運而生。牠的任務，便是上承《尚書》，下開《國策》，替那文化政治盛極一時的春秋留一影子。牠裏面的文章非常優美：其記事文，對於極複雜的事項，綱領提挈得極嚴謹而分明，情節敘述得極委曲而簡潔，可謂極技術之能事；其記言文，淵懿美茂，生氣勃勃，後此殆未有其比。其歷史的敘述，也有兩種特色：一種是春秋的歷史，大抵偏重本國，如《春秋》以魯為中心；《竹書紀年》，周東遷後以晉為中心，三家分晉後以魏為中心。獨《左傳》不單以一國為中心，將當時幾個主要的文化國，平均敘述（《左傳》雖稱魯為「我」，他國人之來魯者曰「來」，但其敘述史實，晉國最多，楚次之，魯又次之；而《春秋》敘述魯事，占全書百分之二十四）。其特點足將春秋各國的進展情形，作一綜合的研究。第二，春秋時不特為我國政治上的轉捩時代，文化的進展也極有可觀。《左傳》之敘述不局於政治之演進，常常涉及全社會之各方面，尤以當時之典章文物紀敘最詳。以上兩個特點，是春秋以前歷史所沒有的。所以《左傳》的作者，不特為我國史學界之革命家，也是我國文學界不祧之大宗，誠不世出的天才。而讀《左傳》的應該一方面欣賞牠文章的秀美，一方面從史事的記載當中，求出春秋時政治和文化演進的痕跡，作一個深摯的體認，才不負這部大著作、這位大作家。

二、左傳的真偽問題及其與春秋經的關係

史料最重要的條件是真實，《左傳》既是一本歷史的著作，牠的真偽問題便有討論的價值。中國學者如劉逢祿、康有為等，都說《左傳》是偽的，說是劉歆把《國語》魯惠隱迄哀悼間之一部分抽出，改為編年體，加上些解經的語

句，謂之《春秋左氏傳》，其餘無可比附的，把他剔出來，仍其舊體例，謂之《國語》；近來勇於疑古的考據家更認為《左傳》不只是劉歆把原有的一本《國語》改作而成，全書都是由劉歆捏造出來的，或是由漢初的學者創作的。由前說，《左傳》雖經劉歆竄亂，仍不失為漢以前或焚書以前的真實史料；由後說，《左傳》簡直是一部偽書，牠本身的價值會因此消失了許多。在編者的眼光看來，前說還可信，後說恐未必能成立。

後說不能成立的理由是：（一）春秋二百餘年的事，後人斷沒有全部捏造的力量；即使劉歆或當時的學者，在故老口中得到一兩件口傳的故事，把他記載起來，《左傳》裏面的條貫，恐不能如此精密。（二）《左傳》的文章，《史記》引用甚多，世為太史令載籍極博的司馬遷，必不肯引用與己時代差不多的人所作的偽書；且《史記》徵引《左傳》，常把《左傳》艱深的語句，改成淺易，如《左傳》昭公二十七年，「我爾身」一句，《史記》改為「我身子之身也」，如哀公七年「求之曹，無之，戒其子曰」三句，《史記》改為「求之曹，無此人，夢者戒其子曰」，觀此種由深化淺的語句，足見兩書年代的先後。自焚書以來，學術界雕零已甚，從漢初至司馬遷，數十年間，斷不能產生一個如《左傳》的偉大著作人才，所以編者認定《左傳》為秦以前的真實史料。

再把今文家劉康輩的主張討論起來，《漢書》劉歆本傳說：「歆校秘書，見古文《春秋左氏傳》，歆大好之⋯⋯初，《左氏傳》多古字古言，學者傳訓故而已，及歆治《左氏》，引傳文以解經，轉相發明，由是章句義理備焉⋯⋯歆親近，欲建立《左氏春秋》⋯⋯哀帝令歆與五經博士講論其義，諸博士或不肯置對，歆因移書太常博士責讓之⋯⋯是時名儒光祿大夫龔勝，以歆移書，上疏深自罪責，願乞骸骨罷。」歆傳說歆引傳文以解經轉相發明，難保他引傳文的時候和轉相發明的時候，沒有把傳文來點竄；且當時的太常博士，寧可不做官，而不肯承認《左傳》是解釋《春秋》的書，爭辯如此劇烈，想必劉歆幹了一件學術上失德的事，才會如此，而康、劉輩的主張也不無蹊徑。我們雖不能證實《左傳》與《國語》原為一書，或兩書各自獨立，但至少我們知道解經的語句是由劉歆竄入，漢儒所說「左氏不傳《春秋》」不為無理。我們如仔細一研究，更可以明白：孔子的《春秋》終於獲麟，真正解釋《春秋》的《公羊傳》和《穀梁傳》亦終於獲麟，獨《左傳》終於魯哀公二十七年後，《春秋》的終止期十三年，分明見得《左傳》的性質與《公》《穀》不同；就文字而論，《公》《穀》裏面，除了少數敘事文外，多為「⋯⋯者何⋯⋯也」，而《左傳》卻為敘事文

體裁，此點更可見《左傳》與句詮字釋《春秋》的《公》《穀》二傳不同；《左傳》即有解經的語句，每多違背經義，至如有傳無經，或有經無傳，所在皆有，《左傳》作者如以解釋《春秋》為作《左傳》的對象，斷不至如此空疏。近人如陳澧（蘭甫）等，知劉歆牽強地加上幾句「段不弟，故不言弟」一類的語句，不足令《左傳》與《春秋》發生關係，便曲說謂傳釋《春秋》之方法有二：一是傳《春秋》之義；一是傳《春秋》之事。前者《公羊》《穀梁》可以做代表，後者《左傳》可以做代表；果如陳氏所說，《左傳》的終止期後《春秋》十三年又何以解釋之呢？有傳無經或有經無傳的，又何以解釋之呢？因此編者在編纂本書的時候，很大膽地把《左傳》裏面的解經的句語刪去；私意本不信《左傳》為解釋《春秋》之書，同時以為今日我們讀《左傳》的，因為牠在中國歷史上和文學上佔有位置，非因牠是一本解釋《春秋》的書，當然用不到那贅累的解經的語句。

三、左傳的作者

《左傳》的真偽問題，上面已經說過了。編者相信《左傳》是真的秦以前的作品，是採取古文家的主張；相信《左傳》裏面解經的句語，是劉歆或與他同時的人所加上去的，是採取今文家主張的一部分。這個概念，折衷於兩說之間，雖不能說一定可靠，卻也頗為穩健。除了《左傳》的真偽問題外，左傳作者的問題，也要注意。最大的記載，有下列兩說：（一）《漢書・藝文志》說：「周室既微，載籍殘缺，仲尼思前聖之業，以魯……史官有法，故與左丘明觀其《史記》，據行事，仍人道，因興以立功，敗以成罰，假日月以定歷數，藉朝聘以正禮樂。有所褒諱貶損，不可書見，口授弟子，弟子退而異言，丘明恐弟子各安其意，以失其真，故論本事以作傳，明夫子之不以空言說經也。」（二）《史記・十二諸侯年表》說：「孔子西觀周室，論史記舊聞，興於魯而次於《春秋》……七十子之徒，口授其傳指，為有所刺譏褒諱挹損之文詞，不可以書見也。魯君子左丘明，懼弟子人人異端，各安其意失其真，故因孔子史記具論其語，成《左氏春秋》。」以上兩說，都以《左傳》作者為左丘明，而兩書為我國歷史的大著作，內容原極真確。唯崔適的《史記探源》卷四《十二諸侯年表不可以書見也》條下有謂：「此表上云『七十子口授不可書見』，中云『左丘明因孔子史記，具論其語』，則是書見，而非口授矣。太史公一人之言，豈應背謬若此？……劉歆讓太常博士曰：『或謂《左氏》為不傳《春秋》』，如此表已云『左丘明……成《左氏春秋》』，歆何不引太史公之言以折之耶？《七略》云：

『仲尼以魯史官有法，與左丘明觀其史記，有所褒毀貶損，不可書見，口授弟子，弟子退而異言，丘明恐弟子各安其意，以失其真，故論本事而作《傳》。』與此表意同，《七略》與上下文意相聯，此與上下文意相背，則非《七略》錄此表，乃竄《七略》入此表也。」崔氏之說，源源本本，極可信。《十二諸侯年表》所說的既已動搖，那麼《漢書》比《史記》及《七略》尤後，所稱「左丘明⋯⋯論本事作傳」，想亦以訛傳訛，因襲之誤，且《左傳》的作者，據考證的結果，出生的時期，約在戰國中葉；左丘明在《論語》中，孔子曾提及過，注家更謂為孔子以前聞人，時代相去，差不多一個世紀，那麼左丘明斷不是《左傳》的作者可知。普通人因受了《史記》和《漢書》的暗示，說到《左傳》的作者，很容易舉出個左丘明來，這個觀念似乎要改正；即不改正，也要對牠抱相當的懷疑。

編者說左傳的作者為戰國時人，有四個證據：（一）《左傳》終記韓魏和智伯的事又舉趙襄子的諡號，從前的人，必要死後才有人為他立諡號，襄子的死，後孔子七十八年，已是戰國的時候，《左傳》成書，後於襄子的死，這是《左傳》作者為戰國時人第一個證據；（二）《左傳》文：「戰於麻隧，秦師敗績，獲不更女父」，又：「秦庶長鮑庶長武帥師及晉師戰櫟」。秦至孝公時立賞級之爵，方有「不更」「庶長」之號，這是《左傳》作者為戰國時人第二個證據；（三）《左傳》敘宮之奇以其族行，有「虞不臘矣」句，秦惠王十二年初臘，這是《左傳》作者為戰國時人第三個證據；（四）《左傳》有「左師展將以公乘馬而歸」一語，春秋時，只有車戰的方法，沒有騎兵，戰國時蘇秦合縱六國，始有「車千乘，騎萬匹」之語，這是《左傳》作者為戰國時人第四個證據。此外，《左傳》裏面的卜筮，鮮有不中，如史蘇之占等，則尚可信，蓋晉惠之獲、伯姬之嫁，兩事都在春秋初期，作者故神其說，以駭聽聞，猶是中國文人的老脾氣，若陳敬仲初亡於齊，即言其「八世之後，莫之與京」，以現世眼光觀之，《左傳》作者如非戰國時人，安能有此神通？編者敢斷定《左傳》是戰國時一位失名作家的作品。這位作家很好談戰爭的事，很好記載那些國際間交涉雋妙的辭令，也許他是一位縱橫捭闔的策士如孫臏或張儀、蘇秦之流；不過現存的古書有限，還沒有方法考證出《左傳》作者的真姓名罷了。近人有根據《左傳》裏面記載分量之多寡，以《左傳》作者為晉國人。春秋時晉為大國，記載當然比較他國要多，此說恐不能成立。前人亦有謂《左傳》作者為楚左史倚相之後的，並無證據，更不足信。

四、本編的編例

以上把《左傳》的價值、真偽、前人對《左傳》誤解的糾正和《左傳》作者的年代，都說明白了，讀者也許對《左傳》得了個粗淺的認識。最後，編者於本編編纂的體例，也不能不說一說。

選輯《左傳》，編者認為有兩點須兼籌並顧：一點是文學；一點是史學。從前一點，本編所選的幾篇文字，已很足供讀者的觀摩欣賞，可不贅述；從後一點，最好是撿幾椿有關時代變遷的大事，系統地整理一番，藉省讀者的腦力。春秋一代的大事，無非是根於周室的衰微，演成諸侯爭霸的活劇，本編便依此標準，首先提出鄭莊的跋扈，做一個王綱完全掃滅的表示，隨後便是齊、晉、秦、楚各大國迭起野心，開出時代的局面，直到吳越登場，便是這時代的尾聲，而二百數十年間的史實，大致已盡於是了。至整理的方法，要算清代馬驌所著的《左傳事緯》最有頭緒，本編便參照辦理。編者以為這個編例，還算清楚，也算扼要，讀者也還容易研究。倘蒙海內名達加以指正，不勝欣幸！

二十，四，六，梁寬於廣東嶺南大學。

◎梁寬，嶺南大學教授。

◎莊適，（1885～1956），字叔遷。日本早稻田大學畢業。早期任職上海商務印書館。晚年任教常州正衡中學。著有《三國志捃華》二卷、《史記選》、《現代初中國文》、《現代初中教科書》、《晏子春秋選注》、《呂氏春秋選注》、《文心雕龍選注》、《旅行衛生法》、《國文成語辭典》、《新撰國文教科書》、《王士禎詩》（胡去非、莊適選注）、《前漢書》（莊適、鄭雲齡校訂）、《後漢書選注》、《新學制國語教科書》（莊適、吳研因、沈圻編輯）、《新體國語教科書》（莊適、黎錦熙編輯）、《共和國教科書》（莊適、范祥善）、《方姚文》（趙震、莊適選注）、《史記選注》（莊適、胡懷琛、葉紹均）、《新法國語文教科書》（方賓觀、莊適、顧頡剛、范祥善、朱經農等編）、《實用國文教科書》（莊適、臧勵和選注）、《韓愈文》（莊適、臧勵和選注）、《惲敬文》（莊適、費師洪編輯）、《單級國文教科書》（莊適、鄭朝熙、陳保泉等編輯）、《實用文》（張須、莊適編寫）、《現代初中教科書》（莊適、朱經農、《萬有文庫》（王雲五、莊適編寫）、《新撰國文教科書》（胡懷琛、莊適、沈百英等編纂）、《新國文教案》（莊適等編寫）、《王士禎詩》（胡去非、莊適選注）、《左傳選注》（梁寬、莊適選注）。

梁履繩 左通補釋 三十二卷 存

國圖藏梁氏叢書本

上海、南京藏道光九年（1829）錢塘汪氏振綺堂刻本

國圖、北大、中科院、復旦、天津、暨南大學、寧波市天一閣博物館藏、內蒙古自治區、溫州藏道光九年（1829）錢唐汪氏振綺堂刻光緒元年（1875）補刻本

皇清經解續編本

台灣鼎文書局1973年楊家駱主編國學名著珍本叢刊・近三百年經學名著彙刊本

◎卷首云：《隋志》載賈逵《解詁》、服虔《解義》各數十卷，今俱亡佚。杜氏參用賈、服，仲達作疏間有稱引，恨未覩其全，亦如馬融諸儒之說僅存單文隻義爾。唐以後注《左氏》者代不乏人，唯張洽、趙汸最為明哲，大抵詳書法而略紀載。近所行林堯叟本又太半剿襲，絕少會心。余綜覽諸家，旁采眾籍以廣杜之所未備，作《補釋》三十二卷。

◎左通補釋後案：右《補釋》三十二卷，錢塘處素先生著，令似祖恩校刊。先生邃於左氏學，久之成書六種，命曰《左通》，此其第一種也。文翰謹案《補釋》卷前有小敘，準此例推知不復有總敘，全編義例無所發明，要知體大思精，言不盡意。敘者，敘所以著述之由，故古人一書不兩敘。是書區分六門，已如指掌。各弁小敘，益覺簡明。而辭句所及，即文見道，不啻在在，提要發凡，無庸總敘，即亦不須凡例。況經生命意，上下古今有不能自言者，在讀者心領神會得之言外而已。此先生著書之程式也。自宋學唱明體用之說，最為精確。蓋用從體出，體在用中，性道既爾，文章何獨不然？故一切雅俗文字必先辨其體裁。是編分門別類，儻耳食者或溷入類書，則謬誤殊甚。唐《類函》《類聚》、宋《類賦》之屬，流傳至今者不過十數種，實多佚典舊聞，捨此何足珍貴，故著述家以類書為最劣而亦最難。良以信手捃拾稗販割裂，人盡可為。而元本無由細追，舛漏不能自保，則亦復難也。《春秋》文數萬、旨數千，加以三十卷之傳，何從分類？治經者將欲齊其所不類，而姑與類其所不齊，時而萬卷全披，時而不著一字，在子貢為多識，在夫子為一貫貫之，為言通不得謂類也。此先生著書之體裁也。古人名其說經之書，或曰故，或曰微，或曰通，乃字書於通字注云《白虎通》班彪著、《風俗通》應劭著，不知《白虎通》本名《白虎通德論》（亦名《通義》）、《風俗通》本名《風俗通義》，世俗每趨簡便，割取一字呼之，如《三通》之類，失其名並沒其實矣。先生有見於通必先立乎其大，且未嘗預存一通之名乃克終副乎通之實，文成而法立，實至而名歸者也。昔劉子

奮筆以成見著書，直命曰《史通》，先生書成亦命曰《左通》，不相襲亦不相避，可云創亦可云因，要之二書均於名實無負。然而《史通》之學猶從其易，《左通》之學較為其難矣。此先生著書之名實也，大旨如斯，微妙安在？以意逆志，厥有三端：一曰尊經之意宏以深。夫經者常也，本之日用尋常制心制事，而推之以飭吏治，擴之以治天下。孔子乃百世經師，而自云「志在《春秋》」，斯百世而下當有《春秋》之學，即當先明讀《春秋》之法。《春秋》，史也；孔子修之，經也。知其事其文其義之一貫，則微言不絕；知所見所聞所傳聞之異辭，而達例亦不無矣。然則三傳遞作，自不可偏廢，更不容偏重。乃《史通》云：「漢代學者惟讀二傳」，而由知幾而上以溯至賈逵、劉歆數十名儒，則又競推《左氏》。於是三家之徒以意自為出入，又復互相軒輊，岐見起而爭端萌，而經業荒焉。竊謂經與傳相因而起義，經與史相對而成文，合之為萬古之公言，分之未始不自為一書以名一家之學。觀於先生之治經而益憬然，而後乃知先生非必專於《左氏》，而有不得不先於《左氏》，且未必不先於《左氏》也者。況傳中所囊括者，朝聘會盟征伐等文不謬於是非；褒貶予奪勸懲之大義所表暴者，胥臣、子產、南史、董狐、左史、倚相諸子，不遺於多能博物、讀書作史之良材。宜乎先生以宏通之識、專壹之力畢萃於一書，以彰受經之託、明讀史之法、探致治之原，壹何宏以深也：一曰道古之心平以允。今夫絕學寡鄰，道固隆於創始；羣言淆聽，業每壞於苟同。先生之於眾說，蓋服膺之深而歎惜極其至矣。謂賈服／馬融數子間存單文、張洽／趙汸二君第詳書法，然非有所偏祖，故亦並不模棱，是以詳者略之，略者詳之，勦襲者乙之，未備者廣之（見《小敘》）。古注輯存雖富，惟合者錄（《補釋》第一）；專家詮釋或疏，有證者駁（《駁疏》第三）；效異則旁蒐及石經羣籍之多（《攷異》第二），廣傳則取材在《國語》《公》《穀》而外（《廣傳》第四），以及風謠卦繇（《古音》第五）、別解軼聞（《肊說》第六），不黨不爭，靡遺靡濫，方將媲學宮之建立，而匡覬中壘之虛名，進藥石於方家，而實為征南之諍友者也，信乎平且允也。一曰讀書之才精而博。夫博學而詳說之，將以反說約也。賈君稱左氏博總羣書，如先生者，其的派乎？顧前賢有云：「他人著書惟恐不出於己，某著書惟恐不出於人」，斯言又實獲先生之心者。《左通》徵引各書，雙義片詞必舉根據所自始，部居篇目皆有端委之可尋。惑者將謂弋獵現成可以逸獲，是大不然。夫觀書未徧不可妄下雌黃，然欲徧觀談何容易。邵康節以經史子集為日課，奈編長晷短，只得約限十年；王益柔讀《資治通鑑》，能一周將目眩神疲。遑云遍探四部。由前之

說未免空談，由後之說亦無實濟，惡在其博且詳也。先生資稟夙成，故讀經極熟，推之羣籍，因亦彊記不忘。熟則精，如肉貫毌；精乃博，如川灌河。無所不觀，無所不通，成誦在胷，借書於手，縱復宋《太平》之巨部，宛取宮中；極之梁僧佑之冷編，且包方外，巧力所莫及，造化生乎心，是真精而博也。伏惟昭代稽古右文，四庫宏開，名流相望，維時戚黨尊屬中性情學術極相似者三先生：先生著《左通》，同產兄梁曜北先生著《史記志疑》三十六卷，曲阜孔巽軒先生著《大戴禮記補注》十四卷、《公羊經傳通義》十二卷。大雅為羣，極一時之盛。猶記乾隆乙未冬，先生東遊，寓於闕里甥館，文翰適至，是為謁晤之始。隅坐隨行，飫承提命，徂春方告別。嗣是雖頻晉接，而未遑晨夕趨陪，念長者玉粹春溫，莫能名狀，殆與廟堂禮器同其仰止於無窮焉爾。今也幸及竭炳燭之微明，窺名山之鴻業，不揆樗昧，妄綴蕪言，庶以質同志、竢方來云。道光六年冬十月望日，歙後學婭家子朱文翰謹識。

◎跋：曾唯案先生諱履繩，字處素，號夬庵。相國文莊公孫，乾隆戊申舉人。先大母即先生女也。梁氏家法最嚴，故文莊父子功名赫然，而後人皆能砥礪讀書，不異寒畯。先生尤銳意《左氏傳》，有「臣有《左傳》癖」小印。箸《左通》一書，分六門：曰《廣傳》、曰《考異》、曰《補釋》、曰《駁證》、曰《古音》、曰《臆說》，錢竹汀詹事歎為絕詣。中年徂謝，全書未竣，僅《補釋》三十二卷，采摭閎通，其功已竟。哲嗣久竹先生出宰宜興，寓書先世父，命刊于振綺堂。振綺堂，余家藏書處也，自明季遷杭，至嘉慶初積板六十餘種，悉燬于火；嗣又刊三十餘種，咸豐末再毀于寇；同治甲子春，今湘陰左相國克復杭州，余自鄂州歸，收拾爐餘，得十有餘種，然皆散佚不完。里居三年，先後補鑴。是書殘缺尤多，戊辰秋重之鄂州，未暇及此。吳縣潘媆丈介繁謂是書博采羣籍，考證精覈，洵如後案所云尊經、道古、讀書三者咸備，其衣被後學也不淺。助余校勘，以還舊觀，刊成，謹識顛末于後。光緒元年乙亥秋九月，錢塘汪曾唯。

◎張雲璈《簡松草堂文集》〔註33〕卷二嘉慶丙寅六月撰《梁孝廉小傳》（節錄）：詩才清拔，年纔終、賈已句錘字煉，有老宿所不能到者，全藁已自定清本。後專攻經史，詩不多作，筆亦少退。生平同征南之癖，嘗治《左氏傳》，約有六門：一曰《廣傳》，取諸子雜家之與傳相表裏者以補左氏；一曰《補釋》，采諸書以廣杜注之未備；一曰《考異》，有石經考異，有羣書考異；一曰《駁

〔註33〕道光刻三影閣叢書本。

證》，搜采諸書及師友緒論駁杜氏偏執之處；一曰《古音》，一曰《臆說》。統名之曰《左通》，未竟其業而沒。今檢《補釋》《考異》已有定本，《廣傳》《駁證》止存底藁，《古音》《臆說》有錄無書，良可深惜。今嗣君久竹已登賢書，予屬其取已成者彙而梓之，其未成者存其目。至藁中尚有未詳之處，可補則補之，不能補亦從闕如，庶不沒其苦心。

◎錢泰吉《甘泉鄉人稿》卷七《曝書雜記》上：梁山舟先生《頻羅府遺稿》，《詩》一卷、《集杜》一卷、《文》四卷、《題跋》四卷、《直語補證》一卷、《日貫齋塗說》一卷、《筆史》一卷。詩文皆工贍；《直語補證》蓋仍《通俗文》而作，雖止一卷，亦有翟晴江氏《通俗編》所遺者；《塗說》則讀書之筆記；《筆史》自筆之始至筆之匠，采掘極精博。先生既苦為書名所役，不欲更以詩文名，故所作多隨手散佚。此遺集十六卷，皆先生身後嗣子玉繩所搜輯者也。玉繩自號清白士，九踏省門不遇，年未四十遂棄舉業文而專心撰著。所著《人表攷》九卷、《呂子校補》二卷、《元號略》四卷、《誌銘廣例》二卷、《瞥記》七卷、《蛻稾》四卷合為《清白士集》二十八卷。別有《史記志疑》三十六卷刊行，後續有增加，則筆之刻本上，子學昌輯為《庭立紀聞》四卷。清白士家有賜書，父子昆弟自為知己，一時老宿如杭堇浦、陳句山、盧紹弓、錢辛楣、孫頤谷諸先生，皆得接談論故。與弟處素俱強識博聞，一時有二難之目。處素名履繩，早卒，邃於左氏學，成書六種，名曰《左通》：古注輯存雖富，惟合者錄（《補釋》第一）；專家詮釋或疏，有證者駁（《駁證》第二）；《攷異》則旁蒐及石經羣籍之多（《攷異》第三）；《廣傳》則取材在《公》《穀》，《國語》而外（《廣傳》第四）以及風謠卦繇（《古音》第五）、別解軼聞（《肊說》第六），皆考輯詳審。今惟《補釋》三十二卷已刊行，朱氏文翰作後案一篇，於處素撰述大旨發明頗詳。《頻羅庵稿》為山翁從孫弓子所贈，庚辰余客濟南，弓子方候補鹽場大使也。《清白士集》得於杭州書肆，《左通補釋》則汪小米所贈（錢塘梁氏著述）。

◎孫殿起《販書偶記》卷二：《左傳補釋》三十二卷，錢塘梁履繩撰。道光六年刊。

◎趙爾巽《清史稿》卷一百四十五志一百二十《藝文》一：《左通補釋》三十二卷，梁履繩撰。

◎洪恩波《曾廟從祀議薈》卷首長山袁成龍序：桐城洪君靜川，以微員需次秣陵，曾奉兩江總督威毅伯、曾忠襄公檄至山東，采輯宗聖祀世系，由歷下馳至嘉祥縣，謁南武山宗聖專廟，而釐正其從祀十八人位次。山東巡撫張勤果

公采其議入告，歸，成《曾廟從祀議薈》一書。庚子冬十有二月，君遠道枉顧，出以見示，屬為之敘以弁於首。予謂嘉祥縣雖有曾子廟墓，實非曾子故里，自曾皙至於曾西，祖孫四世，不應入《嘉祥縣志》暨《濟寧州志》。曾子固今之沂州府費縣人也……謂南武城在費縣西南，為曾子所居之武城，而以襄十九年之武城子游為宰之武城為在嘉祥縣境者，此顧氏《春秋大事表》之訛也；謂魯有兩武城，襄十九年之武城非昭二十三年傳之武城者，此梁履繩《左傳補釋》之訛也。

◎上海古籍出版社 2015 年《續修四庫全書總目提要・春秋類》「《左通補釋》三十二卷」：是書凡三十二卷，後有道光六年（1826）朱文翰作《左通補釋後案》，光緒元年（1875）汪曾唯跋。據《後案》，梁氏著《左通》六種：《補釋》第一、《考異》第二、《駁證》第三、《廣傳》第四、《古音》第五、《臆說》第六，徵引各書，隻義片詞必舉根據。然僅《補釋》付梓刊刻，流行於世。梁氏綜覽諸家，旁采眾籍，於顧棟高《春秋大事表》、惠棟《左傳補注》、張守節《史記正義》、程公說《春秋分紀疆理》等數十家之說中選錄合傳義者，以廣杜氏之未備。是書先列傳文於前，間附杜預集解、孔穎達正義，再以眾說補之，言之未盡未核者，補以己說，以「案」別之。汪跋引潘介繁評語，謂是書「博采群籍，考證精核」。考梁氏采摭閎通，於眾家說亦有駁證，卷三十二「司馬牛」杜氏集解：牛，桓魋弟也。《史記・仲尼弟子列傳》：司馬耕字子牛，《論語・顏淵》注：牛，宋人，弟子司馬犁。梁氏案：皇氏義疏，犁，牛名也。倉頡廟碑陰云：司馬犁子牛，《戰國・趙策》吳師道注亦然。《論語》、《左傳》並稱「司馬牛」，則「牛」是其名，「犁」其字。史傳以「耕」為名者，蓋因冉耕字伯牛而誤也。並注：陶宗儀《輟耕錄》二十二載張孟兼弟子章句作司馬犁耕，非。且書中間有「詳見考異」、「詳見駁證及臆說」，故梁氏《左通》雖全書未竣，然觀此書可窺其端倪。是書前有牌記：「道光九年己丑秋七月錢唐汪氏振綺堂雕版，光緒元年三月補槧，會稽後學趙之謙題記。」卷名下刻「左通一」，卷一正文前有梁氏小敘，述作書之由，三十二卷卷末下方刻「杭州愛日軒陸貞一董刊」。此本據復旦大學圖書館藏清道光九年汪氏振綺堂刻光緒元年補修本影印。（潘華穎）

◎張之洞《書目答問》卷一《經部》：《左通補釋》三十二卷（梁履繩。家刻本。原書共六種，統名《左通》，尚有《駁證》《考異》《廣傳》《古音》《肊說》五種未刊）。

◎劉師培《劉師培辛亥前文選・南北學派不同論》：斯時吳中學者有沈彤、褚寅亮、鈕樹玉，所著之書，咸短促不能具大體。越中學者有丁杰、孫志祖、梁履繩，以一得自矜，支離破碎，然咸有存古之功。若袁枚、趙翼之流，不習經典，惟尋章摘句，自詡淹通，遠出孫、洪之下。此南學之又一派也。

◎梁履繩（1748～1793），字處素，號夬庵、仲梁子、鳳巢後人。浙江錢塘人。梁同書次子。乾隆五十三年（1788）舉人。通聲韻，精《左傳》。與錢大昕、盧文強、杭世駿、孫志祖、翟灝、許宗彥、張雲瑚等交善。著有《左通補釋》三十卷。

梁啟超　春秋載記　一卷　存

國圖、南京藏中央大學出版部石印本

◎梁啟超（1873～1929），字卓如，一字任甫，號任公，又號飲冰室主人、飲冰子、哀時客、中國之新民、自由齋主人。光緒十一年（1885）入讀廣州學海堂，十七年（1891）從學康有為於廣州長興學里萬木草堂。光緒二十一年（1895）春，與康有為發動公車上書。二十二年（1896）主編黃遵憲、汪康年等籌辦之《時務報》。戊戌變法失敗後逃亡日本，於光緒二十八年（1902）在橫濱創辦《新民叢報》。宣統三年（1911）任法部次官。1912 年自日本回國，1913 年任司法總長，1914 年改任幣制局總裁。1916 年參加護國運動，任軍務院撫軍兼政務委員長。1917 年任財政總長兼鹽務總署督辦，1918 年赴歐。1927 年至京料理王國維喪事。著有《春秋載記》一卷、《讀春秋界說》一卷、《論語公羊相通說》不分卷、《中國史敘論》、《新史學》、《清代學術概論》、《墨子學案》、《中國歷史研究法》、《中國近三百年學術史》、《辛稼軒年譜》、《情聖杜甫》、《屈原研究》、《先秦政治思想史》、《中國文化史》、《變法通議》、《中國歷史研究法補編》、《唐代集會總集與詩人群研究》、《飲冰室合集》等。

梁啟超　讀春秋界說　一卷　存

國圖、陝西藏光緒二十四年（1898）琳琅山館刻本

梁啟超　論語公羊相通說　不分卷　存

廣西壯族自治區藏光緒二十四年（1898）萬氏刻本

梁錫璵 春秋廣義 佚

　　◎茹綸常《容齋文鈔》卷六《任西郊先生傳》：吾鄉有誦法程朱、研窮經學而尤邃於易與《春秋》者，曰確軒先生。有追逐杜韓、沉酣典籍而工詩與古文辭者，曰西郊先生。二先生皆君子也，皆貴公子也，皆安貧樂志而無慕乎世俗之紛華者也，皆經師人師、窮年一編而終身以之者也，皆不逆詐、不億不信、與人為善而不以不肖待人者也此其所同也。然其境遇顯晦、性情學術則亦有不能比而同之者。確軒先生早歲領鄉薦，父兄皆仕至郡守，以讓產於諸昆季，遂至卓椎無地，挈家之永寧，依婦家以居，蓋先生繼配為于清端公女孫也。數年歸，設帳里中，卒以經學受主知，歷官至大司成。其所與遊如錢公香樹、蔡公葛山、張公樊川、朱公春浦、吳公易堂，皆當世名卿大夫也。西郊先生家本儒素，父子一公以康熙甲午舉於鄉，垂老為雒南縣尹，二年告歸。故先生自少壯時即教授生徒，以資薪水。終年席帽，蹇類方干；白首寒氈，貧同閔貢。及其老死，菁華隱沒，謚無柳下之妻，誄乏延之之友。吁，可悲也已！其境過顯晦不同也！確軒先生胸懷渾浩，與古為徒，鮮情慾之累，又以不諳庶務謝絕紛擾，日事編纂至忘寢食。唐宋以下書非闡發六經、有關聖賢正心誠意之學者，悉屏不觀。客至不數語即與談經藉，微言奧義間出不窮，能解者聞所未聞，如坐春風；不解者倦而思臥，如聽古樂。而先生有教無類，一任其人之自領。於是人或曰羲皇上人也，或曰兩廡中人也，是可以想見先生之為人矣。所著有《易經揆一》《易經補義》《春秋直解》《春秋廣義》若干卷，自餘諸經亦多有論著。

　　◎梁錫璵（1697～1774），字魯望，號確軒。山西介休南靳屯人。雍正二年（1724）舉人。任國子監司業，入值上書房教授皇子書，入翰林院為侍講。乾隆十六年（1751）詔舉天下經學士，任國子監司業。後值上書房教授皇子書，入翰林院任侍講，兼充日講起居注官，陞左春坊左庶子、侍讀學士，晉少詹事。乾隆三十二年（1767）任國子監祭酒。著有《易經揆一》十四卷、《易學啟蒙補》二卷、《易經補義》、《春秋直解》十二卷、《春秋廣義》。

梁應奎 批選左腋 佚

　　◎同治《安化縣志》：著有《易／書／詩／禮講義》、《周禮約抄》、《批選左腋》、《左傳聊珠》、《史事集句》、《題文合論》、《傷寒注抄》、《醫法格言》、《醫法補醫案隨錄》等書。

◎梁應奎（～1835），字安名，號壁齋。湖南安化常安鄉人。道光十五年（1835）舉人。授鳳凰廳訓導，慨然以教化自任，題堂楹聯云：案牘無勞，報國只期培士氣；簞瓢足樂，居官斷不改家風。著有《易／書／詩／禮講義》、《周禮約抄》、《批選左腋》、《左傳聊珠》、《史事集句》、《題文合論》三卷、《傷寒注抄》、《醫法格言》、《醫法補醫案隨錄》等書。

梁應奎　左傳聯珠　佚

◎同治《安化縣志》：著有《易／書／詩／禮講義》、《周禮約抄》、《批選左腋》、《左傳聊珠》、《史事集句》、《題文合論》、《傷寒注抄》、《醫法格言》、《醫法補醫案隨錄》等書。

廖平　春秋分國鈔　四卷　未見

◎《四譯館外編‧四譯宬書目‧春秋類》：《春秋分國鈔》四卷。

◎廖平（1852～1932），初名登廷，字旭陵，號四益；繼改字季平，改號四譯；晚年更為六譯。四川井研縣青陽鄉鹽井灣（今東林鎮小高灘）人。肄業成都尊經書院，師從張之洞、王闓運。光緒五年（1879）舉人。光緒十五年（1889）進士，欽點湖北某縣知事，以母年老請改教職，任龍安府（治今平武縣）教諭。後歷署射洪縣訓導、綏定府教授、尊經書院襄校及嘉定九峰、資州藝風、安嶽鳳山諸書院院長，四川國學學校校長等。著有《易古義疏證》四卷、《易大小中外義證》二卷、《易中和解》二卷、《十翼疏證》四卷、《易傳彙解》四卷、《易尊卑大小比例》二卷、《易例》六種（《十朋圖表》一卷、《序象繫辭》一卷、《六十四卦象》一卷、《易詩相通考》一卷、《貞悔釋例》二卷、《通例》二卷）、《數表》四卷、《三易辨正》二卷、《易象師法訂正》二卷、《說易叢鈔》四卷、《天官經說》四卷、《易經古本》一卷坿《十翼傳》二卷、《易經經釋》二卷、《易經新義疏證凡例》一卷、《易類生行譜》二卷、《易類生行譜例言》一卷、《易三天考》、《生行譜》二卷、《易生行譜例言》一卷、《易學提要》二卷、《四益易說》、《尚書備解》四卷、《三德考》四卷、《尚書十篇中候十八篇考》二卷、《王道三統禮制循環表》一卷附《先野後文表》、《二十八篇為備考》三卷附《百篇序正誤》、《洪範方術釋例》二卷、《尚書今文新義》、《尚書弘道編》、《書經周禮皇帝疆域圖表》、《書經大統凡例》、《詩本義》六卷、《詩經提要》、《詩圖表》一卷、《賦比興釋例》一卷、《詩比》四卷、《山海經補畢》五

卷附圖一卷、《詩例》六種（《三家詩辨正》三卷附《毛詩》一卷、《天學三統五瑞表》、《國風三頌說》二卷、《學詩紀程》四卷、《詩事文取義表》一卷）、《四益詩說》、《詩學質疑》、《詩緯新解》、《詩緯搜遺》、《禮經義疏》十七卷、《周禮大統義證》二卷、《饗禮未亡考》一卷、《周禮鄭注商榷》四卷、《禮經釋例》二卷、《容經解》一卷、《禮記札記》四卷、《容經彙編》二卷、《王制集說》二卷、《容經韻言》、《大學古本注疏》一卷、《婦禮韻言》、《中庸注疏》一卷、《喪服經記傳問彙解》二卷、《禮運三篇經傳合解》、《學禮考》二卷、《坊記新解》一卷、《官禮驗推補證》六卷附綱領一卷、《海外從質考》、《禮經上達下達表》一卷、《周禮書傳非舊史考》、《五長禮制表》一卷、《周禮海外政術考》、《讀五禮通考札記》五卷、《會典經證》、《禮節互文考》二卷、《倫理約編編》二卷、《兩戴分大小學說》一卷、《古文說證誤》、《周禮辨微》一卷、《周禮傳釋》十卷、《周禮訂本略注》、《周禮新義凡例》、《周官考徵凡例》、《禮經補證凡例》、《容經類纂凡例》、《分撰兩戴記章句凡例》、《王制訂》、《王制集說》、《坊記新解》、《樂經凡例》、《穀梁古義疏證》十一卷、《釋范》一卷、《穀梁集解糾謬》二卷、《穀梁先師遺說考》四卷、《起起廢疾》一卷、《魯學淵源考》二卷、《齊學淵源考》二卷、《公羊補證》十一卷、《公羊先師遺說求真記》二卷、《公羊解詁商榷》二卷、《董子繁露補說》二卷、《左氏古經說讀本》四卷、《左氏古經漢義補正》十二卷、《左氏群經師說考》二卷、《左傳漢義補正》二十卷、《左氏天學考》四卷、《杜氏左傳釋例辨正》二卷、《五十凡駁正》一卷、《國語發微》八卷、《左傳三十論續三十論》、《國語補亡》二十卷、《左氏源流考》一卷、《春秋分國鈔》四卷、《左氏春秋杜註集解辨正》（一名《左氏集解辨正》）二卷、《春秋經傳滙解》四卷、《左傳古義凡例》、《左傳經例長編》、《三傳事禮例表》三卷、《春秋日月時例表》五卷、《公羊補證》、《何氏公羊解詁三十論》（一名《公羊三十論》）、《重訂穀梁春秋經傳古義疏》、《春秋圖表》二卷、《春秋三傳折中》、《孝經學凡例》、《大學中庸演義》、《六書說》、《六書舊義》、《經話》、《經學四變記》、《經學五變記》、《今學考》一卷、《古學考》一卷、《群經凡例》、《四益館經學叢書》、《樂經存亡集證》四卷、《禮樂宗旨表》一卷、《樂傳記》四卷、《古今樂考》十卷、《律呂要義》二卷、《理學求源》一卷、《六藝六經合為十二經考》、《王制會通》四卷、《五帝德義證》四卷、《博士會典》四卷、《古史皇帝篇經說》四卷、《皇帝王伯表》一卷、《古經彙解》二卷、《群經凡例》四卷、《群經天文考》二卷、《經學題目》二卷、《古制佚存》二

卷、《經話甲篇》、《今古學考》二卷、《經學初階》一卷、《古學考》一卷、《經
學程途》二卷、《兩漢學案》二卷、《白虎通訂釋》、《知聖篇》二卷、《五經異
義釋》、《家學樹坊錄》二卷、《孔子纘經考》、《經解輯證》二卷、《孝經古義》
一卷、《孝經廣義》二卷、《孝經傳記》四卷、《孝經一貫》一卷、《古孝子傳》
二卷、《論語發微》四卷、《論語彙考》二卷、《史記經說》二卷、《王莽行經考》、
《戰國諸侯始行經術考》、《諸子宗經考》、《諸子凡例》二卷、《前漢律曆志三
元表說》一卷、《管子彙編》四卷、《撼龍訂本》、《四庫西學書目提要》、《道德
發微》、《道藝說》、《小大天人學考》、《待行錄》、《老子經說考》二卷、《靈素
皇帝學分篇》、《列子經說考》、《尊孔篇》一卷、《莊子經義考》四卷、《孟子直
解》七卷、《淮南經說考》、《荀子新解》十卷、《孔氏古文考》、《九宮釋》、《釋
公田》、《秦焚字母文考》、《翻譯名義》六卷、《中國一人例》、《鳥獸草木託音
取義考》四卷、《天下一家例》、《六書舊義》一卷、《推人合天例》、《釋射》、
《釋車》、《釋五服》、《史記經說》二卷、《戰國諸侯始行經術考》、《諸子宗經
考》、《諸子凡例》二卷、《前漢律曆志三元表說》一卷、《管子彙編》四卷、《撼
龍訂本》、《四庫西學書目提要》、《天玉寶照蔣注補正》三卷、《靈素陰陽五行
家治法考》、《縱橫家書序》二卷、《四益館雜著》、《皇帝疆域圖考》、《逸周書
經說考》、《穆天子傳釋》、《楚辭新解》、《列莊上下釋例》、《地球新義》、《內經
三才學說》、《五運六氣說例》二卷、《五紀釋例》一卷、《書人學格光說》、《五
行釋例》一卷、《學校議院考》二卷、《天玉寶照蔣注補正》三卷、《靈素陰陽
五行家治法考》、《縱橫家書序》二卷、《四益館雜著》、《傷寒雜病論古本》。

廖平 春秋古經左氏說漢義補證 十二卷 存

哈佛、重慶市北碚藏光緒三十四年（1908）成都中學堂本

1919 年重刻本

1921 年四川存古書局六譯館叢書印本

民國彙印新訂六譯館叢書本

北京燕山出版社 2020 年何俊編清代今文經學文獻輯刊影印光緒三十四年
（1908）成都中學堂本

◎一名《左氏古經漢義補正》《左氏古經說漢義補證》《春秋左氏古經說義
疏》《左氏古經說》《左氏春秋古經說》《左氏古經說讀本》《左氏古經說漢義補
證》《春秋左氏古經說疏證》。

◎潘祖蔭《左氏古經說漢義補證序》：《春秋三傳》，《左氏》立學最晚，因出孔壁，漢儒謂之古文，然其禮制大旨與博士異議，崇尚古學，所引與《周禮》同類，非也。《左氏》授受無人，《移太常書》亦不言其有師，則《漢書》所有「《左氏》傳授與曾申，六傳至賈誼」云云，皆後人偽撰，淵源未可据也。從來言《左氏》者皆喜文采、詳名物，引以說經者少。治二傳者疑解經為劉氏坿益，輒詆諆之。案博士謂左氏不傳《春秋》，《左》與《史記》文同者，凡解經之文，《史》皆無。《史》《漢》皆以《左氏春秋》為《國語》，則解經為後人所增無疑。然《魯世家》「魯人共令息姑攝位」，不言即位，正用隱元年傳文。《陳世家》「桓公病而亂作，國人分散，故再赴」，正用桓五年傳文。如此者數十條，則史公所見《左氏》已有解經語，疑不能明也。門下士廖季平進士，精敏賅洽，據《漢書‧五行志》於左氏經傳後引「說曰」有釋經明文在劉氏說前；又《藝文志》有《左氏微》，謂左氏事業具於傳，義例出於說，今傳與說雜陳，乃先秦左氏弟子依經編年。漢時《國語》通行，傳與說微，藏在秘府，獨史公得見之。《年表》為《春秋》而作，故仿其式，與傳文疊矩重規。因仿二傳之例，刺取傳中經解、釋例之文坿古經下，引漢師舊說注之，為《春秋古經左氏漢義補證》十二卷，與傳別行，意在申明漢法，刊正杜義。更為外編若干種，說詳首卷。觀其鉤沈繼絕，著於《長義》《補例》二門。至《異禮》《異例》諸表，不蹈爭門戶者專己守殘之故智，以本傳為主，亦不至膚引二傳。又據《史記》，以左氏為魯尹子，在七十子後，不用國史史文之說。其書乃尊以解經，皆為師說，與二傳一律，尤足釋劉申綬附益之疑。至以《左氏》禮同《王制》，歸還今學，不用漢說，其論雖創，其理則易明也。季平謂史公引董子說，是漢師說《左氏》不求異於二傳。余謂史公治《左氏》實兼通《公羊》，其論述大旨主《左氏》而兼用《公羊》。如《宋世家贊》推美宋襄公，與《敘傳》引壺生所述董子《春秋》說是也。《孔子世家》所言素王義，與王魯、新周、故宋筆削頗同，諸例又季平所云《左氏》與《公羊》同者矣。今古相爭，勢同水火，皆在劉歆以後。西漢十四博士，道一風同，諸儒多兼習數經。小夏侯采歐陽與諸經義自成一家，大夏侯同立學官，其明驗也。劉文淇《左傳正義》申明賈、服，抉擇甚嚴，其言曰：「《五經異義》所載《左氏》說皆本《左氏》先師，《說文》所引《左傳》亦是古文家說，《五行志》劉子駿說皆《左氏》一家言，《周禮／禮記疏》所引《左傳注》不載姓名，而與杜注異者亦是賈、服舊說。」今閱是書，多所甄錄，惟劉書古注所無，皆以杜注補之。此則不用杜說，推傳例師說

以相補，惟杜氏用二傳說者乃引之，鉤輯之功無愧昔賢。季平謬以余為知《春秋》，挾書求序。暑為述之，恐不足張之也。案此書期月已成，加十年之功，當必有進於此者。改官廣文，正多暇日，季平勉乎哉！吳縣潘祖蔭序。

◎《左氏古經說讀本》二卷序〔註34〕：後世習《左氏》者，高則詳典章、考事實，下者獵辭采、評文法，《左氏》經說遂為絕學，不能與《公》《穀》比。緣傳繁重，巡覽一周已屬不易，何有餘力精考義例？今欲闡明《左氏》經說，必先求卷帙簡要。故平刺取全傳解經之說，別為一書，名曰《左氏古經說讀本》。且別錄經說，凡屬事傳，三傳可以從同，不惟昌明《左氏》，並有俾《公》《穀》，一舉而三善得，此書之謂與！

◎自識：《春秋左氏古經說疏證》（序見井研《藝文志》），世習《左氏》者，高則導典章、考事實；下者獵辭采、評文法，《左氏》經說遂為絕學，不與《公》《穀》比。緣傳繁重，循覽一周已屬不易，何有餘力精攷義例？今欲闡明《左氏》經說，必先求卷帙簡要。故平刺取全傳解經之說，別為一書，名曰《古經說讀本》。且別錄經說，凡屬事傳，三傳可以從同。不惟昌明《左氏》，並有裨《公》《穀》，一舉而三善，得此書之謂與！四譯館自識。

◎《四譯館外編・四譯戌書目・左氏類》：《左氏古經漢義補正》十二卷（潘序，宋序）。

廖平 春秋古經左氏說漢義補證凡例 一卷 存

民國彙印新訂六譯館叢書本

廖平 春秋經傳滙解 四卷 未見

◎《四譯館外編・四譯戌書目・春秋類》：《春秋經傳滙解》四卷（提要）。

廖平 春秋日月時例表 五卷 佚

◎光緒《井研縣志・藝文》：《春秋日月時例表》五卷，廖平。說詳自序。序曰：日月時乃《春秋》諸例之一門，本非宏艱巨難，必待專作一書以明之。惟自何君已多誤解，注解雖繁，不能得其義例之所在。近代說解尤繁，竟以為全經之總例，分表立說，學者老死不能通此一例，則《春秋》不將為梵書神祝乎！淺者因其難通，不易卒業，即勉強求通，仍屬支離，不足為典要，遂創為

〔註34〕錄自光緒《井研縣志・藝文》二。

無例之說，或云據赴告而書，或云不可以日月計，或云書之以志遠近。相激而成，無怪其然。昔刊《公羊三十論》，中有《無月例》一篇，以重為日、輕為時，大事日時則為變，小事時日則為變，固數言可了。特《穀梁》有「卑國月」一條。三等諸侯之葬禮，宋多日，方伯多月，楚卒皆日，吳卒皆月，小國多時。國有三等之分，故月亦有為例之時，非是則不入例矣。甲午在九峯，曾命季生澤民編為此表。考歷來說此例，多以為變多正少，是一巨誤。故此表以多者為正，少者為變，即多少以明正變，一定之理。又近來作表，全列經文，遂若無條不有此例，易致炫惑。故此篇門目，前後一依《比事表》，特不全列經文，故有正無變。全不列經，但存虛目，正多變少者但列變例數條，必事目輆輠，等級難分者，始全列經文，故所說之條甚少。別立《不為例表》。凡非人事，皆如日食，以文自分。星異災變，不可不以日月計，與志日月以與他事相起者，不過數十條。雖以人事正日無變，正時無變，日有變正多，時有變正多，與月正、月變、災異工作多不可以日月計者，不以為例，與日月以志數疏。分為五卷，實則不過四十頁，事少易明，固旬日可通，非老宿猶不能解之事，惟其得力，全在比事之舍取，門目分張。故每鈔一門，其稿至數十易，其得力之功別有所在。欲通此例者，固在熟比事之後也。

　　◎《四譯館外編・四譯成書目・春秋類》：《春秋日月時例》五卷（自序）。

　　◎《六譯先生年譜》卷三光緒二十年甲午：《春秋比事》四卷，又命門人季邦俊編《春秋日月時例表》五卷，附於其後（今均不存）。先生以張應昌《屬辭辨例編》過於繁重（先生曾有《張應昌屬辭辨例編刪定本》十卷，亦不存），故編為此本。

廖平　春秋三傳折中　存

　　光緒十二年（1886）四川成都存古書局刻本

　　1915 年國學薈編本

　　1917 年四川成都存古書局重訂六譯館叢書本

　　文聽閣圖書有限公司 2008 年民國時期經學叢書第二輯影印本

　　上海古籍出版社 2015 年舒大剛楊世文主編廖平全集點校本

　　◎三傳折中敘：自來門戶之分莫甚於三傳，習《左氏》者駁《公》《穀》，習《公》《穀》者駁《左氏》，入奴出主，呶呶不休。戰國先秦，二傳已著。自武帝好《公羊》、宣帝好《穀梁》，受《公羊》者非有詔不得受《穀梁》，《公》

《穀》二傳，劃然兩家。至石渠論禮、白虎譚經，羣儒義議異同，《公》《穀》猶後也。《左氏》立學稍晚，號為古學。今攷天子一圻、圻方千里、一國三公之說，胥與二傳相合。賈氏稱其「同《公羊》者什有七八，或文簡小異，無害大體」。至何氏《墨守》《膏肓》《廢疾》諸作，遂致家門骨肉等於重仇。至許氏顯稱《異義》，過為區別，名繫五經，實只三傳。微旨大義，靡有發明。枝節小嫌，日尋征討。自漢至今，言三傳者喜言其異不言其同，雖馬季常有《三傳異同說》一書，而異者自異，同者自同，初未敢於不同之中以求同也。三傳同係一源，必於不同之中以求同，斯為可貴。今井研師著書百餘種，三傳鑴後，別為《折中》。如鄭伯克段，《左氏》謂：「如二君，故曰克」，《公羊》曰：「克者何？殺之也」，《穀梁》：「克者何？能也。能者何？殺也」，鄭伯處心積慮，志存於殺，訓殺之義，傳無不同。又如「天王使宰咺來歸惠公仲子之賵」，杜注誤解「未薨」，便成巨疑。一死一生，殊乖情理。《公羊》以仲子為桓母，《穀梁》以為惠母，此當從《穀梁》「母以子氏」例比成風。此等皆先師口授，經鮮明文，各以意說，於義無妨。又如「尹氏卒」，《左氏》以為聲子。聲子有傳無經，尹氏有經無傳，當從二傳作「尹氏」，與武氏、崔氏相同。世卿之譏，全經大義，本條下即連書「武氏求賵」，左氏隱五年傳亦尹氏、武氏連綴，證據甚昭。「子同生」，杜氏《釋例》以為季友與莊公同生，是也。《公羊》以為病桓，專就世子立說，《穀梁》曰：「時日同乎人，或曰與桓公同日而生。」合而比較，厥義愈明。築王姬之館，《左氏》以為：「於外，禮也」，《公羊》曰：「於外，非禮也」，《穀梁》曰：「築，禮也。築之外，變之正也。」先儒詮釋，不獲其解，各師一說，罔敢求通。攷《左氏》據仇齊而言，《公羊》據主昏而言。主昏仇齊，並非兩事，何至異端？譬若三男，貲財鼎剖，偶來定省，方是一家。此書成後，剞劂告竣，海內驚喜，儒林寶貴，疑竇冰消，悉還本來之面，絕泯穿鑿之痕。先生以為經中固有之義，因人罔解而已，不居功。洵係西漢以來未有之作，矜家法者卷舌，爭門戶者緘口，不徒七萬餘言作三傳調人也。先生治經四十餘年，嘗謂六經有大小天人之分，而三傳無彼此是非之異，宏網巨領，靡或不同，文字偶殊，不關典要。其得力尤在以先秦諸子闡揚經術。其學似直接七十子而來者。見又箸醫書十餘種，發揮《靈》《素》。今日耆年已逾，而猶好學不倦。我輩勉旃！受業樂山季邦俊拜敍。

◎廖平《四譯館經學目錄序》：昔治二《傳》，隔膜《左氏》，南皮師令撰長編，因得三傳會同之效。

◎《四譯館外編‧四譯宬書目‧春秋類》：《三傳折中》一卷。

◎廖幼平《六譯先生已刻未刻各書目錄表》：此書係門人季邦俊就先生原稿補證。

廖平 春秋圖表 二卷 存

光緒十九年（1893）成都尊經書局刻四譯館經學叢書本

暨南大學藏光緒二十七年（1901）成都尊經書局修訂刻本

1921 年四川存古書局彙印新訂六譯館叢書本

續修四庫全書影印光緒二十七年（1901）成都尊經書局修訂刻本

上海古籍出版社 2015 年舒大剛楊世文主編廖平全集點校本

◎目錄（六譯館叢書本）：

卷上：春秋禹貢九州推廣為八十一州即全球大九州圖、大九州十五服合為三十輻圖〔註35〕、禹貢五服五千內九州外十二州圖、畿內九十三國表、方〔註36〕千里封三等國圖、一州封〔註37〕二百一十國牧正帥長之圖、王制附庸考〔註38〕、大國卿大夫士食祿表、方三百一十六里出車千乘圖〔註39〕、國里口軍表、春秋一統圖、春秋實地圖〔註40〕、春秋經義九州封建圖、春秋與詩相通表、見經八伯五十六卒正表〔註41〕、春秋九州分中外與易八卦方位相合圖、經見魯國七卒正二十一連帥表、諸侯累數班序表〔註42〕。

卷下：春秋本爵異號並見表、子伯非爵表、春秋十九國尊卑儀制不同表、王臣人名字子表〔註43〕、王臣通佐表、王子表、監大夫表、王臣從行公卿大夫元士表、天子諸侯異制表、內外異辭表〔註44〕、一見表、左傳諸侯三等名器

〔註35〕周按：正文有此圖，目無，據正文補。

〔註36〕周按：正文作「州方千里封三等國之圖」。

〔註37〕周按：正文「封」作「封建」。

〔註38〕子目：一州二百一十國附庸之圖、一州二百一十國附庸三等表、春秋附庸字名人氏表。

〔註39〕周按：正文作「方三百里出車千乘圖」，在國里口軍表後。

〔註40〕周按：此本正文無此圖。四譯館經學叢書本正文作「春秋列國實地圖」。

〔註41〕周按：正文「經見八伯五十六卒正表」，在春秋九州分中外與易八卦方位相合圖後，附解梁州百國。

〔註42〕子目：同姓異姓分先後例、齊主諸侯不敘晉、以爵敘先後例、以年敘先後例、以主敘先例、以到之先後為序例、變例。

〔註43〕周按：正文此圖下有夷狄州國氏人表。

〔註44〕周按：正文作「內外異制異辭表」。

表、左傳補例表、左傳刪例表、左傳與周禮專條不同表、史法左例空言不同表、左氏天子伯侯牧小國附庸十九國攷。

◎春秋圖表敘：今天下西學熾矣，朝廷日思破除陳法以求通知時事之士，士亦岌岌焉多以西學為學矣。顧欲學西學不先通中學，通中學不先通經、不先通圖表，則顛倒失次，王仲任所謂「知今不知古，謂之聾瞽」而已。廖季平廣文，蜀中經師也。余在粵蚤耳其名，去冬始見於安岳鳳山書院。廣文學兼中外，撰述灝博，嘗作《王制》《春秋》兩圖表刊於《四益館經學業書》。邇來《穀梁古義疏》出，四方學者爭先快覩，第圖表未克垺見，且中閒有未定之說。今年掌教，暇取二書復加修補，統名曰《春秋圖表》。或謂經皆聖人手訂，資《圖表》者奚翅一春秋？不知扶三綱而敘九法，明天理而正人心，五經如法律，《春秋》則斷例也，五經如藥方，《春秋》則治病也。五經皆以致治，《春秋》獨以撥亂，故有五始、三科、九旨、七等、六輔、二類、七缺，自學《春秋》者莫識其微言隱義，於是詭類舛錯，或曲學阿世，或作頌權門，或謂孔子改制以《春秋》當新王，或謂聖人据事直書善惡自見安得許多義例，齗齗聚訟，人自為師，經生家幾無從折衷一是。茲編圖十、表二十四、攷一，精詳絕特，言前人所未言。剙獲者疑為別有授受，實則以經說經，引《春秋》大義與羣經互相發明。夫形而上者謂之道，形而下者謂之器，不觀西人制器乎？當其始，闇奧未洩，頭緒紛如，幾以為無可措手也。洎繪圖貼說，建表開方，何者小以基大，何者一以反三，何者推陳出新，何者絕長補短，頭頭是道，井井有條，不禁令閱者神智頓生，相悅以解。蓋中學西學源流雖殊，其以圖表為引人之初、取徑之捷者，西人未嘗不先得我心也。《易》曰：「通其變，使民不倦」，《莊子》曰：「目擊而道存」，學者苟於此循序漸進，將由經學通中學，由中學通西學，體用兼賅，內外一貫。他日本其得力，見諸施行，必能裨益時勢，備國家珠槃玉敦之使者。是《春秋圖表》一書，非特經學津逮，抑亦西學階梯也。余故趣廣文亟付剞劂，以為學西學不學中學者發其聾啟其瞽焉。光緒二十有七年歲在重光赤奮若相月，知安岳縣事嶺南陳鼎勳勳樵甫譔。

◎卷末云：今學古學之分，二陳已知其流別矣。至于以《王制》為今文所祖，盡括今學，則或疑過于奇。竊《王制》後人疑為漢人撰，豈不知而好為奇論？蓋嘗積疑三四年，經七八轉變，然後乃為此說。疑之久，思之深，至苦矣。辛巳秋，檢《曲禮》「天子不言出，諸侯不生名」數節，文與《春秋》傳同，又非禮制；因《郊特牲》《樂記》一篇有數篇數十篇之說，疑此數節為先師《春

秋》說，錯簡入《曲禮》者也。癸未在都，因傳有二伯之言，《白虎通》說五伯首說主兼三代，《穀梁》以同為尊周外楚，定《穀梁》為二伯、《公羊》為五伯。當時不勝歡慶，以為此千古未發之覆也。又嘗疑曹以下何以皆山東國，稱伯稱子又與鄭秦吳楚同；制爵五等，乃許男在曹伯之上。攷之書，書無此疑；詢之人，人不能答。日夜焦思，刻無停慮，蓋不啻數十說而皆不能通，唯闕疑而已。甲申攷大夫制，檢《王制》，見其大國、次國、小國之說，主此立論，猶未之奇也。及攷其二伯方伯之制，然後悟《穀梁》二伯乃舊制如此，假之于齊晉耳。攷其寰內諸侯稱伯及三監之說，然後悟鄭秦稱伯、單伯、祭仲、女叔之為天子大夫，則愈奇之矣。猶未敢以為《春秋》說也。及錄《穀梁》舊稿，悉用其說。苟或未安，沈思即得，然後以此為素王改制之書、《春秋》之別傳也。乙西春，將《王制》分經傳寫鈔，欲作義證，時不過引《穀梁》傳文以相印證耳。偶鈔《異義今古學異同表》，初以為十四博士必相參雜，乃古與古同、今與今同，雖小有不合，非其巨綱，然後恍然悟博士同為一家，古學又別為一家也。徧攷諸書，歷歷不爽，始定今古異同之論。久之，悟孔子作《春秋》、定《王制》為晚年說，弟子多主此義，推以徧說羣經。漢初博士皆弟子之支派，故同主《王制》立說。乃定《王制》為今學之祖，立表說以明之。蟻穿九曲，予蓋不止九曲，雖數十百曲有矣。當其已明，則數言可了；當其未明，則百思不得。西人製一器，有經數十年父子相繼，然後成者。嘗見其石印，轉變數過然後乃成，不知其始何以奇想至此？予于今古同異頗有此況，人聞石印莫不始疑而終信，猶歸功于藥料，此則並藥料無之，將何以取信天下乎？

此條舊載《四益館叢書・今古學攷》中，本年先生掌教鳳山書院，將舊著《王制》《春秋》兩圖表審定增補，付手民重刊，併曰《春秋圖表》，命映奎董其事。工葳，同學跋尾不乏標新領異之作，而能道此書之所由作與其中甘苦，究不若此條之親切。其行文蜿蜒，經途曲折，屢述沈思索解之情狀，能於故紙堆中掃滌灰垢，尋出至寶。加以旁徵博攷，印證確實，一經抉摘，石破天驚，無一義不新，卻無一義不舊，此良由先生之敏悟。吾儕後學，步塵循轍，樂與有成，其亦知剙始之難否耶！〔註45〕

◎《四譯館外編・四譯戌書目・春秋類》：《春秋圖表》二卷。

◎上海古籍出版社 2015 年《續修四庫全書總目提要・春秋類》「《春秋圖表》二卷」：廖氏嘗作《王制》、《春秋》兩圖表，以《春秋》與群經比附牽綴，

〔註45〕此段原低一格。

不憚求詳，至光緒二十七年（1901），審定增補，併為《春秋圖表》。其中有圖十、表二十四及考一，弁以《大九州圖》，謂《春秋》、《禹貢》九州，推廣為八十一州，即全球大九州，等於河漢無極。是說可謂「標新領異，言前人所未言」，然楊鍾羲以為不過「一家之言」而已。廖氏治《春秋》，初變時平分今古，謂周公創古學，而孔子定今學；《禮記・王制》為今文所祖，本孔子《春秋》之傳，而為新王改制之所在，若古學則尚《周禮》。蓋其據以《曲禮》「天子不言出，諸侯不生名」數節文，與《春秋傳》同，定為《春秋》說錯簡。《王制》所言二伯，則齊、晉；八方伯，則陳、蔡、衛、鄭、魯、秦、楚、吳；所言卒正，魯則曹、莒、邾、紀、滕、薛、杞。《白虎通》說五伯，首說主兼三代，《穀梁》以同為尊周外楚。今學二伯，古學五伯，《穀梁》盡合《王制》，《孟子》言二伯與《穀梁》合，疑曹以下皆山東國，稱伯稱子，又與鄭、秦、楚同制爵五等，乃許男在曹伯之上，檢《王制》大國次國小國之說及二伯、方伯之制，悟《穀梁》二伯乃舊制如此，假之於齊、晉。據《王制》八州八伯，寰內諸侯稱伯，及天子大夫為監於方伯之國、國三人之說，悟鄭、秦稱伯，單伯、祭仲、女叔之為天子大夫，遂以《王制》為改制之書，《春秋》之別傳。《春秋》本為改制而作，不與古禮合，定今古異同之論，謂當時弟子，皆從此派以說群經，孟、荀以及漢初博士，同主此義，皆今學派。廖氏之論，實非別有授受，不過以經說經，以《春秋》大義與群經互相發明耳，故其作《圖表》，蓋欲為學者之初階，以入今古論之堂奧也。此本據國家圖書館分館藏清光緒二十七年成都尊經書局刻本影印。（曾亦）

廖平 春秋左氏傳漢義補證簡明凡例二十則 一卷 存

民國彙印新訂六譯館叢書本

廖平 春秋左傳杜氏集解辨正 二卷 存

國圖、中科院、天津、吉林社科院、重慶藏光緒三十三年（1907）成都四益館鉛印本

1919 年重刻本

1921 年四川存古書局六譯館叢書印本

1935 年刻本

齊魯書社 2011 年清經解三編影印光緒三十三年（1907）成都四益館鉛印本

國家圖書館出版社 2012 年宋志英選編左傳研究文獻輯刊影印光緒三十三年（1907）成都四益館鉛印本

上海古籍出版社 2015 年舒大剛楊世文主編廖平全集點校本

◎一名《左氏集解辨證》《杜氏左傳釋例辨正》《左氏集解辨正》《杜氏左傳集解辯證》《春秋左傳杜注集解辨正》《釋例評》。

◎自序〔註46〕：東漢治《左氏》者與《公》《穀》相同，本傳義例所無，皆引二傳相補，如《釋例》中所引許、賈諸條可證。杜氏後起，乃力反二傳，譏漢師為臅引，頗與范氏《集解》同。考舊說以義例歸本孔子，杜則分為四門，以五十凡為周公舊例，不言凡為孔子新例，例之有無，以本傳明文為斷。凡五十凡及新例之外，皆以為傳例，有從赴告魯事，前後相反，不能指為赴告，則云史非一人，各有文質。一國三公，何所適從！又即所云新例言之，五十凡有重文、有禮制，於今無關幾即十條。且無凡皆為言凡所統，偶有凡字，以為周公；偶無凡字，以為孔子。何所見而云然？且同盟以名，不同盟不名，三條皆為解滕、薛、杞三小國而發，曹、莒以上並無其文。所謂不同盟者，謂小國不以同盟待之，非為大國言也。除三小國與秦、宿，更無不明之事。杜不悟其理，於各國之卒，必推考其同盟，本身無盟，求之祖、父，不亦誤乎！大例之外，其誤說文義者，如「豫凶事非禮也」六字，文見《說苑》，謂喪禮衾絞衰裳不豫制，所以解天子、諸侯、大夫、士必數月而葬之故。杜乃以為子氏未薨而弔喪，至流為笑柄。又「弒君稱君，君無道；稱臣，臣之罪」，「稱君」當為「稱人」，杜不知為字誤，就文立訓。春秋弒君，正文有不稱君者哉？又何以別於稱臣也？又「帛君」為「伯尹」之異文，以帛為裂繻字，是大夫序諸侯上，小國大夫亦同稱子矣。「君氏」為子氏，又何以解尹氏、武氏連文之傳耶？蓋經本作「尹」，無傳，傳所記之「尹氏卒」為魯事，不見經，後人誤以傳之「君」即經之「尹」，杜氏誤合之，稱夫人為君氏，何嘗有此不辭之文！此類悉加辨證，與《釋例評》相輔而行，可謂杜學之箴砭也。四譯館自序。

〔註46〕又見於《井研縣藝文志‧經部》。

◎《四譯館外編‧四譯戎書目‧左氏類》：《杜氏左傳釋例辨正》二卷。

◎孫殿起《販書偶記》卷二：《左氏春秋杜注集解辨正》二卷，井研廖平撰。光緒三十三年丁未四益館鉛字排印本。

◎上海古籍出版社 2015 年《續修四庫全書總目提要‧春秋類》「《春秋左傳杜氏集解辨正》二卷」：是書前有《井研縣藝文志‧經部》所收是書自序。全書十二篇，魯十二公，一公為一篇，旨在針砭杜氏以義例說經之失，凡杜氏所釋經傳未有盡意者，分條而錄之，加以辨證，斷以己意。其論詳核，類皆中理。如隱公元年傳「夏四月，費伯帥師城郎，不書，非公命」。杜注：傳曰，君舉必書，然則史之策書皆君命也，今不書於經，亦因史之舊法，故傳釋之，諸魯事傳釋不書，他皆放此。廖氏駁證稱：據杜此說，分經史為二是也，他條直以史法說經，則非矣。此傳杜亦以為經不書者，因孔子時不能以公命赴告為據，故以為史法。此本師不以空言說經之例也。凡二傳常事不書見者，不復見諸例，直言筆削而已，本師懲空言流弊恐失其真，故多假托史法言之，此經之史例，非史之史例云云。廖氏另有《左傳古義凡例》一卷，與是書相輔相成，針砭杜學，於治《春秋》者頗資參考。此本據中國科學院圖書館藏清光緒三十三年四益館鉛印本影印。（潘華穎）

廖平 春秋左傳古義凡例 一卷 存

光緒十二年（1886）刻蟄雲雷齋叢書本〔註47〕

上海、北師大、復旦、首都圖書館藏光緒十二年（1886）西平蕭藩成都刻四益館經學叢書本

光緒二十三年（1897）四川存古書局六譯館叢書本

1923 年彙印新訂六譯館叢書重印本

上海古籍出版社 2015 年舒大剛楊世文主編廖平全集點校本

◎一名《左傳古義例》《左傳古義凡例》。

◎摘錄首條：《左傳》舊有二派，漢人因二傳立學盛行，《左傳》晚出，治《左》學者皆陰用二傳比附《左氏》，劉、許、穎、賈、服諸君是也。杜氏《集解》乃專就本傳立義，雖曰新學，乃適與本傳相投。同學吳君伯棨，既守舊訓，為之注解。是作別為一家，不用漢義。分道而馳，不相謀合，俗學之譏，不敢辭焉。

〔註47〕計五十則。

◎摘錄末條：注疏本以申明本傳，今之所言，不純袒護，似非作注之體。竊以注經須知本傳所長並知其短，直探源頭，而後制義精卓，不與《公》《穀》相妨，可無矛盾之困。何公《解詁》不知此義，唯知是己非人，若遇強敵攻瑕，必致全師解瓦。今之三傳，通力合作，各明短長，以相鼎峙。苟唯推崇一家，必致摧駁二傳。善事君者，將順其美，匡救其惡，知其是而彌縫，是忠臣苦心之事。至書成之後，凡例或存或削，無有不可。區區之心，識者見宥。

廖平 董子繁露補說 二卷 未見

◎《四譯館外編·四譯成書目·公羊類》：《董子繁露補說》二卷。

廖平 公羊春秋經傳驗推補證 十一卷 首一卷 存

國圖、重慶市北碚、河南中醫藥大學藏光緒二十九年（1903）則柯軒刻本
國圖、浙大、山西、吉林社科院藏光緒三十二年（1906）則柯軒刻本
民國彙印新訂六譯館叢書本
上海古籍出版社 2015 年舒大剛楊世文主編廖平全集點校本
◎一名《公羊補證》《公羊春秋補證》《大統春秋公羊補證》。
◎卷首云：《春秋》者，魯史之舊名，經為孔子所修，傳為子夏所傳。魯曰《穀梁》、齊曰《公羊》，皆「卜商」之異文。孔子以《春秋》授商，故齊魯同舉首師，以氏其學。人地字異音同，三傳之常例。齊魯自太公魯公開國，好尚風氣已自不同。近聖人居，故好學出于天性。《春秋》有三傳，《詩》亦有三家。《齊詩》四始五際多宗緯候，故《公羊》亦多非常可駭之論。近世通行義疏多古文晚出之說，惟《公羊傳》獨守西漢博士遺則，迥出諸家之上。至聖作經，弟子譯傳，當時學者以《王制》傳禮制，以《國語》錄事實，所有義例，別撰《大傳》以明之。今傳乃後師授受，因問難而作，取舊傳條說。傳文出于孟、荀以後，漢師亦有增補。此本又為宣帝後顏氏一家所傳，與董、嚴皆有同異。別家佚傳，間有可徵。故隨文補入。齊魯同說一經，實無大異。《國語》左邱明即《論語》啟予商。義例相同，各有長義，與本傳不迕者，亦畧補之。意在補何，故以《補證》名焉。
◎公羊春秋補證後序：《學堂私議》以尊經分官為指歸，《賈子》帝入五學，所上不同（《賈子》引《學禮》曰：帝入東學，上親而貴仁，則親疏有序而恩相及矣；帝入南學，上齒而貴信，則長幼有差而民不誣矣；帝入西學，上賢而貴德，則聖智在

位而功不遺矣；帝入北學，上貴而尊爵，則貴有等而下不踰矣；帝入太學，承師問道，退習而考于太傅，太傅罰其不則而匡其不及，則德智長而治道得矣）。《學記》：「春秋教以《詩》《書》，冬夏教以禮樂」，是援六藝立六大學堂：東《詩》上親、南《樂》上齒、西《書》上賢、北《禮》上貴；太學分左右，上《易》下《春秋》。所以必立六學者，上下四旁情性不同好惡相反，各因所短以施教，每學分經各立宗派，亦如《六家旨要》（《易》為道，《春秋》為陰陽，東儒、西墨，南名、北法）。分六學專門獨立，事半功倍，其教易行。若一學兼包六藝，事雜言龐，教學皆困。《王制》左學右學有互移法，蓋左右分經異教，性情才思不合于此必合于彼，使兩學重規疊矩，何必互移？此立學分經之說。今以七經分立五學：蒙學《孝經》、《禮樂》、《容經》，小學《王制》，中學《春秋》，高等《詩》與《周禮》，大學《易》。方言實業，別立專學，聽資性相近者學之，不與各學相嬲。蒙學修身，凡俊秀士農工商之子弟皆入焉。《孝經》標宗，《禮》《容》治身，不但仕宦，齊民皆必學。小學以上為仕學，立官治人屬焉。主《王制》，統典考，中外政治律例學屬焉。《王制》為普通，專業則分擇一門，如司徒、司馬、司空、塚宰、樂正、司寇／市，擇性所近為專習。蒙學詳，不再立課程。蓋考典章如識字，記識功多，用思事少，於小學相宜。卒業後入中學，以《春秋》課之。《春秋》如會典、律例，先師決獄皆所取。入中學，治身掌故所已明，就《春秋》以推詳當世成敗，全經為普通。《王制》官事，各就本門推考得失，治國齊家，上而天王、二公，下而卿大夫、士，就行事推論經權，君臣父子夫婦鄉國外交分門求之。《王制》如陣圖，《春秋》則操縱變化，在乎一心。古無史家，《班志》坿《春秋》。中外史書讀不勝讀，然精華全包《春秋》。或分書（一人專治一史），分官事（取史書所有本官事彙鈔閱之），既已貫通，餘力可以涉獵。凡國家以下，綜攬無遺。《春秋》治法基礎，董、劉、公孫專經，文章事業，燦炳史冊。《春秋》既通，治術思過半矣，然後升之高等。時局合通，不似漢唐但治《春秋》已無餘事，故必進以《周禮》《尚書》。《周禮》大統，《王制》、《尚書》小統。《春秋》驗小推大，簡易易行，藉證大統。家國因天下而益顯，故雖任小，亦必知皇、帝宗旨。又，道家君逸臣勞，逸者天下，勞者家國，積家成國，積國成天下，知人善任使，其要領也。學問於此觀止。補吏授職，不再入學。京師泰學，專為《易》教，皇、帝法天調濟損益之至功。每因事故，如學飾餝，《盛德篇》有獄則餝（不孝之獄則餝喪祭之禮也，弒獄則餝朝聘之禮也，鬬辨之獄則餝鄉飲酒之禮也，淫亂之獄則餝昏禮享聘也，故曰刑法之所

從生有源，不務塞其源而務刑殺之，是為民設以賊之也）。六官分司，分職任事，尊法無為。又六儀有禮樂，帝學亦有禮樂。六儀為治身，帝學為化民（《孝經》曰：安上治民莫善于禮，移風易俗莫善于樂）。宗旨不同，取效自別。以蒙學萬人計，入小學不過百，入中學不過三十，入高等不過五人，大學不足一。蒙學成，散歸實業之農工商賈。中學成，皆補吏。攷漢博士多補吏、郎，後由吏、郎至宰輔；不仕而任教職者，或為博士，或教授鄉里。當時儒吏不分。《秦本紀》：「凡學者以吏為師。」吏即博士之入仕者。人材由閱歷而出，學成必先為吏，以練其才識，印證其學術。既有登進之路，又無學織之患（後世儒生初得科弟遂授以民社重任，國、身兩害）。故小學以上，皆為仕宦學，分官分學，終身不改。人材多，取效易。後世數易官，官如傳舍，故相率不學，權歸書吏。由學仕分途，于事功外別有所謂道德，以致儒吏分途，所當釐正者也。今以《春秋》立王、伯之準，又以年、時兼皇、帝之說，原始要終，其道畢矣。方今中外交通，群雄角立，天下無道，政在諸侯。然小大不同，迥異前軌，所謂撥亂世俟後之堯舜者，固為今日言之也。讀是書者，先通《王制》，攷悉國家鉅細之政故，推衍經傳，以觀其變化與等差經常、應變方略。所有京師國都邑野山川，即今之萬國地法也。王侯卿大夫，如地球千名人傳，征伐勝敗，滅國取邑，《世界大事表》三百年中戰奪攻取也。朝聘盟會，各國條約會盟、國際公法也。所襃之忠臣孝子名士烈女，立綱常以為萬國法，孝教也。誅絕之亂臣賊子，撥亂世以為當世法，樂教也。世卿同姓婚，三年喪，不親迎，郊祀宗廟不以禮，立新制，革售弊以改良，禮教也。彰王法，嚴討賊，明嫡庶，辨等威，強幹弱枝，謹小慎微，以絕亂原，書教也。內本國外諸夏，內諸夏外夷狄，用夏變夷，民胞物與，天下一家之量，詩教也。張三世，別九旨，通三統，明六曆，隨世運升降以立法，循環無端，百變不窮，易教也。大之體國經野，設官分職，小之一家一身一言一行，無所不具也。舉廿四史典章制度，成敗得失，大無不包也。地球百《春秋》之地，興利除害，革故鼎新，損益裁成之法，不啻疊矩重規也。《春秋》據魯史為王、伯、方伯、卒正、連帥五等之中，五學以《春秋》居大學、高等、小學、蒙學之中。蒙學小學，修身之禮容，治國之典章始基來源也。高等、大學，皇、帝之大同，推驗其歸宿也。舉《春秋》以括終始，得其中而首尾備。故中者，握要之圖。身、家細小不求詳，皇、帝高遠所不迪。一年綱領條流可以大通；再以二年，仿董、劉舊法，涉獵普通，據一經以應萬事，左右逢原，泛應曲當；始終三年，上下俱達；大、高各以一年，化小為大，取效

不難。小學之功寬以三載，蒙學以後統計八年，平治修齊，通可卒業，得所依歸，效可操券。且諸學蟬連，事同一貫，提綱挈領，成效自速。庶可洗「寡要」「少功」之恥。存此私議，以張舊法。野人食芹而甘，願共同好。易危為安，轉敗為勝，其機括或在是歟！刊成，用誌鄙懷，願與同志商之也。光緒二十九年立秋後一日，則軒〔註48〕軒主人自識宣漢講舍。

◎序：季平作《春秋左氏古經說》《漢義補證》，余既為之序，又以所著《公羊補義》請。季平三傳之書，乙酉成《穀梁》，戊子成此編，乃續作《補證》。自序欲以《公羊》中兼采《穀》《左》，合通三傳以成一家。繼因三傳各有專書，乃刊落二傳，易以今名。言《補注》者，謂補何君《解詁》也。自來注家依違本傳，明知其誤，務必申之。是書以經例為主，於傳分新舊，於師分先後，所有後師誤說，引本傳先師正說以證之。進退取舍，不出本師，與范武子據《周禮》以難《穀梁》者有間矣。季平未作是注之先，作《三十論》以為嚆矢，又作《解詁商榷》二卷以明舊說之誤。是書大旨具於《三十論》，然新得甚多，較為審慎矣。季平喜為新說，如《春秋》不王魯、三世內娶為魯事、言朔不言晦為日食例、離不言會為致例、祭仲不名例、同單伯／紀履緰不言使為小國通例，如此者數十百條，為從來治《公羊》者所不敢言。至於月無正例、伯／子非爵、見經皆侯與二伯、八方伯、七卒正、一附庸，則以為三傳通例。立說雖新，悉有依據，聞者莫不驚駭。觀所論述，乃不能難之，以其根本經傳，得所依歸故也。季平年方壯，其進未已，願深自韜斂，出以平淡。又其推比文例頗盡能事，誠為前賢所未逮。然《春秋》義理之宗，王道備、人事浹，董子著書多道德純粹之言，少攷據破碎之語，形而上者謂之道，其以義理自養，一化刻苦之迹乎！《公羊》《穀梁》，班書無名遺姓絕少，季平據三傳人名異文，以為齊魯同音異字，本為卜商。是說也，本於羅、萬而小易之，非觀其全說，鮮不以為怪也。光緒庚寅三月，吳縣潘祖蔭序于京師南城寓廬。

◎公羊春秋補證凡例：

余既分注三《傳》，使門戶不嚴，則三書直如一書，無煩三《傳》同注。今故於本《傳》中自明家法，二《傳》雖有長義，不更取之。惟鄙人一隅之見，不免雷同，故三書分撰，年歲不同，意見小異，今亦各存其舊。惟大綱抵迕者，則不得不改歸一律。三《傳》本同，自學人不能兼通，乃閉關自固。門戶既異，

〔註48〕此「軒」字當為「柯」字之誤。

盾矛肇興。先有自異之心，則所見無不異矣。今於三《傳》同異化其畛域，更為《異同表》《評》以明其事，疏中於此例頗詳。

一、《傳》不言事，因其事易明，故弟子不發問。今按經上下文義可以意起者，於疏中用《左氏》《史記》說以補之；至於與《左氏》異者亦於疏中論之。又傳說非出一師，文又不無脫誤，其有未安者，皆於疏中立說以明之；其有本傳義未安者多屬細節，則但於疏云「二傳以為」云云以示其意，不加駁斥。其途雖殊，其歸一也。

舊注《穀梁》專守本傳，《公羊》則以博通為主。凡《穀梁》《左傳》說與《公羊》異者，皆採用之。及《禮記》說經大例、《繁露》《白虎通》引傳，亦皆採入，別為《補傳》《補例》。今改定，以《公羊》為主，成一家之學，凡《左》《穀》《公羊》異義，雖二傳義長，仍守本傳。舊《補傳》及注中所引諸說，精要者悉作中字單行，餘文與所下己意始用雙行書寫，刪《補傳》之名。舊本《補例》大字提行，別注雙行，今移《補例》歸入注中，其別注雙行易名為疏。

自來注不破傳，舊本採用二傳，但取義長，多違傳意。今改定，正注一以本傳為主。若先師異說與本傳相違，及移傳就經不與本傳相次者，別為《校義》，坿於每卷之末。有先師誤說本傳無文者，則仍存注中，正其得失。非為破傳，固不相嫌。舊有《誤問》《誤答》二例，今概歸《校義》中，注中不斥本傳之誤。

二、事實據《左傳》為主，參以《國語》《史記》及哀、平以前經說，彙輯以附、本條之下。凡《左氏》後師徵說，與經例小異之條，及《穀梁》與本傳不合之條，皆不敢用。

三、凡經有其例而傳未詳，及傳有其說而文未備者，別為《補例》一書，今悉分條補入注中，稱為《補例》，以便省覽。昔何、杜作注，皆自引別書，今仿其事，所有解釋例語則入疏中。一傳有誤問、隨答二例，別據正傳為說，其有誤附之條，則移歸本傳，如「三世內娶」、「不言晦」之類是也。補正之例，附存注疏。

四、今合注三傳，《左傳》別出微說解經之語，凡詳事實之《左氏》原文，為三家所同用。

五、今以補何為主，凡《解詁》未備，務詳之；其所已明，則概從略。

六、《公羊》與二傳異禮異例二事，先師多主分說，遂至歧異。今立參差、詳略二例以統之，悉歸一律。至於異事一條，則如《釋文》例，坿記各傳之下。

七、《春秋》改制，以文備為主。三統循環本春秋以後法三代而上之事，則周制以文備。孔子一意簡陋，為救時之書。先師誤以三統為春秋以前三代，故主改文從質。如此則須又立一改質從文之《春秋》矣。今不取之。

八、漢師所有遺說採附經傳之下，殊嫌繁瑣。今不盡採，仿陳左海例，別為《先師遺說考》四卷，以取簡要。將來收入疏中亦可。

九、《公羊》日月例為唐宋以後所詬病，在譏者固不知本義，而說者亦殊失修理，穿鑿游移，何以為定？今分為三表：一《不為例表》、一《有正無變表》、一《正日正時表》。去前二表，則以例說者不過百條。事既簡明，理亦精審。

十、《春秋》有託古一例，所言皆託古禮，所謂「考諸三王而不謬」者也。故《春秋》足以總統六藝。凡與各經相通，及須取各經以證明《春秋》者，悉於各條粗發其例。

十一、《春秋》有質文一例，凡後世所行政事，莫不本之於《春秋》，合之則治，背之則亂，所謂「百世以俟聖人而不惑」者也。今於諸史所有制度，間引據以相證。至於禍亂之原，亦皆列之。通經致用，亦一端也。

十二、《春秋》禮制盡本《王制》，今但引《王制》經傳原文於各條之下，別撰《王制疏證》二卷，錄《王制》文，而引《春秋》經傳證之，即以附於經傳之後並行焉。至於《王制》詳說，別見輯釋中。

十三、經學以素王為主。受命改制乃羣經大綱，非《公羊》一家之言，惟《公羊》盛行於漢，故其說獨詳耳。今以此為微言，凡制度之事皆以復古為主，以孔為擇善而從。經所改易，皆古法也。

十四、《春秋》義例，有必須圖表方能明悉者，今于卷首將圖表彙為一卷，凡筆削、善惡、進退、一見、中外之類統歸之。先讀圖表，則其綱領可尋矣。

十五、《齊詩》《韓詩》《尚書大傳》《檀弓》《春秋緯》均為齊學，今引用獨多。凡孤文僻證，魯學之書，亦在所採。至於真《周禮》，亦在所採。凡劉歆所羼，見於《周禮刪偽》者，概不引用。

十六、三世、王魯、三統諸例，《解詁》說殊蕪雜。今或改或刪，務求簡明切實，以副傳義，凡衍說支語概從刪節。

十七、經以明制度為大例。孔子定禮，於《春秋》見其事，如親迎、三年喪、不內娶、譏世卿之類是也。今以《白虎通義》為主，再加以徐、秦《通考》，逐一詳備，以復舊意。

十八、《春秋》以謹禍亂、辨存亡，所有安危禍福，舊說多闕，今悉採補，以明得失成敗之數。

十九、王魯、親周、王為文王、周召分陝而治，皆《詩》說也。先師以說《春秋》，多所不合，今不用。王魯例主以二伯，亦以《春秋》事例說之，不全用《詩》家說也。

二十屬詞比事，《春秋》之教。今於百二十國本末，即《比事表》中所有義例，備一檢校。庶使義不空立，以免斷爛之譏。

二十一傳義出於授受，實為孔子所傳。唐宋諸儒好出新意，號為棄傳從經，實則師心自用而已。其風半開於范注，所有攻擊二傳，皆范倡之。今彙為一表。凡後世盛行之說錄之，間於句中明其謬誤，以端趨向。

二十二此編推廣《春秋》，以包舉百代、總括六經，宗旨與漢唐以下《春秋》多所不合，故不盡採用。其有同者，亦係偶合，不敢攘人之美。至於師友舊聞，亦錄姓氏焉。

二十三《公羊》舊多可駭之論、影響之說，今立求本義，務歸平實，凡舊為詬病、與義未安者，十不存一焉。

庚寅五月四日季平改訂。

◎公羊驗推補證凡例：

六經象六合，《易》為天，《春秋》為地，《三統曆》以《易》太極、兩儀、四象、八卦，比《春秋》元年、春秋、四時、八節，以《易》與《春秋》為天人之道，人事屬小統，為王、伯；年月屬大統，為皇、帝。傳以「元年春王正月」為大一統，小中見大，藉年時月日以明天道。《三統曆》蓋本傳說。

傳曰：「《春秋》撥亂世，反諸正」，今之世界，說者比于大統。《春秋》《詩》《易》，皇帝之說皆在昇平以後，文明程度未能及此。惟《公羊》借方三千里之禹迹以寓皇、帝規模，與今世界情形巧合。撥亂反正，小大相同。欲考全球學術政治，故莫切于《公羊》也。

經學傳於齊魯。魯學謹嚴，《穀梁》《魯詩》篤信謹守，多就中國立說；齊學恢宏，《公羊》與《齊詩》多主緯候，詳皇、帝大一統治法。《公羊》多借用《詩》說，鄭君所云「《穀梁》善經、《公羊》善讖」，皇、帝說于《詩》為本義，于《春秋》為假借，然本傳就時令一門推論皇帝，如三統曆則《春秋》本自有，大統義專明本傳天道，竝非假《詩》《易》以立異。

　　鄒子遊學於齊，傳海外九州之學，與《公羊》家法同源。由中國以推海外，人所不睹，由當時上推天地之始，所謂驗小推大，即由伯以推皇、帝，由《春秋》以推《詩》《易》。《公羊》以伯、王為本義，故凡推衍皇、帝商榷實事者，悉見于疏正，注多同《穀梁》。推驗之說，實與《詩》《易》相通。以《驗推》名書，齊學家法本來如此，所以與《穀梁》竝行不悖。

　　公羊舊有新周、王魯、故宋、黜杞、通三統、改文從質諸說，中國無所謂質家，所云親親、尚白，凡事與中制相反者惟泰西為然，故以中西比文質。又泰西文明程度與中國春秋以前政教風俗曲折相同，諸國會盟征伐尤為切合。《春秋》撥中國之亂反之正，中國不足以為世界。傳所謂亂世者，正謂今日世界。春秋之際，天生孔子，由《春秋》推《詩》《易》，為萬世法，今日世界，但以撥中國小統舊法施覆全球，進退維谷，其基礎不外《公羊》矣。

　　古文家以史讀經，芻狗糟粕，為《列》《莊》所預防。古難治今，小不可治大，故廢經之說，中士亦倡言不諱。本傳特表《春秋》之作非樂道堯舜，特為後之堯舜作，與西人先蠻野後文明、進步改良諸說符合，知六經專為俟聖而作，非古皇帝王伯之舊文。所有譏世卿、不親迎、同姓婚、喪娶、君臣上下名分混淆、弒殺奔逐不絕于史，古為中國言者，今乃為西人言之。推方三千里之制于三萬里，此《春秋》所以為六經託始也。

　　《論語》論因革損益百世可知，先儒以《春秋》為救文從質，質敝之後，必再作救質從文之《春秋》而後可。蓋《春秋》所言典制綱常皆百世不改者，所有文質循環皆在其外。立《春秋》以撥亂，名教昭著于禹州。以《春秋》統全球三萬里，中為《春秋》王國者百，諸侯家者百萬，卿大夫身者不可縷數，由中推外，其王、伯各用一《春秋》以自治，脩身、齊家、治國一以《春秋》收其功。所有《大學》裁成損益顛倒反覆，乃皇帝無為無不為，以道德為平中天下作用，必世界九十九禹州皆如中國，用《春秋》改良進步，方足以盡春秋之量而躋太平。

　　學堂古分小大，皆治平事。王伯為小統，屬小學，故春秋以內州為中國、外四州為夷狄，疆宇不出三千里。推之《尚書》三王五千里，皆為小學；至皇帝四表，《詩》《易》土圭三萬里，為大學平天下事。諸經年代最久，惟《春秋》僅二百餘年，故古學堂以王伯為小學、蒙學，至于脩身國家治人之法皆屬小學，皇帝乃為大學學堂立法。宋人誤以《大學》為入德之門，今以《王制》《春秋》為小學、《詩》《易》《周禮》為大學，必小學已明然後可讀《大

學》。先詳小近然後推定大遠,故孔子經說惟《春秋》最詳,漢儒經學亦惟《公羊》獨盛。

以皇、帝、王、伯分配六藝,則齊晉屬伯。然未出皇王,先詳二佐,齊晉早在三王之先,周公已詳《尚書》之末,皇統之周公即春秋之齊晉。《春秋》人事詳伯王而天道屬皇帝,《尚書》詳三王而及堯舜周公,皆帝也。往來行志為小大之分,而《尚書》周公篇、《閒居》以通其意,据周公以讀《詩》而後託比有準則;据周公以讀《春秋》,而後德力有比較。所有皇帝王伯之說,或錯出,或蟬聯,或屬專篇,或備本末。此旨明,羣經迎刃而解。

天下天子為大統正名,小統借用其說,久假不歸,每多蒙混。如中國對海外言,為禹服定名,非指魯,舊說每以中國為天下。又傳之諸夏指南方四州,內本國而外諸夏為《春秋》說,內諸夏而外夷狄則為《尚書》說,凡屬此類,悉於疏中分別解明,以還各經師法。

春秋禮制盡本《王制》,與《周禮》小大不同。由《王制》以推《周禮》,務使皇帝之學可藉《公羊》考見,以為讀《尚書》之先導,使學者以《書》《禮》包括海外,非西說所能逮,廢經之說,庶可以息。將來學堂以王、伯為小學、蒙學,萬人中入小學者不過五百人,小學五百人中入大學者不過二三人,故西書詳于蒙學。小大二學、王、伯、皇、帝皆在中學,循序以求,學半功倍,故學堂章程必須改良。

春秋主桓、文為伯統,以春秋立名即乾坤陰陽為二伯之義,由是以推,合一年為皇,四首時為四岳,月日為諸小國。《洪範》以歲月日屬王與卿士師尹,《緯》皇法太乙,帝法陰陽,王法四時,此傳以年時月日為大一統之師說。六經于歷法無所表見,惟《春秋》編年序次二百四十二年,故《史記》論《春秋譜牒》,以為凡歷人取其歷法也。經以《春秋》名書,見比月日食,皆為明歷法。皇帝大統六歷,全球十二小正藉天道以明大統,兼有皇帝王伯之學,亦如《詩》之兼有興觀羣怨。《公羊》名家多不詳此義,初開此派,未能詳備。

漢師以傳為今學、《左氏》為古學,今以《王制》為王伯、《周禮》為皇帝,不用今古,但別小大。据《王制》以說人事,据《周禮》以詳皇統。《公羊》于天時寓皇統之義,必求典制燦明。傳文多借用《詩》《易》師說,如大一統、王者無外、王謂文王、二伯言周召樂道堯舜之類,皆為皇帝之學。又《春秋》以天統王,天子天王皆歸本於天,所有郊祀及記日食星孛災異皆奉天之事,正

如《顧命》之言皇、后，小中寓大，所謂「大道不止」「道不可須臾離」，皇、帝之法未嘗一日絕於天壤。

皇、帝統天下，王、伯統國家。《春秋》王為主，詳其成敗，為治國立法。諸侯各有社稷人民，備五長體制，由盟主世守。以及弒、㧬、滅、入、奔、走、執、囚以為法戒，所謂有國家不可不知《春秋》。內而公卿大夫士，外諸侯之卿大夫，其賢才保家世守與殺身覆宗昭明法鑒，即《大學》齊家修身事。《春秋》為小學，兼明王、諸侯、公卿、大夫、士得失成敗。凡仕宦學，取材《春秋》無不足。皇帝專詳大學，庶人專詳蒙學。蒙學統于《容經》，以修身為主義。凡農工商賈伎藝實業自謀其身不與治平者皆屬蒙學，故蒙學宜多，大、小學宜少，必千蒙學始得立一小學，合天下惟京師立五大學而止。故仕宦之學全在《春秋》。

讖緯之說，專為微言。俟聖之作，不能不言符應，所有諸讖皆為百世以下全球皇帝言之。《春秋》小九州不能言五帝與三皇，近賢于緯說已通其義，皆知尊奉，唯于讖則未得本義，故說者皆欲存緯去讖。先師所引讖緯凡切合《春秋》者，細為證明；凡為《詩》《易》專說，于《春秋》無干者皆不引用（王吉言《春秋》大一統，《騶氏春秋》即《公羊》騶衍之《皇帝說》）。

三傳本同，自學人不能兼通，乃閉關自固。門戶既異，矛盾肇興。先有自異之心，則所見無非異矣。今於三傳同異化其畛域，凡本傳文義隱者時取二傳以相發明，舊解互異者亦取印證以見匯通，至于差迕之條更為異同表以明其事。疏中於此例頗詳。

先儒有「《公》《穀》詳例、《左傳》詳事」之說，實則二傳事實為《左傳》所無者甚多。蓋古有事傳，傳不言事者，因其事顯著，故弟子不發問。今按上下文義可以意起者，於疏中用《左氏》《史記》說以補之；至於與《左氏》異者亦於疏中詳之。又傳說非出一師，文字不無脫誤，其有未安者，皆於疏中立說以明之；其本傳有義未安者多屬細節，則但於疏云「二傳以為」云云以示其意，不加駁斥。其途雖殊，其歸一也。

自來注不破傳，舊稿采引但取義長，多與傳立異同。今輯錄師說以為正注，一以本傳為主。其先師異說與本傳相違及移傳就經不與本傳相次者，別為《補例》，坿於注中；其有先師誤說本傳無文者，則於疏中正其得失。非為破傳，固自不嫌。

　　三世例舊有三科、九旨、亂世、昇平、太平諸說，今審訂三世例，隱桓為一世，定、哀為一世，自莊至昭為一世；九旨例則于有伯百八十年中分為七等，以前後皇帝王伯為經，隱桓為古三皇世，莊為古五帝世，僖為古三王世，文為古二伯世，宣十八年為所立世，成為俟後伯世，襄為俟後王世，昭為俟後帝世，定、哀為俟後皇世。九世異辭，為全經大綱。今于卷首立《九世異辭表》《隱桓六合圖》《定哀六合十二次圖》《莊僖襄昭八伯圖》《文成二伯中分圖》。世居九變，文義各有異同，其中以《周禮》官府邦國都鄙為之緯。舊解全用邦國一例，于官府都鄙變文少所究心，必分九世而伯王帝皇前後之故可明也。

　　今以《補證》為名，凡佚傳則補傳，師說則補例，解詁未備者務詳之，其所已明者則概從略。自注自疏以自信，精粹者為注，餘文為疏。疏義別出，不定解注，與古注疏體小有異同。

　　《公羊》與二傳異禮異例二事，先師多主分說，遂至歧異。今立參差、詳略二例以統之，悉歸一律。至於異事一條，則如《釋文》例坿記各傳之下。

　　《春秋》義例有必須圖表方能明悉者，舊刊有圖表二卷，今于本傳大統獨有之說別為十圖五表列之卷首。先讀圖表則剛領易尋，又改制大統利益問題及《大統春秋凡例》皆坿于卷首。

　　中外開闢情形大抵相同，中國至春秋，文明略同今西國。孔子作經以明制度、為大例，於春秋時事，進以新禮新制。如親迎、三年喪、不內娶、譏世卿之類是也。今以中法推之全球，亦引《春秋》以譏西人之等親迎事、三年喪、不立廟、人皆主天之誤。《春秋》如良藥，中國病已愈則藥可廢，故中外有廢經之議，不知留《春秋》以醫外證。昔止一人服之，今則九十九人專望此藥，非惟不可廢，且當廣行。

　　《春秋》以謹禍亂、辨存亡為要義，所有安危禍福，舊說多闕，今悉采錄，以明得失成敗之數（《春秋》為外交之基礎）。

　　傳文出于授受，實為孔子所傳。唐宋諸儒好出新意，號為棄傳從經，實則師心自用而已。其風半開於范注。所有攻擊二傳皆范倡之，今彙為一卷，名曰《刪例》，凡後世盛行之說，間于疏中明其謬誤以端趨向。

　　此編推廣《春秋》，以包舉百代，總括六經，宗旨與漢唐以下多所不合，故不盡采用。其有同者，亦屬偶合。不敢攘人之美，至于師友舊聞，亦錄姓氏焉。

通經致用為立學本根，近今文學愚人，害貽王國，大抵經說不能折中一尊、明白切實，人才所以日卑。今以中外分畫典制，務求切實詳明。間列異同，以相印證，使不至採異說以相難。言此編者，須于此三致意焉。

董子之說，精美過于邵公，又詳于陰陽五行，即《公羊》大一統說，文義深奧，未能詳細徵引。又傳善於識今，亦從略。擬約同人專撰董子及緯說，蓋非著專書不能深入推闡，此本門彙既繁，不能再詳二學，亦勢所必然。又傳以大統歸之年、時，推盡其義文，當與人事相埒。此學新起，亦如西人化電，非百年後不能美備。大羹元酒，將來大明精進，以此篇為識途老馬可也。

漢師所有遺說，其明條散見史傳各書者多至數十百見，如悉採拊經傳之下，殊嫌瑣碎。今不盡錄，仿陳左海例別為《先師遺說》四卷，以取簡要。

《公羊》日月例為唐宋以後姤病。譏者固不知本義，而說者亦殊失修理，穿鑿游移，何以為定？今分為三表：一《不為例表》、一《有正無變表》、一《正日正時表》。去前二表，則以例說者不過百條，事既簡明，義亦精審。

《公羊》舊多可駮之論、影響之說，今立求本義，務歸平實，凡舊有為詬病與義未安者，十不存一焉。

近來學派，守舊者空疏支離，時文深入骨髓，尤難滌拔；維新者變本加厲，廢經非聖，革命平權，三綱尊尊，不便其私，尤所切齒。不知禮失求野專指生養而言，至於綱常名教乃我專長。血氣尊親，文倫一致，舍長學短，不知軌甚。卷中于諸條詳加駮正，趨向必端，方足言學。

孔子繙經創制，以空言垂教。自亂法者依託傳義，海內因噎廢食，羣訴《公羊》作俑，甚至以為教亂之書。今于卷首刊《改制宗旨二十問題》以明旨趣，舊刊《春秋圖表》，大統、天道、地球、皇輻帝域與配歲月、官府、六合、都鄙、十二風、九旨、異辭之類，既為新義，非特表不明，故別以大統專圖十圻卷首。又撥亂世反之正，於今日時務最為深切，既因政治範圍中外，倫理教宗、風俗性情，凡足以引導外人開通中智者，亦發皇帝學補救利益百問題。先得全書綱領，庶得迎刃而解。

校讎之難，昔人比于掃落葉。此本倉卒付梓，鈔胥之誤未盡釐正，思誤書是一適，維乞高明加以校正，竝糾其謬誤，所切禱焉。

◎《四譯館外編‧四譯戌書目‧公羊類》：《公羊補證》十一卷（潘序，成都刊本）。

◎則柯軒經學叢書提要：

《大統春秋公羊補證》十一卷統凡例一卷：當今中外交通，智慧互換，政藝新，學術亦不能再守舊。故無論中外，凡百年以前政學各書皆屬塵羹土飯，宜束之高閣，此天下公言也。井研廖氏表彰孔子皇、帝之學，著書二百餘種，《四益》《則柯》兩叢書《提要》集漢宋之大成，發中外之隱奧。其中《公羊補證》一種，藉桓、文之史事，推皇帝之共、球。於中學專主微言大義，漢宋支離空疏之積習一掃而空；於西學以《春秋》文俗勘合時局，《春秋》撥亂世反之正者，指今二十周世界言之也。卷首附《宗旨》《圖表》及《凡例》《百目》，信乎可以汰除中國庠序之積弊。環瀛循軌改良，由亂世進太平者，不外是也。其書擇精取長，包羅萬有，學者手置一篇，不惟經學明，子史、政治、掌故、輿地、外交、脩身、倫理別有簡要，怵可迎刃而解，保存固粹。

又意在通俗，故文義淺顯，與注疏晦塞驟難索解者不同。近日學堂風尚守舊者不免頑固之譏，維新者又倡言廢三綱、尚平權，以是編救之，庶兩無其弊。于廢經革命之說闢之尤力，然皆平心而論，借矛攻盾，足以屨服其心，與尋常肆口謾罵者迥不同。孔子之道兼包中外，以《春秋》為始基，故凡入學堂者不可不先讀此書以為中學西學之根柢。附《春秋圖表》《知聖篇》皆與是書互相發明，以此提倡，鄉國庶比手齊魯乎？！

廖平　公羊解詁商榷　二卷　未見

◎《四譯館外編・四譯成書目・公羊類》：《公羊解詁商榷》二卷（提要）。

廖平　公羊先師遺說求真記　二卷　未見

◎《四譯館外編・四譯成書目・公羊類》：《公羊先師遺說求真記》二卷。

◎蒙文通《經學抉原》：前乎廖師者，陳壽祺、喬樅父子，搜輯《今文尚書》、《三家詩遺說》，而作《五經異義疏證》，陳立治《公羊春秋》，而作《白虎通義疏證》，皆洞究於師法，而知禮制為要，然大本未立，故仍多參差出入，廖師推本清代經術，常稱二陳著作，漸別古今。廖師之今文學故出自王湘琦之門，然實接近二陳一派之今文學，實綜合群言而建其樞極也。

廖平　穀梁春秋經傳古義疏　十一卷　存

四川藏稿本

中科院、重慶市北碚藏光緒二十五年（1899）成都存古書局刻本（收入六譯館叢書）

光緒二十六年（1900）湖南周文煥刻本

國圖、北大、中科院、天津、上海、南京、湖南、河南大學藏光緒二十六年（1900）日新書局刻本

1924 年渭南嚴穀孫刻本

1929 年犍為張榮芳、黃印清刻本

上海、復旦、南京、遼寧藏 1930 年成都鴻寶書社刻本

1931 年渭南嚴氏校刻渭南嚴氏孝義家塾叢書本

民國四川存古書局彙印新訂六譯館叢書本

續修四庫全書影印 1931 年渭南嚴式誨校刻渭南嚴氏孝義家塾叢書本

1967 年台灣文海出版社國學集要二編影印 1931 年渭南嚴式誨校刻渭南嚴氏孝義家塾叢書本

上海古籍出版社 1995 年影印 1931 年渭南嚴式誨校刻渭南嚴氏孝義家塾叢書本

中華書局 2012 年十三經清人注疏郜積意點校本

上海古籍出版社 2015 年舒大剛楊世文主編廖平全集校點本

◎一名《春秋古義疏》《春秋穀梁經傳古義疏》《重訂穀梁春秋經傳古義疏》《穀梁春秋古義疏》《穀梁春秋傳古義疏》、《穀梁古義疏證》。

◎廖宗澤〔註49〕補疏重訂。

◎穀梁古義疏序：西漢五經家學，今惟《春秋》公羊、穀梁尚存。魏晉以來，微言大義晻曶不章，徒以文字異同為左氏家參攷而已。有清中葉，公羊學始大盛而穀梁猶微，著書傳世者，不逮十家，皆未足厭學者之意。蓋公羊家之學，江都《繇露》完書具存，任城《解詁》又依胡母生《條例》，兩大師家法未凸，故治之猶易。《穀梁》則師說久湮，惟有范武子《集解》。范氏以鄭君家法說《春秋》，鑿枘既多，舊義益以泊亂，故治之尤難。近人至以《穀梁》為古文家偽造以坿於《左氏》者，良可喟也。井研先生壯年專精《穀梁》之學，所著《古義疏》數易稿而始定，根原王制，溝通二傳，存漢師之遺說，刪范、楊之野言，較清代補注釋例諸家，倜乎過之。昔阮伯元見孔撝約《公羊通義》，歎為孤經絕學。孔氏書弗能稱是，先生之於《穀梁》，庶近之矣。先生與先文學交最篤。式誨少得侍教，孤露以後，先生時時過從，訓誨有加。既為先文學作家傳集序，乃以此書舊刻疏惡，命為重刊。剞劂甫竣而式誨忽遭橫逆，先生

〔註49〕廖宗澤（1898～？），井研（今四川井研）人。廖平孫。

復貽書當道，遠勤將護。今春方欲躡屬德門，親謁杖履，匆匆未果，而先生赴至矣。哲人云亡，海內同悼，矧託未契，尤所痛心。猶幸是書刊成，足以慰先生於九京，因亟印行之。先生別有外編若干種，惟《起起廢疾》《釋范》二書行世，今坿刻於後，他日當求禮堂遺稿盡刊布之，俾西漢今文家幸存孤學得以益昞於世也。壬申寒露後五日，世姪渭南嚴式誨識於成都賁園家塾。

◎穀梁春秋經傳古義疏敘：穀梁氏之學孑然而垂為孤經也，蓋二千餘年于茲。自漢大司農高密鄭公《起廢疾》謂之近於孔子，其為卜子夏親授與否，可不必疑，然要其衷之於聖，不甚相遠。康成《六藝論》又曰：「《穀梁》善於經」，意必較《公羊》《左氏》為優，而聞見之磝、淵源之真，夫固治《春秋》者之規矩櫫括焉而莫之能越者也。東京而後，漸成絕學。尹更始等五家傳說久佚，延及江左，訾為膚淺，注者張靖、程闡、徐邈諸人，寖以湮沒。幸范氏《集解》厪存，而采用何、杜兩家，難免齗于師法。楊士勳稱其「上下多韋〔註50〕，縱使兩解，仍有僻謬」，信哉！然楊自為書抑〔註51〕又不逮。外此如啖助、陸淳、宋之孫覺／葉夢得／蔡元定輩，雅知折中，而皆未有成書以闡明之。迄我聖清，經師輩出，絕學于是乎復振。凡《穀梁》經傳時有條釋，其散見者不一家。而崇尚專家之學，以溧水王氏芝藻為倡（《春秋類義折衷》，見《四庫存目》）。踵出者陳氏壽祺（《穀梁禮說》）、李氏富孫（《穀梁異文釋》）、許氏桂林（《穀梁釋例》）、侯氏康（《穀梁禮證》）、柳氏興恩（《穀梁大義述》）、鍾氏文烝（《穀梁補注》）。陳之《禮說》未經卒業，餘皆有專刻。惟柳氏之《大義述》彙萃尤備。不意樸學如季平〔註52〕者，又能湛思孤詣，承諸名宿之後，時出己見，冀有以集于成。烏虖！吾惡知當世劬學之士，復有風雨閉門，覃研極精，鏊然有當而竟不于昔賢相讓矣乎！季平曩者來謁于都門，述所撰著《穀梁古義疏》十一卷，十易稾未為定本。今郵其敘例見示，首明古誼，說本先師，推原禮證，參之《王制》。注疏之外，別撰〔註53〕大義，屬辭比事，條而貫之，並綴以表，旁及三傳異同，辨駁何鄭，糾范釋范，靡不加詳。終之以諸國地邑山水圖外篇，都為五十卷。

〔註50〕韋，據《穀梁傳注疏》僖四年楊疏及光緒《井研志》卷十二《藝文》二《經部》二《穀梁古義疏》提要，當作「違」。

〔註51〕光緒《井研志》卷十二《藝文》二《經部》二《穀梁古義疏》提要「抑」作「則」。

〔註52〕光緒《井研志》卷十二《藝文》二《經部》二《穀梁古義疏》提要「季平」前有「廖進士」三字。

〔註53〕光緒《井研志》卷十二《藝文》二《經部》二《穀梁古義疏》提要「注疏之外別撰」作「次鼇全經」。

別白謹嚴，一無遺漏。得其統宗，庶乎鉅觀。執聖人之權，持羣說之平，守漢師之法，導來學之路，不朽盛業其在斯乎！昔董子有言：「《春秋》無達辭」，吾則未之信也。努力訂成，爭先快覩，謬附起予，竊自多已。光緒癸巳八月，同學友生錢唐張預謹敘於長沙使院。

◎重訂穀梁春秋經傳古義疏自敘：《穀梁》顯于宣、元之間不及一世，東漢以來，名家遂絕，舊說雖存，更無誦習。范氏覘其闇弱，希幸竊據，依坿何、杜，濫入子姓，既非專門之學，且以攻傳為能。末學膚受，喜便誦記，立在學官，歷世千載。原夫素王撰述，魯學獨專，俗義晚張，舊解全佚。辛巳中春，痛微言之久隱，傷絕學之不競，發憤自矢，首纂遺說，間就傳例推比解之。癸未計偕都門，舟車南北，冥心潛索，得素王、二伯諸大義。甲申初秋，偶讀《王制》，悅有頓悟，于是向之疑者盡釋而信者愈堅，蒙翳一新，豁然自達，乃取舊藁重錄之。戊子詮釋《公羊》，繼有刪補。庚寅纂述《左氏》，癸巳讀禮多暇，取舊藁重加修訂。雖在會通三傳，而魯學家法不敢稍踰。又舊藁至今十年矣，所說多不同，非大有出入，不悉削之，以存入門之迹。經傳微奧，鑽仰無窮，俟有續得，擬再修補。博學君子，加之匡正，所切禱焉。癸巳三月朔，井研廖平識。

◎重刻穀梁古義疏弁言（鴻寶書社本）：井研大師以經學名海內久矣，間嘗讀《六譯館叢書》，嘆其箸述之富、識見之宏、考訂之精詳，未嘗不低徊磐折。有清以來，樸學大儒輩出，至先生而集大成。斯文所在，共仰斗山，固不待後生末學贊一詞也。今秋先生文孫次山君持舊箸《穀梁古義疏》來示予，並言先生於此書凡十易稿，今耄矣，頗欲及見是書刊成為慰。予閱之，即前湘刊本重經先生點定者。同鄉張君富安願任版賁，適因公赴渝，託予董其事。爰鳩工庀材，校對鈔錄，約期年而全書成。予惟服膺先生久且篤，此書刊行，幸獲先睹為快。爰述始末，用識景仰於萬一耳。民國十八年歲在己巳孟冬，後學犍為黃印清謹識於成都少城之讀未見書齋。

◎重訂穀梁春秋經傳古義凡例：

《穀梁》先師章句微，故著錄班《志》者，魏晉猶有傳本。范氏《集解》不守舊訓，今志在復明漢〔註54〕學，故專以舊說為主，至於范注，聽其別行，不敢本之為說。

〔註54〕日新書局本、鴻寶書社本「漢」作「古」。

《左氏》《公羊》與傳同說一經，不須求異。唯漢以後久已別行，今既別解《公羊》《左氏》，三傳各立門戶，不取苟同，務就本傳立說。然義本相同，後來誤解，因致岐出者，則必化其畛域，以期宏通。

何氏《公羊解詁》與《穀梁傳》說多同，傳文各古本互有詳畧，非取二傳相推反不明著。同者是為推闡本傳，不以膚引為嫌。今注間有與《公羊》《左氏》同者，亦由本傳推得之，非用二傳也。若傳中所存異說與《公羊》同者，依義解之。

《春秋》為萬世立〔註55〕經，《公羊》先師誤以為救文從質，為一時之書，與本書經義不合，今不取之。至於三代之說，皆後王三統之義，何君于注中多所引用。今用其例，於一定之中詳其通變之法。

陸氏《釋文》及本傳異文，諸書所詳，今不暇及。至傳文字誤，新所考訂，皆為標識。有所據改，說見疏中。至於訓詁，人所易明者，不更贅及。

《春秋》問辭，弟子皆有所據，然其據文本，禮制、文句並用。何君以下說《春秋》者引用經中文句而略于禮制一門，多與傳意相迕。今注中據文，半主禮制半主文句。

三傳言禮制者，每傳多各言一隅，必須合考三家方成完說。許鄭訌爭，皆失此旨。今于三傳禮制異同處，據參差互見諸例以說之，務使彼此相發，互文見義，合于禮意為主。不敢輕事杵擊，動成齟齬。

三傳舊例，多文異義同。先師門戶過嚴，彼此相激，不惟不能求益于人，白馬非馬，主張太過，反於本傳有損。今于實不相通者立《三傳異例表》、文異義同者立《三傳同例表》以統之。

三傳事實，末節細端間有差舛，大事明文則無同異。後人吹毛索瘢，察及秋毫而不見輿薪。今將事實確有不同者別立《三傳異事表》。其他詳畧參差，文實諸說可通者，于注中詳之，以見異者千百中之一二，而同者固大且多也。

注以《王制》為主，參以西漢先師舊說，從班氏為斷。初以本師《王制》用單行中字，班氏以下夾行小字，因與經傳混，改為夾注。凡所不足，乃下己意；注所不盡，更為疏之。以疏坿注，故與唐人注疏別行者體例稍異。

《王制》為《春秋》〔註56〕大傳，千古沉翳，不得其解。以《穀梁》證之，無有不合。今作《王制義證》一卷以坿經傳之後，引經傳及師說注之，

〔註55〕日新書局本、鴻寶書社本「立」作「之」。
〔註56〕日新書局本、鴻寶書社本「春秋」作「六藝」。

－850－

以相印證。

　　《國語》為左氏作本，本孔子創作〔註57〕舊說坿會事實而成。為經作傳，所謂「賢為聖譯」也。《史記》本紀、世家又本《春秋》譜牒而作。至《左傳》，《史記》設事解經與傳異者，皆《左》所無，本弟子推考而出，其文當全見《左氏說微》中，非《國語》原文也。今除《說微》舛異之外，疏中引用實事者，以《史記》為主，《左》亦間用之。

　　春秋二伯黜陟，立八方伯、七卒正，存西京，收南服，以九州分中外。內四州國則早封之，外四州國則漸引之。夷狄在九州外，《春秋》小統，不治要荒夷狄，凡經所稱夷戎狄多有諱避而託之，舊說多以吳徐楚秦指為真夷狄者，誤也。楚為南外四州，即為諸夏。內諸夏，外夷狄，則夷狄屬要荒，亦非真夷狄也。

　　屬辭比事，《春秋》之教。事有本末，前人已詳。至於屬、比，殊未盡其義。張氏《辨例編》裒錄此例甚詳，今悉取用，而推本傳例以補之。

　　董子治《公羊》，禮制與本傳實同。凡微文孤證，本傳先師無說，今悉取之，如制度及軍制黜陟之類是也。又杜氏《公子譜》本于劉子政《世本》，是本傳師說，今亦用之。

　　《春秋》新義，不惟損益禮制，名教綱常尤關〔註58〕，統繫制度于一定之中，以三統通其變。至于禮義，百世不變。傳中禮制義理多本此意說之。至傳義與經小別者，于經下注明本意，傳下則就傳義解之。

　　六經〔註59〕取六合之義，又如黃帝六相。《詩》《書》《禮》《樂》為四教，法四時四方；《易》如天，為空文；《春秋》如地，為實事；舉《孝經》而實之。是六經〔註60〕本一貫也。先師說相關之處多引《孝經》《易》《詩》《書》《禮》《樂》為說。今仍其義，以明六經相通之義。

　　春秋改時制，所謂因監損益，擇善而從，託之六經〔註61〕，于時事無關。人多不明此意，流弊甚多。今于各條間輯周制遺文軼事以見《春秋》改變之迹。六經〔註62〕既定，垂法百世，後人不能再言改變矣。

〔註57〕日新書局本、鴻寶書社本「創作」作「六藝」。
〔註58〕日新書局本、鴻寶書社本「尤關」作「實亦在焉」。
〔註59〕日新書局本、鴻寶書社本「六經」作「六藝」。
〔註60〕日新書局本、鴻寶書社本「六經」作「六藝」。
〔註61〕日新書局本、鴻寶書社本「六經」作「六藝」。
〔註62〕日新書局本、鴻寶書社本「六經」作「六藝」。

何君《解詁》引用《京易》《韓詩》，攷博士之說，本同一家，固不別異。今仿其例，凡本傳佚義，取博士說補之。

《春秋》之作，上考三王，下俟百世，大統之法，多由此而推。今立古今二例，上徵帝王六經，下統諸史政治典禮，悉考其沿流焉。

六經〔註63〕疆域以明文言之，《詩》言天道〔註64〕，《尚書》言五服四海之外〔註65〕，《春秋》則但言九州，且就九州分中外，是小莫小於《春秋》，王化由近及遠、由小推大，故《春秋》為六經〔註66〕之始基、帝王之起點（用算學語）。先就九州推詳制度，然後逐漸加增，故漢人首重《春秋》，以六經之學，《春秋》為入門首功，非先讀《春秋》不能讀他經也。

考六藝以皇帝王伯分之，則《春秋》為伯統專書，故孔子云：「事則桓、文。」雖曰伯統，治與王道無殊，故《詩》首《周／召》、《尚書》始羲／和。《詩》云「為王前驅」，《尚書》《春秋》以伯、王分先後，非有優劣於其間。以《詩》論，《二南》即《詩》之《春秋》也。舊解多混同，今略分界畫以存其真〔註67〕。

《春秋》疆宇小，惟小，故於制度記錄詳，且瀛海之外仍名九州。鄒衍由小推大，則大統之法，即由《春秋》而出。然則《春秋》如書家之九宮法，為幼學初階，老宿亦莫能外之者也。

舊用東漢法，於今古分劃甚嚴。壬辰以後，化去今古之迹。丁酉以後，乃著小大之分。六經〔註68〕中分天下三大三小，《周禮》歸入大統，為海外通典之所本。故此本引用說，一依小統。《周禮》專言海外者，一字不敢取用，識者諒之！

按凡例未刊之先，已經數易其稿。癸巳刊入《羣經凡例》者多字誤，今畧為補正，又加四條於後，為丁酉以後續得之說。但雖有此義，不過詳於《易》《詩》二經中。至於三傳舊條，已成定本，於此例殊少〔註69〕涉，不敢因之而

〔註63〕日新書局本、鴻寶書社本「六經」作「六藝」。

〔註64〕日新書局本、鴻寶書社本、光緒《井研志》卷十一《顛倒損益釋例》、光緒《井研志》卷十三《皇帝王伯優劣表》「天道」作「海外」。

〔註65〕日新書局本、鴻寶書社本、光緒《井研志》卷十三《皇帝王伯優劣表》「外」作「內」。

〔註66〕鴻寶書社本「六經」作「六藝」。

〔註67〕此條僅見於鴻寶本。

〔註68〕鴻寶書社本「六經」作「六藝」。

〔註69〕鴻寶書社本「少」作「牽」字。

有移改焉。己亥十月季平識〔註70〕。

◎重訂穀梁春秋經學外篇敘目：

《穀梁》師法，漢初甚微。建武以後無博士，惟顯於宣、元之間，不過三十年。佚傳遺說，殊堪寶貴。今輯孟、荀及宣、元間本師舊說，仿陳左海例作《穀梁先師遺說考》四卷。故注中引用，不復更注所出焉。

諸經皆有舊傳，今傳文乃漢師取舊傳以答弟子問者也，故傳中有引舊傳之文。今仿其例，凡傳與《禮記》《公羊》傳文確為舊傳者，集之以為《舊傳》一卷。

《穀梁傳》有「孔子素王」一語，今佚，見《枚福傳》顏注引。《王制》所謂素王也，注中詳之。更作《穀梁大義》一卷，以素王為主。其中如改制、三世、親魯、故宋、黜杞、尊周、二伯、八方伯、六卒正、外夷狄、進退諸侯〔註71〕，皆從之。

孔子修《春秋》，因魯史，其著述之義，如正名、加損、傳疑、傳信、尚志、謹微、本末之類，別為《穀梁大義》第二卷，專明著錄之義。

《春秋》制義，如奉天、正道、貴民、貴命、重信、親親、尊尊、賢賢、賤利、貴讓、仁義、五倫、權謀、終始、有無、謹始、復仇、明時、法古之類，作《大義》第三卷，專明制義之事。

先師傳經淵源本末，如佚傳、異說、傳受、姓氏、闕疑之類，別為《穀梁大義》第四卷，專明傳經之事。

二傳之例與本傳大同小異，今作《三傳異例表》一卷專明此事。故注中不必詳二傳例。《禮》《事》二表同。

范注中採用鄭君《起廢疾》。按鄭未有深解。舊作《起起廢疾》一卷，以明本義而駁何、鄭，故注中不更存何、鄭說。

范注採用何、杜兩家，全無師法。注中不加駁斥，別取其反傳倍理者為之解說，作《集解糾繆》二卷。至其駁傳之條，則別為《釋范》一卷解之。

傳有總傳當分之，有數傳當別之，有一見，有累言，有相比見義，有數傳方備，有不發傳為省文，有不發傳為別義，有傳不在本條下，有無所繫而發傳，有文同而意異，有文異而意同，有傳此包彼，有傳此起彼。注外別作《釋例》二卷，專以本經依傳比例條考焉。

〔註70〕周按：此段原低一格。
〔註71〕《六譯館叢書》本「諸侯」下有「中國」二字。

天子、二伯、方伯、卒正、微國，尊卑儀注，一條不苟。說《春秋》者略焉。注中最詳此義，別為《十八國尊卑儀注表》以明之。

《春秋》有一見例，以明數見、不見界畫，舊說皆誤與正例相比。注外別作《一見表》以明之。

中外異辭，最為要義，說者略焉。注外別為《內外異辭表》《中外異辭表》以明之。

筆削等差共四五十類，注外別取傳文，作《筆削表》一卷。傳所不詳，依例補之。

進退次第共四五十類，注外別取傳文，作《進退表》一卷。傳所不詳，依例補之。

功罪大小共四五十類，注外別取傳文，作《善惡表》一卷。傳所不詳，依例補之。

爵位等差最為繁雜，今取傳中州國名氏人字不繫，作《爵祿表》一卷。

傳于日月例最為詳備。注詳于本條下，更別作《日月時例表》三卷，如《公羊》之例。

《穀梁》久微，今取定傳議駁本于《穀梁》者，仿董子例，作《穀梁決事》一卷。

劉子政說有外傳逸文，今取之，作《外傳》一卷，以符《藝文志》舊目。

三傳有師說同而所說之事不同者，如緩追逸賊、同盟用狄道之類，注中不復臚入，別作《三傳師說同源異流表》一卷以明之。

《春秋》瑣事孤文，三傳各異，無所是正。此在傳疑之例，孔子所不能信，傳者乃不能不說之。注外別作《三傳傳疑表》一卷，以平三傳之獄。

屬辭比事，《春秋》之教也。今將天王及十八國事經緯本末分國編之，即取《史記》譜牒之說以為之注，作《春秋屬辭表》四卷，注外別作《比事》二卷以見比義。

會盟列敘諸侯，皆有所起，苟無所起，則不見。舊說皆略，注詳說之，別作《中國夷狄爭伯表》一卷，專明會盟列數之義。

方言異稱，華夷翻譯，孔子云：「號從中國，名從主人」，傳舉方言異稱，蓋大例，所包甚廣。注外別作《中外名號異同表》，而以方言坿之。

諸國地邑山水名號最為繁賾，傳中詳其四向，並詳道里數目，此非据圖籍不能。注外別據劉、班之說，更推傳例，作圖一方，并疏解名號于後。

　　《左傳》因《國語》加章句為今本，凡《國語》所略而於經例可疑者，則皆誤解。今將注疏異說標出，為《左傳變易今學事實表》。凡表以外，則皆合於二傳。今取其事實與本傳合而為《史記》《國語》所無，則命成鑑疏之，以「補疏」標題，示區別焉。

　　今學以《王制》為宗，《齊／魯詩》皆魯國今學。劉子受《魯詩》，從之。今于先師外，凡今學各經師說統輯為《王制注疏》。凡本傳禮制不明者取之，已明者但詳出于注疏。

　　傳有從史一例，舊傳解多失。今取經文從史之例，先立一表，而後依事解之。如趙盾、崔杼、陳溺、楚卷、鄭髡之類是也。

　　今學《王制》外有佚文佚義不傳於今本者，將據今學各經傳師說彙輯之，以為《王制佚文佚義考》。凡傳文義不傳於《王制》者，皆就此說之。

　　◎摘錄卷一首云：《春秋》者魯史舊名，孔子有德無位，繙經立教，上則質諸鬼神而無疑〔註72〕，下俟百世聖人六藝之道取法人天〔註73〕。《詩》《書》《禮》《樂》，教分四時，以《易》主天，以《春秋》主地。以疆宇言之，《春秋》就九州分中外，《尚書》及《禮》聲教迄于四海，《詩》《樂》施于海外，所謂六合之內也。《易》專明天道，兼及六合以外，故大莫大于《易》，小其小于《春秋》。以世代論之，《易》無方體，《詩》《書》並列各代，年皆數千，惟《春秋》乃一代專書，年僅二百〔註74〕，記世代甚少，言方輿則甚狹。專作一經，表章典制，故《春秋》為六藝之開宗、治法之權輿。由小推大、由今推古，所謂「見之行事，深切著明」者也。經成以授子夏，子夏傳經，即著大傳，發明大綱，傳示學者。卜商首受《春秋》，故以氏其學。此傳又先師授受，因弟子發問而師引舊傳以答之，與《服問》、《喪服傳》同，故傳中凡引「傳曰」者，即子夏舊傳是也。今本為江公所傳，因其居魯，與《魯詩》世稱魯學。漢時《穀梁》有五家傳本，各有異同，故劉子所引傳文間為今本所無，皆別家佚文也。《穀梁》魯學，篤守師法；《公羊》齊學，間及大統〔註75〕。然舊本一家，大綱巨目，莫不相同。畧有變異，皆為小節。《國語》本左氏傳事之文，本以證明口受，後來弟子掇事編年，坿以《說微》，即今《左傳》是也。形體雖分，毛裏則一。兄弟相尤，外侮頻起。獨抱一經，其禍烈矣。今則化其戈盾以收相

〔註72〕日新書局本、鴻寶書社本「則質諸鬼神而無疑」作「溯源皇帝王伯」。
〔註73〕日新書局本、鴻寶書社本「人天」作「六合」。
〔註74〕鴻寶書社本「年僅二百」作「僅二百四十年」。
〔註75〕日新書局本、鴻寶書社本「間及大統」作「著錄稍晚」。

濟之功，別其系屬以專異宮之敬。凡所不知，敬俟來哲。

　　◎《四譯館外編‧四譯戌書目‧穀梁類》：《穀梁古義疏證》十一卷（張序，湖南刊本）。

　　◎孫殿起《販書偶記》卷二：《穀梁古義疏》十一卷，井研廖平撰。光緒庚子冬月日新書局成都刊。又此書一名《穀梁春秋古義疏》。

廖平　穀梁集解糾謬　二卷　未見

　　◎《四譯館外編‧四譯戌書目‧穀梁類》：《穀梁集解糾謬》二卷。

廖平　穀梁先師遺說考　四卷　未見

　　◎《四譯館外編‧四譯戌書目‧穀梁類》：《穀梁先師遺說考》四卷。

廖平　何氏公羊解詁　一卷　存

　　國圖、上海、復旦、天津、吉林大學、西南大學藏宣統三年（1911）國學扶輪社鉛印張氏適園叢書二集本

廖平　何氏公羊解詁三十論　三卷　存

　　光緒十二年（1886）成都刻四益館經學叢書本（附尊卑表、儀注表一卷）

　　光緒二十三年（1897）成都尊經書局刻本

　　光緒刻蟄雲雷齋叢書本

　　國圖、復旦、重慶、首都圖書館藏宣統三年（1911）國學扶輪社鉛印適園叢書本

　　1921 年存古書局彙印新訂六譯館叢書重印光緒二十三年（1897）成都尊經書局刻本

　　上海古籍出版社 2015 年舒大剛楊世文主編廖平全集點校本

　　◎一名《公羊三十論》。

　　◎子目：《何氏公羊解詁十論》一卷、《何氏公羊解詁續十論》一卷、《何氏公羊解詁再續十論》一卷、《春秋天子二伯方伯卒正附庸尊卑表》一卷、《儀注表》一卷。

　　◎何氏公羊春秋十論目錄：王制為春秋舊禮傳論、諸侯四等論、託禮論、假號論、主素王不王魯論、無月例論、子伯非爵論、諸侯累數以見從違論、曲存時事論、三世論。

◎何氏公羊春秋十論自敘：何君專精《公羊》，超邁東漢；顏、嚴已渺，獨立學官。隋唐以來，號為絕學，學者苦其難讀，駁議橫生。國朝通材代出，信古能勞，鉤沈繼絕，學乃大明。劉、陳同道，曲阜異途，從違雖殊，門戶猶昔。平寢饋既深，匙鑰倏啟，親見癥痕，用新壁壘。竊以解詁頓兵堅城，老師糜餉，攻城無術，用違其方，襲聾有憂，膏肓誰解？《穀梁注疏》，纂述初就，便欲改注《公羊》，獨標元解，用發覆藏。時月無閒，工計未程，綜括大綱，作此十論。豈敢比之權輿，特欲假為繩墨。倘其學思無進，則必依程圖功。假或師友有聞，尚將改絃異計。歲寒書此，藏之敝麓，以卜異日之進退云爾。甲申冬月，瘳平自敘。

◎何氏公羊春秋十論蕭藩跋：國朝經學，超絕古人者得二事焉：顧亭林之論古音、閻百詩之攻偽《尚書》是也。季平專精《王制》，恢復今古舊學，雖原本漢人，然其直探根本，分晰條流，規畫乃在伏、賈之間，西漢以來無此識力。以之比於顧、閻二君，未審何似？近謀刊其《穀梁注疏》，季平以巨帙不易成，又以續有刪訂，未敢付梓，乃以此冊相授，語藩云：「予之治經，以分今古為大綱，大綱未善，何論細節？然舊說蒙蝕已久，近論頗嫌新奇，欲求正師友，殊勞鈔錄，請刊以代寫胥，非敢云刻書也。此事博大，一人精力，疏舛必多，然使能成此一家，未嘗非後學之幸。刊行便於求教，倘蒙先正加之繩尺，正其步趨，聞過知非，當即改正。若其根本失据，無以自立，便當觀棄，繩此頑想，別尋途徑，庶不致罔耗神思。」凡季平所云，非徒謙抑，學人才力既竭，瞻前忽後，每有此況。伏願海內名公不惜餘論，加之教誨，使得彌縫，歸諸完善，則非獨季平一人之幸，余小子亦與有榮施焉。季平撰甚富，巨帙大部未有付梓，因彙刻其小種以為《四益館經學叢書》，皆與此冊相發明。刊成，為識數語于後。光緒十二年十有一月朔日，西平蕭藩跋。

◎何氏公羊解詁續十論目錄：嫌疑論、本末論、繙譯論、隱見論、詳略論、重事論、據證論、加損論、從史論、塗乙論。

◎何氏公羊解詁續十論自敘：前論作於去冬，餘意未盡，綴以新解，更為此篇。昔洪稚存（亮吉）有《春秋十論》，初意效之，故別為編目，不與前並。古人才敏，日試萬言。今經二百日，所得乃僅如此。又且從日夜勞悴、神形交困而來，豈古今之不及，何遲速之懸殊也！乙酉初秋，季平記。

◎何氏公羊解詁再續十論目錄：取備禮制論、襲用禮說論、圖讖論、衍說論、傳有先後論、口授論、參用左傳論、防守論、不待貶絕論。

◎自敘：《解詁商榷》已成，將為《古義疏》，因再罄所懷，作此十論。昔劉申受作《何氏解詁箋》已多補正，特其所言多小節，間或据別傳以易何義。今之所言，多主大例，特以明此事亦有所仿，不自今始耳。丙戌仲春，季平記。

◎《四譯館外編・四譯戌書目・公羊類》：《公羊三十論》（自序，提要，成都刊本）。

◎孫殿起《販書偶記》卷二：《何氏公羊解詁三十論》一卷附《尊卑表》一卷，井研廖平撰。光緒丙戌刊。

◎上海古籍出版社 2015 年《續修四庫全書總目提要・春秋類》「《何氏公羊解詁三十論》三卷附一卷」：蓋平纂述《穀梁》註疏初就，便欲改注《公羊》。其以何休《公羊解詁》「頓兵堅城，老師靡餉，攻城無述，用違其方」，又以劉逢祿《何氏解詁箋》「所言多小節，間或據別傳以易何說」，乃效洪亮吉《春秋十論》而作此書，所論則以綜括大綱為主。光緒十年（1884），撰成《何氏公羊解詁十論》。其論三世例，謂「三世為要例，《解詁》所言，多不得其意。支離遊衍，使人迷炫，此其失也」，又謂「三世之精意，不外遠近二字。苟得其要，無俟煩言。今盡削《解詁》之言三世者，而別自起例以說之」，則似有取於劉逢祿《釋例》。又論時月日例，謂「何氏誤以月為正例，則正例有三等，無以進退，而於二主之間，又添一主，則正變不明，端委朦混，治絲而棼，故使人嗤為牽引射覆，此其巨謬也」，蓋其以時、日為正例，而月則消息其中，乃變例也。又發「素王不王魯」論，以為《公羊》實主「素王」說，而「王魯」說則始於董仲舒，而成於何休也；又謂董子言「王魯」，意仍主「素王」，則盡歸獄於何休也。諸如此類，可見是書於何休之失，多所匡正。光緒十一年，又以「餘意未盡，綴以新解」，成《公羊解詁續十論》。據《年譜》，「先生於此書言今古學混亂之由，及學者應守家法。又言今古學之分在禮制，不在文字義理。又言今古學之宗旨，以為古主法古，今主改制。古主《周禮》，今主《王制》。古為孔子初年之說，今為孔子晚年之說」。十二年，又成《公羊解詁再讀十論》。是書亦頗駁何休，謂「何君囿於風氣，移於俗染，既以獻媚時君，並欲求合時尚，坐此之故，見黜廟堂，非不幸也」，此譏邵公牽引圖讖以解經；又謂「何氏不知源流，昧於先後，以『公羊』為覆姓，以傳為皆胡毋生作，以孔子畏罪遠害，不著竹制，於傳之說，不分早晚，無論純駁，一律解之，此大謬也」，蓋以《公羊傳》歷先後數代先師所作也。前後凡三十篇，是為《何氏公羊解詁

三十論》。此本據上海辭書出版社圖書館藏清光緒十二年成都刻《四益館經學
叢書》本影印。（曾亦）

廖平 校正公羊 一卷 存

四川社科院藏稿本

廖平 擬大統春秋條例 一卷 存

國圖、浙大、吉林社科院藏光緒二十九年（1903）刻本

光緒三十二年（1906）則柯軒刻本

1915 年綏定府中學堂刻本

1921 年彙印新訂六譯館叢書重印光緒三十二年（1906）則柯軒刻本

上海古籍出版社 2015 年舒大剛楊世文主編廖平全集點校本

◎條目：以天為主藉年時月日為大一統，中國為皇極，中英為二伯，据日
本而作，年歲倍春秋，九世異辭，大九州以次而成，引外州成九州，尚德不尚
力，政教並行，爵祿，三法六曆，嚴討賊亂，筆削加損，弭兵息戰，會盟，改
革避諱，大統可收西士之尊親，張三統為三皇，以衍聖公教皇為二代後，百國
名號，南服遷封州舉，大統大同。

◎《四譯館外編・四譯成書目・春秋類》：《大統春秋凡例》（自刊本，附《公
羊補證》內）。

廖平 起起穀梁廢疾 一卷 存

光緒十一年（1885）仁壽蕭藩渭南嚴穀孫刻本

國圖、天津藏光緒十一年（1885）廖氏刻四益館穀梁春秋外編本

河南中醫藥大學藏光緒十一年（1885）福山王懿榮書齋刻本

中科院藏光緒二十五年（1899）刻本

民國四川存古書局彙印新訂六譯館叢書本

1931 年渭南嚴氏校刻渭南嚴氏孝義家塾叢書本

續修四庫全書影印 1931 年渭南嚴氏校刻渭南嚴氏孝義家塾叢書本

上海古籍出版社 2015 年舒大剛楊世文主編廖平全集點校本

◎一名《起起廢疾》。

◎廖宗澤補疏。

◎起起穀梁廢疾序：名、墨者流，正名從質。春秋之巨綱，王道所急務。不善學者，騁辨持巧，主張白馬，窮究非儒，鶩末失本，道由辯息，等吳、秦之自亾，豈施、翟之本義乎？是以漢初博士惟務自達，不憙攻人。雖石渠、虎觀粗存異同，然猶不相指摘。自劉歆奮立《左氏》，諸儒仇之，條其罅漏，互相難訊，掊擊之風，源于此矣。何君自尊所習，乃以尋仇之戈操于同室。鄭君小涉左學，不習《穀梁》，鄉鄰私鬩，何須被纓？乃謬託主人，日尋報復，駁許以外，更復攻何，生事之譏，其能免與？凡屬訟訐之言，並為求勝而作，影射毛吹，有如魑魘。亦且內實不足，乃求勝語言。使或平心，都為賸語。何既制言儇薄，立義矯誣，不事言詮，乃呈嫉妒；鄭則自負博通，攻堅奮翮，反旗倒戈，以相從事；客賓僑主，不復統制。甚或毀棄章服，改從敵人，欲羣經皆有所作，使本義因以愈湮。東漢以來，經學破壞，學者苟設矛盾，便云立國。軍政本務，日就沉淪。古法湮絕，孰任其咎耶？今者三傳之學唯求內理，不鶩旁攻，仁智異端，取裁所見，誠各尋其指歸，莫不互有依据。同者從同，異者從異，似同而異，似異而同，改謬說而各正言，別為十表，坿說其本義。不敢小有左右於其間，以袪好辨之弊。至《公》《穀》同為經學，聲氣相感，神行多肖，何、鄭所錄，恆失本旨。今于各條之下，務申傳旨，二君誤說，間或正之。然惟求足明本傳，不敢希勝《公羊》，少涉攻擊之習。其名《起起廢疾》者，鄭釋間有誤藥，恐為疾憂。故正其箴砭以期眄眩，非云醫藥，聊取用心爾。井研廖平自序。

◎起起穀梁廢疾跋：班固云：「經方者，本草石之寒溫，量疾病之淺深，假藥味之滋，因氣解之宜，辨五苦六辛，致水火之齊，以通閉解結，反之於平。及失其宜者，以熱益熱，以寒增寒，精氣內傷不見於外。諺曰：『有病不治，常得中醫』。」《穀梁》經義完粹，遠過《公羊》。內合禮經，外無激論，所謂百脈沖和，至人無病者也。何氏入主出奴，好甘忌苦，自安贅肬，乃嗤駝背施箴砭于平人，希要功于肉骨，真所謂以瘉為劇、以死為生者矣。鄭君未諳尺寸，不解和齊，厭庸醫之張皇，乃檢方而獻技，以熱益熱，以寒增寒，于是血脈賁亂，關節枯落矣。竊以苟欲制方，務先審病。經絡通利則不需按摹，藥石誤投則反如鴆毒。且血氣周流，自能已疾。故養病之要，自理天和，況乎無因，徒加刀石乎？然而方證具列，傳習已久，苟不明白，恐惑庸愚。倘其不達而嘗，則必求生反死。吾友季平《穀梁古義》全書已成，乃於餘暇備列何鄭原文而加之論辨，作《起起廢疾》一卷。乙酉仲春，謀刊其《古義》，季平謙而未遑。

因舉此冊以相授，校付梓人，旬日而就。九鼎一臠，斯世當不無知味者。光緒乙酉中秋月，姻愚弟蕭藩西屏因刊畢略誌其顛末于此。

◎《四譯館外編・四譯宬書目・穀梁類》：《起起廢疾》一卷（自序，成都刊本）。

廖平 三傳事禮例表 三卷 未見

◎《四譯館外編・四譯宬書目・春秋類》：《三傳事禮例表》三卷。

◎舒大剛、楊世文主編《廖平全集・六譯先生追悼錄・挽聯》：

弟子何敢評師，祇讀公辨《春秋》三傳異同，信事業功名已出康成安定上；儒家豈能佞佛，但律己到蘇韓一流人物，覺奇文絕筆也容釋印大顛求。

（季平千古早著寰瀛，今夏游嘉，應烏尤大佛兩寺住持之求，為之作記，歸而棄世，記此以志不忘。受業峨眉林錦峨挽）

廖平 釋范 一卷 存

光緒十一年（1885）仁壽蕭藩渭南嚴穀孫刻穀梁春秋經傳古義疏附本

國圖、天津藏光緒十一年（1885）廖氏刻四益館穀梁春秋外編本

國圖、河南中醫藥大學藏光緒十一年（1885）福山王懿榮書齋刻本

中科院藏光緒二十五年（1899）刻本

1923 年重印本

1931 年渭南嚴氏校刻渭南嚴氏孝義家塾叢書本

四川存古書局彙印新訂六譯館叢書本

續修四庫全書影印 1931 年渭南嚴氏校刻渭南嚴氏孝義家塾叢書本

上海古籍出版社 2015 年舒大剛楊世文主編廖平全集點校本

◎廖宗澤補疏。

◎弁言：古人注經，例不破傳。鄭君改字，為世所譏。惟范氏《集解》昌言攻傳，觀其序意，直等先生之勒帛，無復弟子之懷疑。唐宋以來，反得盛譽。紀君無識，乃欲左范右何，其猖狂淺陋，信心蔑古，為後人新學所祖，所云「《春秋三傳》束高閣」者，蓋作俑於《集解》矣。夫人之為學，所以求不足，非以市有餘。凡己所昧，求決於書。一語三年，不為遲頓。今先具成見，然後治經，苟有錯盤，無復沈滯。但己所昧，便相指摘。公孫龍子云：「教而後學」，後學若此者，直教而無學矣。絕古人授受之門，倡後學狂悖之習，王、何之罪豈相

軒輊乎？檢所駁斥，初亦懷疑，積以期月，便爾冰釋。乃知所難，尚為膚末。甲申初冬，條立所難，敬為答之。《起廢》《糾繆》以外，得專條二十事。誠知淺薄，所列未敢必合於先師。然而小葵轉日，其心無他。不似范氏恣睢暴厲，借儈人之刃而自戕其同室也。乙酉三伏，廖平自序。

◎《四譯館外編・四譯成書目・穀梁類》：《釋范》一卷（自序，成都刊本）。

◎孫殿起《販書偶記》卷二：《重訂穀梁春秋經傳古義疏》十一卷外篇敘目一卷、《釋范》一卷《起廢疾》一卷，井研廖平撰。其孫宗澤補疏。近渭南殿氏孝義家塾刊。

◎上海古籍出版社 2015 年《續修四庫全書總目提要・春秋類》「《重訂穀梁春秋經傳古義疏》十一卷、《釋范》一卷、《起起穀梁廢疾》一卷」：《春秋》三傳，《公羊》之學盛於前漢，《左氏》之學盛於後漢，若《穀梁》學唯顯於宣、元間，前後不過三十年。是故其師法久湮，著書傳世者不逮十家。雖有范寧《集解》，猶依附何、杜，不守舊訓，以反傳為志，方鑿圓枘，汩亂舊義實多。廖平「痛微言之久隕，傷絕學之不競」，遂撰《穀梁春秋經傳古義疏》，自光緒七年（1881）至十九年，前後十餘年，增補不輟，數易其稿。《穀梁》與《公羊》雖皆屬今文經學，然其地位歷來有差。皮錫瑞《經學通論》以為，「《春秋》有大義、有微言，大義在誅亂臣賊子，微言在為後王立法。惟公羊兼傳大義、微言；穀梁不傳微言，但傳大義；左氏並不傳義，特以記事詳贍，有可以證春秋之義者」，則今文家以《公羊》為正、《穀梁》為副，似已成共識。然廖平頗不謂然，以為二傳同授自子夏，而有魯學、齊學之分。蓋魯學善以禮說經，齊學善以緯說經。《穀梁》屬魯學，篤信師說、謹守家法，多就中國立說；《公羊》屬齊學，治學恢弘、多主緯候，詳皇帝大一統之法。平以今古學之別不在文字，而在改制與否。就禮制而言，《周禮》為古學之大宗，乃周公遺存之禮樂舊制；《王制》為今學之大宗，乃孔子所訂之一王新法。乃以《穀梁》證《王制》，其禮制無所不合；《公羊》與《王制》，則有所合有所不合。鄭玄亦曰：「《公羊》善於讖，《穀梁》善於經。」故《王制》可為《春秋》之大傳，而《穀梁》乃《春秋》之正宗。廖平又以《公》、《穀》雖皆主改制，但對改制之理解並不相同。《穀梁》之義，六經既定，垂法百世，後人不能再言改變。孔子以《春秋》為萬世立法，而公羊先師誤以為救文從質，僅為一時之書。故素王撰述，魯學獨專。此書之作志在復明漢學，乃根原《王制》，溝通二傳，存漢師之遺說，而刪范楊之野言，多從班氏為斷。凡所不足，乃下己意，注所不盡，更為疏之。

平針對范氏《集解》信心蔑古、倡言攻傳，又撰《釋范》一卷，臚列專條二十事，以駁范注之非。昔日何休襃《公羊》而貶《左》、《穀》，著《穀梁廢疾》以相責難。鄭玄作《起廢疾》以應之，致同室操戈，彼此攻訐，啟口舌之辯，而淆亂大義，經學由是以衰。平為祛好辯之弊，故撰《起起穀梁廢疾》一卷，務申本傳之旨，間正何、鄭之誤，平二君之意氣，通二傳之神形。此書以發明古誼、推原禮證為主旨，於古義頗多創獲，使孤經絕學於千年之下一朝復明，可謂厥功至偉。張預更盛讚其「執聖人之權，持群說之平，守漢師之法，導來學之路」。清世《穀梁》之學，唯鍾文烝《穀梁補註》可與此書相比倫。此本據浙江圖書館藏民國二十年渭南嚴氏校刻《渭南嚴氏孝義家塾叢書》本影印。（齊義虎）

廖平　四益館穀梁春秋外編敍目　一卷　存

國圖、天津藏民國四川存古書局彙印新訂六譯館叢書本

上海古籍出版社 2015 年舒大剛楊世文主編廖平全集點校本

廖平　五十凡駁例　一卷　存

1942 年圖書集刊第四期刊廖季平未刊稿本

上海古籍出版社 2015 年舒大剛楊世文主編廖平全集點校本

◎一名《五十凡駁正》。

◎附錄《論赴告例》《論同盟例》。

◎摘錄卷首：自東漢末，解《春秋》之書始有以「凡」為名者。賈氏《條例》、杜氏《釋例》，其始皆謂之凡，後世所謂凡例是也。《戴禮》之以「凡」見不下數十，《周禮》亦數百見。蓋「凡」為總括條件之辭，《左傳》一書，言「凡」者五十二見。傳多釋例之文，為統括之詞，與散見諸條，學同一律，非由彼此之分（上二十字依別一稿補）。偶然言「凡」，偶然不言「凡」，大約言「凡」者文義詳備，包舉其終始正變而言。其單文孤詣，雖與言「凡」者文義相同，傳不再言「凡」，以從省約。故劉歆以後，穎、鄭、賈、服皆混同一視，於杜氏所謂言凡不言凡者，初無新舊之別。杜氏解經力反漢儒，自成一派，突以言凡不言凡分為新舊（上十一字係補入）。乃雜錄其中言「凡」者五十條。因有二凡同在一條，遂附會《易經》「大衍之數其用四十有九」之說，以此五十凡為周公所創魯史之古例，其數目直做大衍之數。後世言《左氏》者，遂動稱五十

凡，真若為周公所頒者。審如是說，則五十條譬如後世修史之例，每條各有精義，皆為經文之特例，不重複不混雜，別無遺漏，炳然如日月列宿，各占部分，各有星體之不同。又如《易》之六十四卦，然後可標舉以為魯史所遵，確然不移。有此五十門類之同，然後可示學者，以為讀《左氏》者先從此五十凡以入手。

◎摘錄卷末：以上諸條，皆杜氏所謂不言凡者。若以「凡」字冠其首，依然文義詳明，與言「凡」者一律相同（唯太子稱狐卿，會三修不能加「凡」字）。非有古今文字之異、前後禮制之殊，可見《左氏》文筆隨宜，時或言凡，時或不言凡，亦傳記立言之常，初無容心於其間也。杜氏號稱「左癖」，乃以言「凡」者為周公舊例、不言「凡」者為孔子新例，劃分畛域，獨創異說，全反漢義。一若麟經摹仿古凡，悉仍舊貫。審如是說，則舊例當與新例不符。乃通考傳文，其言「凡」與不言「凡」者，莫不互相補助，水乳交融，合之兩美。皆所以解釋經義，全出自筆削之後。故孔前絕無模範之文也。自杜氏誤以言「凡」者附會周公，致後儒說經，皆謂周公制禮作樂，施行後世。其弊至於伏羲畫卦、文王演易、《詩》采歌謠、《書》記史事，聖作六經，僅餘麟筆，而體例又垂法於前。尼山俎豆，下等濫竽，庠序天魔，莫此為甚。今輯盲左傳文，證明袞鉞之誅。緯曰：「聖不虛生，必有所制」，天縱斯文，以言立教。夏殷則文獻無徵，《春秋》則知罪自疢。事屬創新，文非史舊，雅言正名，從心運矩。朝廟雖覘制度，柱史無所遺留。《中候》成書，驗推大統，周公且聽從位置，有才如美，不吝足觀，以旦代身，夢衰已久。微言託古，方信好以自謙，而逐末忘本者流，猥以謷說掩之。前之弟子，人人異端，各安其意。左氏懼失其真，作傳以伸張玄諦。素王素臣，先師評定矣。今杜氏又增異議，舉解經推例之凡，概歸周史，其矯誣《左傳》者害猶小，其顛倒聖經者害實大也。故具論之。

◎《四譯館外編・四譯戎書目・左氏類》：《五十凡駁正》一卷。

廖平　再箴左氏膏肓　一卷　存

1935 年井研廖氏刻本

民國彙印新訂六譯館叢書本

上海古籍出版社 2015 年舒大剛楊世文主編廖平全集點校本

◎一名《箴箴左氏膏肓》。

廖平 張氏屬辭辨例編 十卷 未見

◎《四譯館外編・四譯戌書目・春秋類》：《張氏屬辭辨例編》刪訂本，十卷（自序）。

廖平 左氏春秋考證辨正 二卷 補遺 一卷 存

光緒三十三年（1907）四譯館鉛印本

南京藏 1935 年井研廖氏刻本

華東師範大學出版社 2020 年排印廖平集陳緒波校注本

北京燕山出版社 2020 年何俊編清代今文經學文獻輯刊影印光緒三十三年（1907）四譯館鉛印本（與經話甲篇二卷合編）

上海古籍出版社 2015 年舒大剛楊世文主編廖平全集點校本

◎一名《劉申綬左氏考證辨正》《左氏考證辨正》。

◎補遺增補八條。

◎目錄：敘例。卷上：隱公篇、桓公篇、莊公篇、閔公篇。卷下：僖公篇、文公篇、宣公篇、成公篇、襄公篇、昭公篇、定公篇、哀公篇、證讀經之謬、附證。

◎左氏春秋考證辨正敘例：

宋林栗以《左傳》「君子曰」為劉歆所羼，尚不疑及解經之文。至劉氏作《考證》，用《公羊》以駁《左傳》，遂以解經皆出劉歆偽撰。近人崇信其說，皆以為《左傳》本不解經，劉於《左傳》刪去解經之語以還《左氏》之舊，如龔定菴《左傳決疣》之類是也。杜氏解經多失傳意，誠有可疑，若因杜疑傳，欲相甄別，則門戶之見，失之未考。今欲申明《左氏》，必先破劉說，故備錄其文而條辨之，然後《左氏》可申。《史記》引《左傳》解經說五十條（別有《史記引用左傳經說考》一卷），則師說出於先秦，非劉歆所羼明甚，然《考證》之說盛行，非條辨之不足以盡祛謬誤。

初以《左氏》傳例即歆傳，所謂章句出於歆；及考《五行志》引「說曰」在劉歆前，歆說、《左氏》說多今傳中皆無其語；又歆說例多同二經，與傳小有參差，傳本又多缺略，使歆為之，當不如此。且杜氏所引而攻之之劉說，多與本傳文義不甚切合，故不用《考證》之說。

劉歆偽羼《周禮》，其事甚明，後人因同為劉氏所傳，遂並《左氏》而疑之。考劉歆集，初年全用博士說，晚乃立異。欲知其年限，因考《王莽傳》，

乃知《周禮》之出在王莽居攝以後。《王莽傳》上言《周禮》者只二事，在居攝後，中、下以後則用《周禮》者十之七，可見《周禮》全為王莽「因監」而作，居攝以前無之。如天子十二女，博士說也；百二十女，《周禮》說也。《莽傳》上用十二女（莽納女事），《傳》下用《周禮》說（莽自取一百二十人），使《周禮》早出，抑劉歆早改《周禮》，則當時必本之為說，何以全無引用？「發得《周禮》，以明因監」，是《周禮》始出，多為迎合莽意而作。今定《左傳》出於王莽居攝以前，為古書；《周禮》出於居攝以後。《周禮》未出，《左傳》亦為今學；《周禮》出以後，東漢儒者乃將《左傳》亦牽率入於古學也。因《考證》間用《周禮》疑傳，故並及之。

國朝攻《左氏》經例者不止劉氏一家，然皆以劉為主。劉為本根，餘皆枝節。今先去其本根，餘自瓦解，故不外及。

廖平 左氏春秋學外編凡例 一卷 存

民國彙印新訂六譯館叢書本

廖平 左氏古經說讀本 四卷 未見

◎《四譯館外編・四譯戌書目・左氏類》：《左氏古經說讀本》四卷（提要，成都刊本）。

廖平 左氏集解辨正 二卷 未見

◎《四譯館外編・四譯戌書目・左氏類》：《左氏集解辨正》二卷（提要，成都排印本）。

廖平 左氏群經師說考 二卷 未見

◎《四譯館外編・四譯戌書目・左氏類》：《左氏群經師說考》二卷。

廖平 左氏天學考 四卷 未見

◎《四譯館外編・四譯戌書目・左氏類》：《左氏天學考》四卷。

廖平 左氏源流考 一卷 未見

◎《四譯館外編・四譯戌書目・左氏類》：《左氏源流考》一卷。

廖平 左氏傳長編目錄 存

四川存古書局 1921 年彙印六譯館叢書本

廖平 左傳杜氏五十凡駁例箋 一卷 存

1942 年圖書集刊第五期刊廖季平未刊稿本

上海古籍出版社 2015 年舒大剛楊世文主編廖平全集點校本

廖平 左傳漢義補正 二十卷 未見

◎一名《左傳漢義證》。

◎《四譯館外編・四譯宬書目・左氏類》：《左傳漢義補正》二十卷。

◎左傳漢義證二十卷序：唐人設科以《左氏》為大經，固以卷帙繁重，亦因晚出，師法闕亡，貫通者希，故與《戴記》同號雖治。范升謂《左氏》授受無人，孝平以後乃暫立學，不如二傳師說詳明，其難一也。太常指為不傳《春秋》，傳中義例圖說史事，與經例不同，二也。史稱左氏《春秋國語》，《劉歆傳》云：「引傳釋經，由是章句理解備焉」，近人遂疑解經為歆附益，三也。古文博士各立門戶，傳為劉立，《異義》引為古學，而禮說不同《周禮》，或古或今，疑不能明，四也。三傳同說一經，自異則嫌於迕經，隨同又疑於反傳，五也。全經要例，《公》《穀》文詳，本傳多僅孤證，欲削則疑於本有，補之則近於膚引，六也。古先著作惟存杜氏，通塞參半，高下在心，未可依據，七也。漢師根據《周禮》，閒乖傳義，一遇盤錯，皆沒而不說，八也。六朝以來辨難皆在小節，不究經義，無所采獲，九也。《公》《穀》既已紛爭，攘臂助鬥，更形輵轇，十也。積茲十難，久為墜學。季平素治二傳，近乃兼治《左氏》。庚寅成《經說》十二卷，舟車往反，相與辨難，因得盡悉其義。季平經營《左氏》已久，倉卒具草，固無足奇。然巨經墜學，隱義難通，卒能犯險攻堅，拾遺繼絕，不可謂不偉矣。維其長義，凡有廿端：傳為解經而作，以經為主，經例著明，則三傳皆在所統，一。先成二傳，洞澈異同，補治《左氏》，故舉重若輕，二。以《左氏》歸還今學，理古學牽引之失，攷《王制》合同之妙，一貫同源，門戶自息，三。以編年解經出於先師，非《左氏》之舊，則傳義與博士舊說皆明，四。據《史記》為始師，則傳非古學，說非劉屬，不待詳辨，五。於傳經立異，經見義一例，傳不合經者，可借以見筆削之旨，反為要例，六。據傳不以空言說經為主，推攷事文，多關義例，雖同二傳，非由竊取，七。三傳大綱

皆同，小有參差，不過百一，別立異同諸表，既喜大同，又免揉雜，八。取《戴記》為舊傳，六藝子史莫不同條共貫，闢國百里，如日中天，九。無傳之經說多詳於別條，鉤沉摭佚，具見詳備，十。杜氏通塞相防，周孔錯出，盡刊新舊之誤，不遺斷爛之譏，十一。據《五行志》所引劉氏諸條皆不見傳。知劉無附益，莊公篇甯闕毋補，尤見謹嚴，說皆舊文，乃足尊貴，十二。於傳中推出新例，確為授受微言，傳專傳經，不為史文，二傳不書諸例皆得證明，十三。別出《經說》，附經而行，與二傳相同，則傳本三家，可以共用，古經易於誦習，二傳事實易明，十四。據《移書》不言授受，偽撰淵源，無從附會，十五。同盟赴告，《公》舉諸義例皆以為史法，今據本傳證為經例，然後知傳非紀事之史，十六。三傳事、禮、例舊說以為不同者，今攷證其互文、參差、隱見諸例，不惟不背，反有相成之妙，十七。傳例不全，今就傳文為之推攷等差正變，作為《補例》，每立一義，皆從傳生，不苦殘佚，又無嫌膚引，十八。筆削為《春秋》所重，三傳但詳其筆削，說則畧焉，今將不見經事依經例編成一書，刪削乃詳，因其所棄知其所存，十九。賢者作傳，祖述六藝，故不獨傳《春秋》，凡所引用，多屬六藝微言，今搜攷韋經佚說，並由傳以通羣經，廿。有此廿長，故足以平茲十難。余初學《公羊》用武進劉氏說，以為《左》不解經，今觀所論述，凡余之素所詬病者皆非傳義。且旌旗既改，壁壘遂新，不惟包舉二傳，六經亦藉以愈顯。吁，何其盛也！自來說三傳者皆有門戶之見，入主出奴，不能相通。季平初刊《凡例》亦屬分途，乃能山〔註76〕疑而信，深探本原。禮樂刑政本屬故物，為註誤者所蒙蔽自絕者二千年，一旦歸依故國，復覩冠裳，此非季平之幸，乃傳大幸也。鄭盦師既為之序矣，時余方治《周禮》，力申本經，與季平宗旨小別，然通經致用，詳制度而畧訓詁同也。二經皆為世詬病，歸獄劉歆，今正前失，搜佚義，彌縫禦侮，以期存亡繼絕者，又相合也。既歎季平之勤，自感著述之苦。故論其難易之故以歸之，殊未足自盡其意也。宋育仁序。

廖平 左傳經例長編 一卷 存

國圖藏抄本

上海古籍出版社 2015 年舒大剛楊世文主編廖平全集點校本

◎分正義、辨正、旁證、史例、傳例、補例、存異、闕疑等目。

〔註76〕光緒《井研縣志・藝文》「山」作「由」。

◎廖宗澤《六譯先生年譜》光緒二十四年戊戌：是年，張之洞延通經之士纂《經學明例》，梁編修致廣州楊惇甫戶部電云：「湖北現辦纂書尊經學，依《勸學篇‧守約》卷內體例等七條，《詩》《儀禮》已有，廣雅公最重公品學，請擇一二經，先編《明例》一卷寄來。」按《經學明例》之作，始於甲午以前，門人廖平為《左傳經例長編》，先撰數條以發其凡。而合川張森楷助之，先為《史微篇》，略採《史記》十二紀、年表、世家各編，用《左氏》之文及其解經之說，以折劉逢祿《左氏春秋考證》之妄。其有乖違，特申長義，必不可通，亦從蓋闕。意在申《左》，而以史證之（見森楷所為《合川志》）。《易例長編》則屬之宋育仁。育仁在京，又囑王繩生、黃秉湘、曾鑑分纂。凡四十門，繩生撰十八門，曰當名、爻位、往來、中爻、變化、治平、圖書、會通、興作、知來、時義、典禮、修德、卜筮、始終、性理、精義、古易，其書兼採漢唐宋諸儒及近代經學家之說。約以書成寄鄂，此稿未見，黃、曾所纂不詳。

廖平 左傳三十論續三十論 未見

◎《四譯館外編‧四譯戍書目‧左氏類》：《左傳三十論續三十論》（自序）。

林伯桐 春秋左傳風俗 二十卷 佚

◎一名《左傳風俗》。

◎金錫齡《劬書室遺集》卷十六《林月亭先生傳》：其著述甚富，已刊者《毛詩通攷》、《毛詩識小》、《史記蠡測》、《供冀小言》、《古諺箋》、《士民冠昏喪祭儀攷》、《公車見聞錄》、《修本堂稿》、《月亭詩鈔》，未刻者《易象釋例》、《毛詩傳例》、《春秋左傳風俗》、《三禮注疏攷異》、《禮記語小》、《說文經字本義》、《古音勸學》、《史學蠡測》、《讀史可興錄》、《兩粵水經注》、《粵風》、《日用通攷》、《性理約言》、《修本堂詩文續集／外集》、《耕話》、《安宅規模》等稿，悉燬夷火，學者以未讀全書為憾焉。

◎張之洞《書目答問》卷一《經部》：《春秋識小錄》九卷、《職官考畧》三卷、《地名辨異》三卷、《左傳人名辨異》三卷（程廷祚。繺莊遺書本。珠塵本。林伯桐《春秋左傳風俗》二十卷，未刊）。

◎林伯桐（1775～1844），字桐君，號月亭。廣東番禺人。少從勞莪野潼遊，相與研究理學，得力尤深。嘉慶六年（1801）舉人。道光六年（1826）試禮部歸，父已卒，遂不復上公車，一意奉母，教授生徒百餘人。粵督阮元、鄧

廷楨皆敬禮之，元延為學海堂學長，廷楨聘課其二子。二十四年選授德慶州學正，閱數月而卒於官。工詩文，好為考據之學。著有《易象釋例》十二卷、《易象雅馴》十二卷、《毛詩通考》三十卷、《毛詩識小》三十卷、《毛詩傳例》、《三禮注疏攷異》、《禮記語小》、《春秋左傳風俗》二十卷、《說文經字本義》、《古音勸學》、《古諺箋》十一卷、《粵風》四卷，《兩粵水經注》四卷、《供冀小言》二卷、《讀史可興錄》、《史學蠡測》三十卷、《史記蠡測》一卷、《冠婚喪祭儀孝》十卷、《日用通攷》、《性理約言》、《修本堂詩文續集》、《修本堂詩文外集》、《耕話》、《公車見聞錄》四卷、《修本堂稿》四卷、《月亭詩鈔》二卷、《安宅規模》等。

林昌　春秋比事錄　佚

◎孫葆田《山東通志》卷百二十七《藝文志》第十：二書見《府志》。

◎林昌，字皋言，號九峯，別號大笠子。山東棲霞人。乾隆三十五年（1770）舉人。歷官祿豐知縣。著有《毛詩審音》《周禮讀本》《春秋比事錄》《公穀窺豹》《四書尊聞錄》。

林昌　公穀窺豹　佚

◎孫葆田《山東通志》卷百二十七《藝文志》第十：二書見《府志》。

林昌彝　春秋地理考辨　佚

◎林昌彝《林昌彝詩文集・前言》〔註77〕：林昌彝一生著作等身，其中以治經的著述為最多，據他集中自述，就有《三禮通釋》、《詩玉尺》、《讀易寡過》、《今文尚書二十九篇定本》、《左傳杜注刊誤》、《禮記簡明經注》、《說文二徐本互校辨誤》、《溫經日記》、《小石渠閣經說》等；據桂文燦《經學博采錄》知他還有《六朝禮記集說補義》、《荀卿子禮釋》、《伏生書傳》、《三代佚禮考》、《陳氏禮書考誤》、《段氏說文注刊誤》、《衛氏禮記集說補義》、《春秋地理考辨》、《聖學傳心錄》、《士林金鑑》等著述；另有五部詩話性的著作：《射鷹樓詩話》、《海天琴思錄》、《海天琴思續錄》、《敦舊集》、《詩人存知詩錄》（後兩種未刊）。至於詩文編集，則有《衣讔山房詩集》八卷、《小石渠閣文集》六卷及《賦鈔》、《詩外集》各一卷。

〔註77〕王鎮遠、林虞生校點。上海古籍出版社 2012 年版。

　　◎林昌彞（1803～1876），字惠常，又字薌溪，別號茶叟、硃疤山人、五虎山人。侯官（今福建福州市）人。道光十九年（1839）舉人。嘗從何紹基學，為魏源摯友。咸豐三年（1853）進呈所著《三禮通釋》，特授教授。先後主福建建寧、邵武兩府教席。同治元年（1862）講學廣州海門書院。晚年往來於閩粵兩地，多事著述。著有《讀易寡過》、《詩玉尺》、《今文尚書二十九篇定本》、《伏生書傳》、《三禮通釋》二百八十卷、《禮記簡明經注》、《六朝禮記集說補義》、《衛氏禮記集說補義》、《三代佚禮考》、《陳氏禮書考譌》、《春秋地理考辨》、《左傳杜注刊訛》一卷、《三傳異同考》一卷、《古韻考》、《段氏說文注刊譌》、《說文二徐本互校辨訛》、《溫經日記》、《小石渠閣經說》、《聖學傳心錄》、《硯耕緒錄》、《士林金鑒》、《破逆志》、《射鷹樓詩話》二十四卷、《海天琴思錄》八卷、《海天琴思續錄》八卷、《小石渠閣文集》六卷、《小石渠閣詩外集》一卷、《小石渠閣賦鈔》一卷、《衣薖山房詩集》八卷、《衣薖山房詩外集》一卷、《敦舊集》八十卷、《師友存知詩集》三十卷。

林昌彞　三傳異同考　一卷　存

　　國圖、廣西壯族自治區藏同治十年（1871）林氏廣州刻本

林昌彞　左傳杜注勘訛　一卷　存

　　國圖藏同治十一年（1872）廣州刻本

　　國圖藏 1932 年羊城刻本

　　國家圖書館出版社 2012 年宋志英選編左傳研究文獻輯刊影印同治十一年（1872）廣州刻本

　　◎林昌彞《小石渠閣文集》卷二《左傳杜注勘譌自序》：《春秋》一書，《左氏》為備。而漢儒注解，則服氏最為精。而杜氏則襲賈、服說，掩其名而以臆亂之者也。梁陳間未有習服氏《春秋》者，李延壽曰：「晉世杜豫注《左氏》，豫元孫坦、坦弟驥，於宋朝並為清州刺史，傳其家業，故齊地多習之。」是豫之子孫多顯貴，故其書行而服氏莫能與爭。惟梁之崔靈恩申服難杜，著《左氏條義》以明之。時有虞僧誕作《申杜難服》以答靈恩，而河北學者確守服氏，其不邁者獨魏郡姚文安，而文安作難服氏七十七條，名曰《駁妄》。李崇祖即申明服氏，名曰《釋謬》。兩家之優劣可知矣。《王元規傳》云：「梁代諸儒相傳為左氏學者，皆以賈、服之義難駁杜豫，凡百八十條。」元規引證通析，無

復疑滯，著《春秋發題辭》及《義記》十一卷，而小劉規杜過至三百餘事，則公論不可誣也，今特勘其疏繆者。

林春溥 春秋經傳比事 二十二卷 存

國圖、蘇州、遼寧藏咸豐元年（1851）侯官林氏竹柏山房刻竹柏山房十五種本

續修四庫全書影印上海辭書出版社藏咸豐元年竹柏山房刻本

國圖出版社 2009 年賈貴榮宋志英輯春秋戰國史研究文獻叢刊影印咸豐元年（1851）侯官林氏竹柏山房刻竹柏山房十五種本

◎春秋經傳比事序：傳《春秋》者，左氏尚矣。自杜元凱始分經之年與傳相附，讀者便之。元明以來，又有分年之事與傳相比者，如郝經之《春秋三傳折衷》、安熙之《春秋左氏綱目》、曾震之《春秋五傳》（始《左氏》，次《公羊》《穀梁》《胡氏》，而取止齋陳氏之說附於後）、鄭玉之《春秋經傳闕疑》、陳氏之《春秋類編》、李廷機之《左傳綱目定註》。據朱彝尊《經義考》惟鄭、李二書尚存，余惜未見也。今坊刻有吳蘭陔鑒定之《春秋左傳》，蓋以仁和張岐然《春秋五傳》為藍本者。然其經出入三傳，例既不純，編次年月經傳錯互之處，先後又多失倫，非善本也。余向讀《左傳》，每苦其繁，思稍節以為讀本。久而攷其始末而後知其不可刪也。非惟不可刪，其有經無傳者，且惜其略也。於是參之《公》《穀》以廣其義，附以《國語》《史記》以補其遺。而又懼其雜而複也，慎而取之。其經則專以《左氏》為主，而附註其異文。析傳以附經，亦離經以就傳。傳之日月或與經異，則兩不相蒙遺就者，註其原次於下。有傳無經者，以圈別之。其每年逸事不知何月者，附錄於後。孔子曰：「屬辭比事，《春秋》教也。」余既上紀古史下紀戰國，而於《春秋》尤不可無述也。故成此編，使三書相為首尾云。道光二十有一年九月甲寅，三山林春溥序。

◎嘉慶至咸豐間刻《竹柏山房十五種》第一種《開闢傳疑》卷首《竹柏山房家刻總目》（外《羅源縣志》三十卷，官刻不計）：《開闢傳疑》二卷，道光乙未刊。《古史紀年》十四卷，道光丁酉刊。《古史考年異同表》二卷（有後說），道光戊戌刊。《武王克殷日紀》一卷，道光乙未刊。《滅國五十考》一卷，道光乙未刊。《春秋經傳比事》二十二卷，咸豐辛亥刊。《戰國紀年》六卷（前有輿圖後有年表），道光戊戌刊。《竹書紀年補證》四卷（有後案），道光庚子刊。《孔孟年表》二卷（有後說），嘉慶丙子刊。《孔子世家補訂》一卷，道光甲午刊。《孟

子列傳纂》一卷，道光甲午刊。《孟子外書補證》一卷（後有考），咸豐甲寅刊。
《四書拾遺》五卷，道光甲午刊。《古書拾遺》四卷，咸豐癸丑刊。《開卷偶得》
十卷，道光己酉刊。《宜略識字》二卷（以下袖珍），嘉慶丁丑刊。《識字續編》
一卷（共三種），道光丙申刊。《論世約編》七卷（共九種），嘉慶癸酉刊。《閒居
雜錄》二卷，咸豐甲寅刊。《新墨入彀》四卷（以下制義），嘉慶庚辰刊。《鼇峰
課選大題》十卷，咸豐癸丑刊。《鼇峰課選小題》五卷，咸豐癸丑刊。《鼇峰課
選古學》二卷，道光丁未刊。

◎嘉慶至咸豐間刻《竹柏山房十五種》第一種《開闢傳疑》卷首咸豐五年
三山居士鑑塘撰《竹柏山房家刻總目序》：甲午以後，始次第梨。每出一種，
必親自校讎，期無埽葉之憾而後已。此中甘苦，得失自知。即刊後時有更定，
尤望知我者鑒其勤而匡所不逮也。計前後四十年所刻二十餘種，為卷百四十有
奇，大小版一千九百三十片，庋以五架，藏之山房。

◎趙爾巽《清史稿》卷一百四十五志一百二十《藝文》一：《春秋經傳比
事》二十二卷，林春溥撰。

◎張之洞《書目答問》卷一《經部》：《春秋經傳比事》二十二卷（林春溥。
《竹柏山房十一種》本）。

◎上海古籍出版社 2015 年《續修四庫全書總目提要・春秋類》「《春秋經
傳比事》二十二卷」：是書前有林氏自序，稱傳《春秋》者，左氏尚矣。杜預
始分經之年與傳相附，讀者便之，元明以降，分年之事與傳相比者，如郝經《春
秋三傳折衷》、安熙《春秋左氏綱目》、曾震《春秋五傳》、鄭玉《春秋經傳闕
疑》、陳氏《春秋類編》、李廷機《左傳綱目定注》，皆其流亞也。然據朱彝尊
《經義考》，惟鄭、李二書尚存，而春溥未見。今坊刻有吳蘭陔鑒定之《春秋
左傳》，蓋以張岐然《春秋五傳》為藍本，然其經出入三傳，例既不純，編次
年月經、傳錯互之處，先後又多失倫，實非善本。乃考《左傳》始末，惜其略
也，為《春秋經傳比事》二十二卷。於有經無傳者，參之《公羊》、《穀梁》以
廣其義，附以《國語》、《史記》以補其遺。又懼其雜而複也，慎而取之，其經
則專以《左氏》為主，而附注其異文，析傳以附經，亦離經以就傳。傳之日月
或與經異，則兩不相蒙，移就者注其原次於下。有傳無經者，以圈別之。其每
年逸事，不知何月者，附錄於後云云。此書於史料編次詳審，而不自言經義，
上承《竹書紀年補證》，下啟《戰國紀年》，三書次第銜接。此本據上海辭書出
版社圖書館藏清咸豐元年竹柏山房刻本影印。（孫文文）

◎林春溥（1775～1861），字立源，號納溪、鑒塘（老人）。福建閩縣（今福州）人。父兆泰〔註78〕，兄春海〔註79〕、春溶〔註80〕。林則徐、郭尚先師。嘉慶七年（1802）進士，選翰林院庶吉士，派習國書。嘉慶十年（1805），散館，欽取翻譯第一名，授編修。十一年（1806）任功臣館纂修，勘校《實錄》。十二年（1807）任順天鄉試同考官。十三年（1808）回鄉守制，主講玉屏書院八年。二十四年（1819）任國史館纂修，參修《一統志》，又任庶吉士滿文教習；二十五年（1820）再任順天鄉試同考官。道光元年（1821）任文淵閣校理。後陳請歸養，絕意仕途。道光十年（1830）就教浦城南浦書院，兼主江西鵝湖書院講席。十四年（1834）主講福州鼈峰書院。卒後入祀鄉賢祠。著有《春秋經傳比事》二十二卷、《四書拾遺》六卷、《孟子列傳纂》一卷、《孟子外書補證》一卷、《孟子時事年表》一卷後說一卷、《說文方言》、《說文引經考異》、《字林便覽》二卷、《清文虛字》一卷、《宜略識字》二卷、《宜略識字續編》二卷、《石鼓文考》、《韻府險字摘抄》、《經學淵圖》、《戰國紀年》六卷地輿一卷年表一卷、《開闢至春秋年表》、《十六國年表》、《開闢傳疑》二卷、《古史紀年》十四卷、《古史考年異同表》二卷後說一卷、《古書拾遺》四卷、《孔子年表》、《孔子世家補訂》一卷、《孔門師弟年表》一卷後說一卷、《武王克殷日記》、《竹書紀年補證》四卷本末一卷後案一卷、《歷代年號分韻》一卷、《古帝王年疑》一卷、《滅國五十考》一卷、《鄭大司農蔡中郎年譜合表》一卷、《歲時日記》一卷、《榕城要纂》一卷、《論世約編》七卷、《秉燭卮言》二卷、《閑居雜錄》二卷、《穆天子傳日譜》一卷、《竹柏山房遺集》三卷，多收入《竹柏山房叢書》七十六卷，又纂道光新修《羅源縣志》三十卷首一卷。

林就日 瑞雀樓春秋刪補胡傳 六卷 存

福建藏清刻本

林琨 春秋三傳考義 十四卷 存

臨海市博物館藏清抄本

◎民國《台州府志》卷六十五《藝文略》二《經籍考》二《經部》：《黃巖

〔註78〕乾隆四十四年（1779）舉人。
〔註79〕乾隆六十年（1795）舉人。
〔註80〕道光十五年（1835）進士，知黟縣。

新志》稱是書專就三傳決擇是非，以求合於聖人筆削之微意。其後儒新說，一概無取。雖非獨抱遺經，亦可謂篤守古義矣。王棻家有鈔本。

◎民國《台州府志》卷一百二十《人物傳》二十一：著有《周易參變》十卷、《春秋三傳考義》十四卷。

◎楊晨《台州經籍略・經部》：林氏琨《周易參變》、《三傳考義》。

◎吳茂雲、鄭偉榮編著《台州古籍存佚錄》卷四《經部五・春秋類》：《春秋三傳考義》（十四卷，清黃巖林琨撰，有自序，清抄本，存臨海市博物館）。

◎林琨，字良寶，號琢亭。台州黃巖（今浙江黃巖）人。道光二年（1822）歲貢。弱冠以天文學受知阮元。晚年好著述，督學汪廷珍視學兩浙，見其書，欲調赴詁經精舍充齋長，以老病不行。著有《周易參變》十卷、《春秋三傳考義》十四卷。

林紓 左傳擷華 二卷 存

商務印書館 1921 年排印本

臺灣文光圖書公司 1957 年排印本

臺灣復文圖書出版社 1981 年排印本

華東師範大學出版社 2018 年經典與解釋・古學縱橫叢書排印潘林編注本

北京聯合出版公司 2019 年排印石城／王思桐譯本

◎潘林編注本題《〈左傳〉讀法兩種》，括林紓《左傳擷華》、陳朝爵《讀左隨筆》。

◎是書成於 1916 年，選《左傳》文八十三篇，中二十九篇與《左孟莊騷精華錄》重。各篇皆先錄原文，間有雙行小注、眉批。篇末綴評。

◎目錄：

卷上：楚武王侵隨（桓公六年）、連稱管至父之亂（莊公八年）、鄭厲公自櫟侵鄭（莊公十四年）、晉侯使大子申生伐東山皋落氏（閔公三年）、宮之奇諫虞公（僖公五年）、管仲斥鄭子華（僖公七年）、陰飴甥會秦伯（僖公十五年）、楚人伐宋以救鄭（僖公二十二年）、呂郤畏逼（僖公二十四年）、介之推不言祿（僖公二十四年）、展喜犒師（僖公二十六年）、城濮之戰（僖公二十八年）、燭之武見秦君（僖公三十年）、秦三帥襲鄭（僖公三十二年）、秦師襲鄭（僖公三十三年）、原軫敗秦師於殽（僖公三十三年）、秦康公送公子雍于晉（文公七年）、河曲之役（文公十二年）、士會歸晉（文公十三年）、楚人滅庸（文公十六年）、鄭子家抗晉（文公十

七年)、晉靈公不君(宣公二年)、楚子問鼎(宣公三年)、鄭穆公刈蘭(宣公三年)、鬭樾椒之亂(宣公四年)、解揚將命(宣公十五年)、鞌之戰(成公二年)、申公巫臣取夏姬(成公二年)、楚子歸知罃於晉(成公三年)、齊侯朝晉(成公三年)、晉侯觀於軍府(成公九年)、晉侯夢大厲(成公十年)、呂相絕秦(成公十三年)、聲伯之母(成公十一年)、蕩澤弱公室(成公十五年)、鄢陵之役(成公十六年)、厲公誅三郤(成公十七年)。

卷下:魏絳和戎(襄公四年)、魏絳戮揚干之僕(襄公三年)、鄭人從楚(襄公八年)、晉受鄭盟(襄公九年)、偪陽之役(襄公十年)、遷延之役(襄公十四年)、衛侯出奔(襄公十四年)、晉逐欒盈(襄公二十一年)、欒盈之亂(襄公二十三年)、穆叔答范宣子(襄公二十四年)、張骼輔躒致師(襄公二十四年)、崔杼弒君(襄公二十五年)、宋公殺其世子痤(襄公二十六年)、衛侯殺甯喜(襄公二十七年)、慶封攻崔杼(襄公二十七年)、齊人尸崔杼(襄公二十八年)、子產為政(襄公三十年)、子產毀垣(襄公三十一年)、鄭放遊楚於吳(昭公元年)、齊使晏嬰請繼室於晉(昭公三年)、穆子去叔孫氏(昭公四年)、蹶由對楚(昭公五年)、芋尹無宇對楚王(昭公七年)、伯有為厲(昭公七年)、屠蒯諫晉侯(昭公九年)、楚子狩於州來(昭公十二年)、叔向斷獄(昭公十四年)、無極害朝吳(昭公十五年)、宣子求環(昭公十六年)、駟乞之立(昭公十九年)、費無極害伍奢(昭公二十年)、齊豹之亂(昭公二十年)、華貙為亂(昭公二十一年)、華登以吳師救華氏(昭公二十一年)、吳公子光之亂(昭公二十七年)、晉殺祁盈(昭公二十八年)、吳滅徐(昭公三十年)、晉侯將以師納公(昭公三十一年)、叔孫成子逆公喪(定公元年)、公侵齊門於陽州(定公八年)、陽虎之亂(定公八年)、陽虎歸寶玉大弓(定公九年)、晉敗鄭師(哀公二年)、黃池爭長(哀公十三年)、齊陳逆之亂(哀公十四年)、白公勝之亂(哀公十六年)。

◎序:紓按三傳之列於學官者,《左氏》為最後出,然而《公》《穀》二傳,已為老師宿儒所寢饋。其治《左傳》者,至杜元凱始尊為不刊之書,且謂:「經之條貫必出於傳,傳之義例總歸諸凡。推變例以正褒貶,簡二傳而去異端,此丘明之志也。」其推獎左氏至矣。蓋其崇《左》之心,以為膚引《公》《穀》,適足自亂,似蔑視二傳為不足重輕。善乎宋朱長文《春秋通志》之序言曰:「孟子深於《春秋》,惜不著書。其後作傳者五,而三家存焉(二家啖助、趙匡也)。《左史》盡得諸國之史故長於敘事,《公》《穀》各守師傳之說故長於解經,要亦互有得喪。實則精於《公羊》者董仲舒、平津侯也,精於《穀梁》者劉向也,

而《左氏》之得列於學官實劉歆、賈逵之力。」乃其篤好咸不如杜元凱。元凱之心醉《左氏》，謂其能「先經以始事，後經以終義，依經以辨理，錯經以合異」，真能徹《左氏》之中邊矣。鄙意元凱此言不惟解經，已隱開後世行文之塗轍。所謂先經者即文之前步，後經者即文之結穴，依經者即文之附聖以明道，錯經者即文之旁通而取證。試覦蘇穎濱非宋之古文大家耶，然有《春秋集解》之著，雖因王介甫詆毀《春秋》故有此作，余則私意蘇氏必先醉其文，而後始托為解經之說以自高其位置。身在尊經之世，斷不敢貶經為文，使人指目其妄。但觀蘇氏之敘《集解》，述杜預之言曰：「其文緩，其旨遠，將令學者原始要終，尋其枝葉，究其所窮。優而柔之，使自求之；饜而飫之，使自趨之。若江海之浸，膏澤之潤，渙然冰釋，怡然理順。」味以上所云，則余所謂元凱之言隱開後世行文之塗轍，不信然耶？夫文家能優柔饜飫，則古書之足浸潤吾身者已自不淺。葉夢得斥穎濱，謂《左氏》解經者無幾，且多違忤，疑出己意為之，非有所傳授，不若《公》《穀》之合於經。此言非知穎濱者也。以解經論，《公》《穀》之文，經解之文也；以行文論，《左氏》之文，萬世古文之祖也。唐陳氏岳作《春秋折衷》，岳自述曰：「《左氏》釋經義之外，復廣記當時之事，備文當時之辭。」夫記當時之事而文之，則已以左氏為文家矣。僕恒對學子言，天下文章，能變化陸離不可方物者只有三家：一左、一馬、一韓而已。左氏之文無所不能，時時變其行陣，使望陣者莫審其陣圖之所出。譬如首尾背馳，不能係綴為一，則中間作鎖紐之筆，暗中牽合使隱渡而下，至於臨尾一拍即合，使人瞀然不覺其艱瑣，反羨其自然者。或敘致一事，赫然如荼火，讀者人人爭欲尋究其結穴，乃讀至收束之處，漠然如淡煙輕雲，飄渺無跡，乃不知其結穴處轉在中間，如岳武穆過師，元帥已雜偏裨而行，使人尋跡不得。又或一事之中，陡出一人，此人為全篇關鍵，而偏不得其出處，乃於閒閒中補入數行，即為其人之小傳，卻穿插在恰好地步，如天衣無縫，較之司馬光之為《通鑑》，到敘補其本人之地望族姓，於無罅隙處強入，往往令人棘目，相去殆萬里矣。又或敘戰事之規劃，極力敘戰而不言謀，或極力抒謀而略言戰。或在百忙之中，而間出以閒筆。或從紛擾之中，而轉成為針對。其敘戰事，尤極留意，必因事設權，不曾一筆沿襲，一語雷同，真神技也！其下於短篇之中，尤有筋力。狀奸人之狙詐，能曲繪而成形；寫武士之驍烈，即因奇而得韻。令人莫可思議。僕亦不能窮形盡相而言之，當於逐篇之後細疏其能，庶讀者於故紙之中翹然侈為新得，庶幾不負僕之苦心矣。閩縣林紓敘於煙雲樓。

附記：余夙有《左孟莊騷精華錄》四卷，極蒙海內諸君子見賞。近者學子請余講《左》《史》《南華》及姚選之《古文辭類纂》，各加評語。今《類纂》已成書付印，《左傳》較前亦增至三倍，因作為單行本付印。至於評騭失當之處，則年老精神弗及，識者諒之。《南華淺說》及《史記讀法》當續出。紓記。

◎摘錄《楚武王侵隨》（桓公六年）：

楚武王侵隨，使薳章求成焉，軍於瑕以待之。隨人使少師董成。鬭伯比言於楚子曰：「吾不得志於漢東也，我則使然。我張吾三軍，而被吾甲兵，以武臨之，彼則懼而協以謀我，故難間也。漢東之國，隨為大。隨張，必棄小國。小國離，楚之利也。少師侈，請羸師以張之。」熊率且比曰：「季梁在，何益？」鬭伯比曰：「以為後圖。少師得其君。」王毀軍而納少師。少師歸，請追楚師。隨侯將許之，季梁止之曰：「天方授楚，楚之羸，其誘我也。君何急焉？臣聞小之能敵大也，小道大淫。所謂道，忠於民而信於神也。上思利民，忠也；祝史正辭，信也。今民餒而君逞欲，祝史矯舉以祭，臣不知其可也。」公曰：「吾牲牷肥腯，粢盛豐備，何則不信？」對曰：「夫民，神之主也。是以聖王先成民而後致力於神，故奉牲以告曰：『博碩肥腯』，謂民力之普存也，謂其畜之碩大蕃滋也，謂其不疾瘯蠡也，謂其備腯咸有也；奉盛以告曰：『潔粢豐盛』，謂其三時不害，而民和年豐也；奉酒醴以告曰：『嘉栗旨酒』，謂其上下皆有嘉德而無違心也。所謂馨香，無讒慝也。故務其三時，修其五教，親其九族，以致其禋祀。於是乎民和而神降之福，故動則有成。今民各有心，而鬼神乏主，君雖獨豐，其何福之有？君姑修政而親兄弟之國，庶免於難。」隨侯懼而修政，楚不敢伐。

紓按：此篇制局極緊。前半豎一「張」字，正面決策，對面料敵，均就「張」字著想，無句無意不是「張」字作用。下半豎一「懼」字，與「張」字反對，見得張則必敗，懼則獲全。夫侵人之國，反先求成，雖無鬭伯比之言，已寫出楚王張隨之意。少師之來，亦正挾一張隨之意而俱來。故鬭伯比羸師之請，即已明白看出少師之囂張。因痛陳楚張三軍之弊，此第一次清出「張」字意也。惟楚盛張其軍，則小國懼滅而附隨，隨轉不張。隨不張，則楚雖盛張其軍，轉為小國附隨之益。故欲隨之棄小國，必先張隨，此第二次清出「張」字意也。此時楚之君臣，運籌極審，勢在必勝。在隨宜敗滅於此時，其所以不敗與滅者，以隨之能懼也。顧文字極寫張隨，而楚師既示以羸，少師復增其侈，文勢欲拗到「懼」字意，則萬萬費力。乃忽插入熊率且比一言，提醒「季梁」二字，則

楚國君臣聚謀，一時皆成瓦解。以戒懼之言，必即出自季梁之口也。大抵南人信鬼，懼鬼責重於懼人禍。左氏文章即借鬼神寫出隨侯恐懼之意，閒閒將「張」字撇去，其中卻加無數莊論，似不關涉於嚴兵在境、籌備應敵之言。不知針對鬼神言，即步步藏宜戒懼之意，「懼」字寫得愈透則「張」字撇得愈遠。妙在寫「懼」字正面，並不點清字面，及到「隨侯懼而修政，楚不敢伐」句，畫龍點睛，始將全局作一收束，湧現出一「懼」字，以抵上半無數「張」字。論文勢亦不過開闔，妙在中間論祭品一節，寬綽與題若不相屬，實則步步不肯拋離，所謂遊刃有餘也。

◎林紓《左孟莊騷精華錄》商務印書館 1925 年第九版版權頁附林紓評選《左傳擷華》廣告：閩縣林琴南先生選輯左氏文八十餘篇，分上下兩卷。每篇詳加按語，於左氏文章奧竅揭發靡遺。

◎林紓（1852～1924），原名琴玉，字琴南，號畏廬，別署冷紅生，學者稱閩侯先生。福建閩縣（今福州市）人。光緒八年（1882）舉人。曾任教福州蒼霞精舍、杭州東城講舍、北京金臺書院、北京五城學堂、京師大學堂。以文言轉譯外國小說。著有《畏廬文集／續集／三集》《畏廬詩存》《畏廬瑣記》《技擊餘聞》《左孟莊騷精華錄》《左傳擷華》《韓柳文研究法》《春覺齋論文》《文微》《古文辭類纂選本》等，譯有《黑奴籲天錄》《巴黎茶花女遺事》《魯濱孫飄流記》等百數十種。

林紓 左孟莊騷精華錄 二卷 存

商務印書館 1913 年排印本（1924 年第八版）
◎其中收錄《左傳》選文三十二篇。
◎目錄：
卷上：

《左傳》：鄭伯伐許（隱公十一年）、楚武王侵隨（桓公六年）、連稱管至父之亂（莊公八年）、鄭厲公自櫟侵鄭（莊公十四年）、晉侯使太子申生伐東山皋落氏（閔公二年）、呂郤畏偪（僖公二十四年）、展喜犒師（僖公二十六年）、城濮之戰（僖公二十八年）、燭之武見秦君（僖公三十年）、秦三帥襲鄭（僖公三十二年）、晉靈公不君（宣公二年）、鬪樾椒之亂（宣公四年）、齊侯朝晉（成公三年）、晉侯觀於軍府（成公九年）、聲伯之母（成公十一年）、蕩澤弱公室（成公十五年）、鄢陵之役（成公十六年）、魏絳和戎（襄公四年）、樂盈之亂（襄公二十三年）、張骼

輔鑠致師（襄公二十四年）、崔杼弒君（襄公二十五年）、宋公殺其世子痤（襄公二十六年）、鄭放游楚於吳（昭公元年）、齊使晏嬰請繼室於晉（昭公三年）、穆子去叔孫氏（昭公四年）、楚子狩於州來（昭公十二年）、華登以吳師救華氏（昭公二十一年）、平子立臧會（昭公二十五年）、齊侯將納公（昭公二十六年）、公侵齊門於陽州（定公八年）、陽虎歸寶玉大弓（定公九年）、齊陳逆之亂（哀公十四年）。

卷下：

《孟子》：孟子論並耕、孟子論功志、陳仲子、孟季子、任人問、淳于髡。

《莊子》：惠子論大瓠（節《逍遙遊》篇）、齧缺問王倪（節《齊物論》篇）、庖丁解牛（節《養生主》篇）、兀者申屠嘉（見《德充符》篇）、子祀子輿子犁子來四人為友（節《大宗師》篇）、壺子走神巫季咸（《見應帝王》篇）、馬蹄、漢陰丈人（見《天地》篇）、公孫龍（見《秋水》篇）、子列子問關尹子（節《達生》篇）、市南宜僚（見《山木》篇）、知北遊。

《離騷》：九章：惜誦、涉江、哀郢、抽思、懷沙、思美人、惜往日、橘頌、悲回風。

林廷擢 春秋壽世 佚

◎嘉慶《漳州府志》卷二十五《藝文》：林廷擢《周易探賾》《尚書啟筵》《周禮永學》《春秋壽世》《學庸圖說》。

◎乾隆《長泰縣志》卷九《人物》六：杜門著述，抉古今治亂之跡，輯為《壽世方書》《羲墳探賾》《尚書啟筵》《周禮說永》《四書確說》《學庸圖說》及《明史綱目》《明史考議》《增補事類賦》《地理新解》凡百餘卷。

◎林廷擢，字元功（公），號晉庵。福建漳州長泰縣方成里人。入清後隱居不仕。著有《羲墳探賾》《尚書啟筵》《周禮永學》《春秋壽世》《四書確說》《學庸圖說》《明史綱目》《明史考議》《增補事類賦》《地理新解》《壽世方書》。

林挺秀 林挺俊 春秋單合析義 三十卷 存

康熙三十四年（1695）閩侯林氏挹奎樓刻本

◎一名《春秋析義》。

◎扉頁刻：春秋單合析義。晉安林西仲先生鑒定。此林氏家藏秘本也，參前賢之肕解，運兩世之心裁，詮義闡經，凡傳必析，標題抉旨，無法不詳。公之同好，以廣其傳。凡通是經者，皆不可一日離也。挹奎樓主人識。

◎扉頁又鈐印記：本衙藏板，發兌四方。尊客請認杭城板兒巷葉宗之書館內宅便是。若無此印，即係翻本，查出千里必究。

◎卷一首題：閩中林挺秀圖南、弟挺俊岱江遺編，男方華子珍、姪方葳子蒨全增刪，弟雲銘西仲鑒定，糸訂：李賡明筠仙，姪方蕚子犕、高兆固齋、姪孫士傑開濟。

◎春秋析義序：國家以明經取士，士之應其選者固難其人，而以《春秋》應者尤不多得。余弱冠受經圖南林夫子之門，聆所講解，皆出秘旨，其詮經體傳，無不較若列眉。夫子仲氏岱江公，踵而成之，互相訂證，發其要妙，一時師儒莫不心折，洵經學之鼓吹、康侯之碩輔矣。吾友子蒨昆仲，譽溢雙珠，譚經窮理，舉酉山石室之藏，無不備極糸悟。至於家學淵源，尤汲汲以表章為務，日取先人遺編校讐之，條分縷析，剖微摘要。凡讀經者得此，可無事泛涉而指歸有的，不誠以兩世之精思，省學者終年之聚訟哉？！予聞唐大曆中施士匄撰《春秋傳》，遭逢文宗好經術，得供乙夜之覽；孫明復著《春秋發微》十二篇，范仲淹、富弼皆言復有經術，除官秘書省。方今聖天子勵精文化，思得經術鴻儒黼黻太平。茲編出，家弦戶誦，子蒨當必有施士匄、孫明復之遇，行將陟閭閻、步承明，展其所論著，而圖南夫子及仲氏岱江公皆藉以不朽矣。余其拭目竢之！康熙三十四年五月朔，受業門人李賡明筠仙氏拜書。

◎春秋析義序：國家帖括取士，以士之所治一經殿四書而四其藝，未嘗謂重四書而輕經也。迨其後士視科舉為功名捷徑，惟工三書藝，作者、閱者、售者遂以經為具數，于是一科十五國中窮經之家無幾人。《春秋》較他經稱最難，非世業者不得授。蓋發題不一，傳、合之外有脫母有寄傳，必負強記之資乃可辦。近奉功令刪傳題脫母題什去其五，他經之家利詭獲，多棄所治而治《春秋》，如吾閩曩昔以《春秋》應鄉試不及百人，今至倍其二。以故近日授經者取數十題即可射覆簾中，經學至茲，尚忍言哉！予家世受五經，先王父謂里閭塾師教授《胡傳》，各有珍秘，不便於學者，晚歲點定全傳之旨全傳之題以行世。經分緯貫，俾誦習之士開卷豁然，頗有佐于文定。吾友林子子蒨以《春秋》授人士四十載，經明行修，稱吾黨祭酒。一日手其先君圖南、岱江兩先生丹鉛絕韋之秘示予，始知君四十年中偕伯仲氏一門之內焚繼膏晷，綜括較訂，迄茲以成。予受而讀之，撫卷起曰：君于茲經，用簡之日，闡發全旨，以詔後學。使世之治《春秋》者不昧聖經本義，存夫子作《春秋》、胡氏作傳之旨，不為帖括湮泯。於戲！分之則擬題具列，合之則全書無遺，不割裂先程，不雷同各氏，君

尊經之功，詎止治經之士奉為衡石已哉！岱江先生三世孝友同居，晚常設絳予家，見知最稔。時郡中大火焚三千餘舍，而先生室廬三間巍然反風于火聚之中，遺編具存，天意有在矣。今君兄弟先後以明經薦于鄉，昌後之券，此其一徵矣乎！同學弟高兆撰並書。

◎序：余家以《春秋》世其業，記早歲司刑新安時曾有《題要辨疑》之刻，刪繁就簡，以便初學。越二十餘年，奉有不用傳題脫母題之令，則前書單合之數似當稍增。乃近日士子習是經者，動取目前一二百題記誦成文，徼倖弋獲，稍稍新異，皆茫然不知所措。是欲以一目之羅冀其得鳥者也，豈可訓乎？浙中坊賈日以增定前書為請，余緣註述古學行世，力不暇及，而前此家藏丹鉛原本又苦為閩變毀失，不可復得。甲戌冬杪，得讀吾家子蒨郵致其先人圖南、岱江二公所輯遺編，乃是經單合全題，披閱旬餘，悉余平日意中揣摩秘旨，欣慰備至。圖南、岱江存日，得吾家宗傳，設絳講肄，問業者趾履相錯，而是編則集諸家之成，糸以獨見。茲又得其子若姪攷訂刮摩，允無遺義。余亦不能再置一喙，海內學者若得是編，或攬其全，或挈其要，於以應世傳世，裕如也。則余之《辨疑》一書，亦可以不待增定也夫！康熙乙亥歲春王正月望日，晉安林雲銘西仲氏題於西泠之挹奎樓。

◎春秋單合析義序：六經之理相通，讀經者往往於《春秋》難之，謂其難於記憶也。記憶何難乎？如看一股經文，既讀《胡傳》，復閱《左傳》《公羊》《穀梁》，其為題也，有單，有傳，有合，有比，有脫母，須體認題旨於諸說。諸說中或有此題或無此題，或以此題宜傳此題宜合，變換不一，莫知適從。是一股經文不過數字，看經者旁搜廣覽，疑似之間有差之毫釐謬以千里者，誠戛戛乎難矣。要其故，在于看傳不融而法未精也。予家世治《春秋》，科第相望，為四方所取正。迨曾叔祖觀吾公以明經別駕袁州，退食之餘，仍以經學課子。聲伯公蔚為儒宗，時伯父圖南公亦執經，得其傳，歸與先君岱江府君參互考訂，博採羣言，抒以己意，較諸先輩著說精確詳盡。吳中馮公猶龍、蔣公弢仲，萬曆時《春秋》名宿，先後令吾閩，與先伯先君稱衿契，每論《春秋》輒喟然歎曰：「標旨闡義，無如兩生矣。」先伯先君亦慨然以經學為己任，教授生徒不倦。嘗撫書太息曰：「此予伯仲二十年苦心也，後有興者，當廣而傳之。」故予間捧觀覽，有懼失司馬溫公之遺訓，於是同兄子珍閉戶研究，益加詳定，繁者刪，約者補，兼綜而條貫之，非敢僭居啟後之功，亦庶幾不負承先之志。比奉新編取士去傳題脫母，止用單合，學者以為易，爭趨之。不知單題為經中樞

領，推勘未徹，摸索瞇矇，不可把握。合題摘兩單而出傳，不對不合，意不整不合。又或以一句合以一二字合，非各就其題之所屬按其來脈，莫中肯綮。向苦記憶為難，詎知辨析義旨尤難之難者乎！敬取遺編，重加刪訂，於傳脫等題外無義不彰、無法不備矣。予偕子韡弟後先謬膺鄉薦，選次有待，將欲走海內，質於名公卿巨儒以自考信，適刺史筠仙李公過齋頭，檢閱，不禁躍然喜曰：「此予受業師所講解也，思吾師不見，見茲編如見吾師矣。君同譜西仲先生居浙操選政，君盍往鑒定以公於世？」予曰：「唯唯。」因屬姪常礎郵致之。曩西仲叔有《評註古文析義》行世，茲附為一家言，仍顏曰《析義》。予藉阿大中郎以傳，先人得垂不朽，雖厶猶存矣。康熙乙亥歲仲春，閩中林方葳子蒨氏謹書。

◎凡例（計十二則）：

一、《胡傳》錄全文，不遺一字，示尊經也。

一、題解與經傳分為上下截，便肄習也。

一、《左》《國》《公》《穀》并經史諸書有與《胡傳》相發明，或切於事實者，悉為纂入備攷。

一、題中精義，諸家未盡透解，如單題云某句要發某字要觔，合題則云兩邊俱有某句某字，閱者未曉其來歷，作文便無把柄。今糸諸解，運以條緒，貫串詳明，一覽了然。至於傳有兩意，或對作側作另主別意，俱有獨見，悉載以備酌。

一、合題或載前傳或載後傳，參差不一，今槩從前傳下股，仍紀年號以便緄閱。

一、書法為題中要領，有全收者，有帶繳者，有可起不可收者，有只作事實者，有應提過者，亦有不必用者，今拈出先列題下，觸目便見。

一、破題為制義準的，但沿習膚淺，未甚警切，今悉酌易。其從前各說所未有者，亦為補入，以便覽記。

一、無傳經文有見他傳者，有主某傳借某傳者，至於無傳可寄，向皆刪去，或註不成題。夫因經作傳，豈可因傳廢經？茲編備載事蹟，標出意旨，庶無遺漏。

一、是編廣搜題目，凡直省各說所載者莫能外此。但題有大小，為場中上擬者加以兩圈，次則一圈，又次角圈，皆詳發意義，其餘一槩全錄，不敢刪汰。但隱桓莊僖四公題多於傳，上截卷中難以悉載，姑將不甚緊要并四股頭涉於傳脫者略為摘出，另錄本卷後備閱，亦以尊所聞行所知爾。

一、是編發明題旨有透徹可翫處，旁加密圈；有挑剔眼目及合題要字，旁加密點。或每題主意解畢，另載有原委事迹并釋傳中疑義，加一單圈別之，免致相混。

一、是編研究有年，詮解最確。閱者取各說細較之，當有觀止之歎，不可艸艸抹卻。

一、是編博採諸說，纂而成書。即有己見，亦本之先輩佳藝及名選文評，姓氏繁多，未便逐題詳載。今彙記一帙於首，不敢忘所自也。

閩中林方華子珍、方葳子蒨全述。

◎參閱姓氏：葉矯然思菴，毛鳴岐文山，方昇元得，黃德秀爾雅，周綱伯紀，王亮龍澤，陳九皋天聞，羅若采子若，高宗禹予玉，鄭國璿玉友，方苣雨豐，方邁子絢，（表弟）盧薪孺知荷，（姪婿）鄭郊官五，（孫婿）陳悠能久，弟雲鑲道馭，雲銳道英，雲鍔道儀，姪湛持之，士龍成之，應運興之，應建屏之，沅芷之，玉蓁子持，（姪孫）鈞天如，邦楷常廣，好學常近。

編次：（姪孫）秉柱常礎，鳳翔彬侯，守及荀侯，守佐贊侯，守孔聖侯，秉栯常讓，有苞可叢，守覲朝侯，孫守謨賡侯。

正字：曾姪孫廷璧信長，介椿永吉，介祉如吉，介樛用吉，煊宣仁，燦亮仁，介綏履吉。

◎林挺秀，字圖南，福建閩中（今福州市）人。

◎林挺俊，字岱江，福建閩中（今福州市）人。

林錫齡 春秋胡傳審鵠會要 四卷 存

乾隆英德堂刻本

◎英德堂刻本扉頁題：桐城張櫃亭先生鑒定。漳浦林于九先生例略。春秋胡傳審鵠會要。五經大題文選、詩賦分類題解、重訂治心錄註嗣出。英德堂藏板。

◎林錫齡，字千九，學者稱矩園先生。福建漳浦人。性孝，敦理學，授徒為生。有司舉孝廉，以父老辭。著有《周易審鵠要解》四卷、《詩經審鵠》、《書經審鵠》、《春秋胡傳審鵠會要》四卷、《春秋例畧》一卷、《左傳紀事本末》二十八卷、《四書審鵠》、《四書解》。

林錫齡 春秋例略 一卷 存

北大藏乾隆三十六年（1771）志遠堂刻本

乾隆英德堂刻春秋胡傳審鵠會要本

北大藏清末志遠堂刻本

林錫齡 左傳紀事本末 二十八卷 未見

◎一名《春秋紀事本末》。

林揚清 讀左類錄 一卷 佚

◎民國《潛山縣志》卷十四《人物志》四《文苑》：著有《讀左類錄》一卷、《四言史略》二卷、《竹齋詩集》一卷、《竹齋文集》二卷。

◎林揚清，號竹齋。安徽潛山人。優貢生。性耿介，行方言直，學究天人。著有《讀左類錄》一卷、《四言史略》二卷、《竹齋詩集》一卷、《竹齋文集》二卷。

林雲銘 春秋題要辯疑 三卷 存

清華藏康熙二十九年（1699）刻本

◎林雲銘（1628～1697），字道昭，號西仲，又號損齋（居士）。福建閩縣林浦鄉（今福州）人。順治十五年（1658）進士。授江南徽州府推官。因不善媚上，三起三落，康熙六年（1607）終被裁缺回鄉，遷居建寧。康熙十三年（1674）耿精忠叛，雲銘不願附逆，被囚，康熙十五年（1676）獲釋後，寓杭著述，卒葬西子湖畔。與鄭郊等善。有女林瑛佩。著有《春秋題要辯疑》三卷、《全本春秋體註》三十卷、《四書講義》、《莊子因》六卷、《楚詞燈》十六卷、《韓文起》十二卷、《古文析義》十六卷、《西仲文集》、《挹奎樓選稿》、《損齋焚餘》十卷、《餘山殼音》八卷等。

林雲銘 全本春秋體註 三十卷 存

大連、隰縣、惠民藏乾隆五十八年（1793）志德堂刻本

◎各卷卷前題：晉安林雲銘西仲原定，高平湯慶蓀修來補輯。

◎《古文析義》摘錄：

解古文最忌在前後中間略解得數語，便囫圇讀過，其未解者，一切置之。不知上下文既解不去，即所解者皆錯認也。茲編必細會全文血脈，每篇先諷誦過數十遍。然後落筆詮釋，誓不留一句疑竇致誤同志欣賞。

文所以載道也，是編凡忠孝義烈大節及時務經濟關係於國家興亡，或小題中立意正大者，方匯入選，其一切排偶粉飾變亂是非之文，即有礙于時忌者，雖工致可觀，概不敢錄。

讀古文當先細玩題目，掩卷精思，開手如何落筆。既讀過一段，復思此段之後應如何接寫，如何收拾，直到思路窮竭，方知古人有許多不可及處。若開卷便一氣讀畢，縱能成誦，必茫然無所得之人，此百試不一差者也。是編段段標出，或可為好學深思者之一助。

讀古文要得篇中神理。

讀古文最忌先有成見橫於胸中。如讀太史公文動解作憤怨去，讀長蘇海外文動解作遷謫悲愴去。附會穿鑿，埋沒了無數妙篇。是編止在本文尋出脈絡，或有言外感慨，亦無不躍躍欲出，悉空從前牽強之病。

讀古文最忌在未明其大旨，只記了從前坊本評語，謬加虛贊，如馬首之絡，篇篇可以移用。

是編小注內有逐句解釋之下，或遇段落應總結者，恐致相混，必加一小圈別之。或每句解畢，另有評語，亦加一小圈別之。如應釋字音即列於本字之旁，觸目便見，不煩檢閱。

是編全文中有明白易曉處，止于逐段下總評數語，以闡發通篇血脈。其深心結構，出沒收縱，有鬼斧神工之妙者，必逐句注出，不敢草率。

是編小注內有解字面者，有解大意者，有承襯上文者，有吊起下文者，有補文中語所未及者，有用一二字分析辭句者，總為全篇血脈著眼，不可以尋常訓詁一例看卻。

古文之佳，不外敘事、議論二者而已。然議論之文，或有隨意抒發，無中生有。而敘事必將其人行過事實，平平寫去，又欲簡而能該、質而不俚，使其人之精神面目躍然畢現，方稱巨手。

林允昌 春秋易義 十二卷 佚

◎乾隆《泉州府志》卷四十四《列傳・明》：所著有《繭草》《經史耨義》《論語耨義》《周易口占》《旦氣語錄內外篇》《旦氣箴》《泉山小志》《戊己自鏡錄》《續小學》《易史廣占》《易史象解》《春秋易義》《春秋總論》《三禮約》《弟經》《續尚書》《續三百篇》《銓曹奏議》《在茲堂會語》《筍堤集》《雁山集》《百夢草》等書（《通志》，參《素菴年譜》）。

◎道光《晉江縣志》卷之七十《典籍志》：林允昌《春秋總論》、《春秋易義》十二卷、《易史象解》一卷、《易史廣占》一卷、《三禮約》、《續尚書》、《續三百篇》、《續小學》二卷、《論語耨義》、《經史耨義》二十二卷、《悌經》二卷、《問問錄》一卷、《在茲堂會語》一卷、《三先生語錄》一卷、《筍堤集》四卷、《雁山集》、《泉山小志》一卷、《銓曹奏議》、《旦氣箴》、《旦氣語錄內外編》、《百夢草》、《繭草》、《戊己自鏡錄》。

◎林允昌，字為磬，號素庵。福建晉江人。萬曆四十三年（1615）舉人，天啟二年（1622）進士。授南京戶部廣東司主事，崇禎元年（1628）補北吏部稽勳主事，調驗封掌司印，又調考功主事掌司印，又調文選司，陞文選司員外郎掌銓事，後補吏部驗封司郎中。甲申後擢南京通政使司右通政，唐王入閩，推右侍郎，已復推太常寺正卿，皆辭焉。嘗築在茲堂與布衣黃文炤倡明旦氣之學。子二：逢泰，崇禎九年（1636）舉人，歷任隴西三水知縣；逢濟，康熙二十三年（1684）舉人，任懷遠知縣。著有《易史象解》一卷、《易史廣占》一卷、《周易口占》、《續尚書》、《續三百篇》、《三禮約》、《春秋總論》、《春秋易義》十二卷、《續小學》二卷、《論語耨義》、《經史耨義》二十二卷、《悌經》二卷、《問問錄》一卷、《在茲堂會語》一卷、《三先生語錄》一卷、《筍堤集》四卷、《雁山集》、《泉山小志》一卷、《銓曹奏議》、《旦氣箴》、《旦氣語錄內外篇》、《百夢草》、《繭草》、《戊己自鏡錄》。

林允昌 春秋總論 佚

◎乾隆《泉州府志》卷四十四《列傳・明》：所著有《繭草》《經史耨義》《論語耨義》《周易口占》《旦氣語錄內外篇》《旦氣箴》《泉山小志》《戊己自鏡錄》《續小學》《易史廣占》《易史象解》《春秋易義》《春秋總論》《三禮約》《弟經》《續尚書》《續三百篇》《銓曹奏議》《在茲堂會語》《筍堤集》《雁山集》《百夢草》等書（《通志》，參《素菴年譜》）。

◎道光《晉江縣志》卷之七十《典籍志》：林允昌《春秋總論》、《春秋易義》十二卷、《易史象解》一卷、《易史廣占》一卷、《三禮約》、《續尚書》、《續三百篇》、《續小學》二卷、《論語耨義》、《經史耨義》二十二卷、《悌經》二卷、《問問錄》一卷、《在茲堂會語》一卷、《三先生語錄》一卷、《筍堤集》四卷、《雁山集》、《泉山小志》一卷、《銓曹奏議》、《旦氣箴》、《旦氣語錄內外編》、《百夢草》、《繭草》、《戊己自鏡錄》。

林鍾柱 春秋地理識略 存

中科院抄本（三冊十卷：卷八至十、卷二十四至三十）

◎林鍾柱，字砥生。山東掖縣人。光緒五年（1879）舉人。生平可參《四續掖縣志》載董錦章《林砥生傳》。著有《春秋地理識略》。

凌寶樞 春秋地名考 一卷 佚

◎劉聲木《桐城文學撰述考》卷三「凌寶樞撰述」：《補輯太康三年地記》一卷、《王隱晉書地道記》一卷、《吳疆世表》一卷、《吳疆年表》一卷、《春秋地名考》一卷、《酈氏水經註清水洪水疏》□卷、《□□水道記》□卷、《吳疆域圖說》□卷。

◎凌寶樞，字敏之。吳江（今江蘇蘇州吳江區）人。著有《春秋地名考》一卷、《補輯太康三年地記》一卷、《王隱晉書地道記》一卷、《吳疆世表》一卷、《吳疆年表》一卷、《酈氏水經註清水洪水疏》、《□□水道記》、《吳疆域圖說》、《小茗柯館詩詞稿》一卷。

凌迪知 左國腴詞 八卷 存

普林斯頓大學、國圖、湖南、吉林、首都圖書館、蘇州大學、北京師範大學藏萬曆四年（1576）凌迪知桂芝館刻文林綺繡叢書本

復旦大學藏清初抄本

乾隆二十六年（1761）日本皇都書林文昌堂、友松軒刻本

天津、陝西、遼寧、遼寧大學、南開大學、新會區景堂圖書館藏光緒七年（1881）會稽徐氏八杉齋刻融經館叢書本

光緒二十年（1894）上洋鴻寶齋石印本

湖南、江蘇師範大學藏光緒二十二年（1896）鴻寶齋書局石印文林綺繡五種本

◎一名《左國腴辭》。

◎光緒刻本各卷卷首題：明吳興凌迪知稚哲輯，同郡閔一箇聲甫校。

◎日本皇都書林刻本各卷卷首題《左國腴詞新補》，題：明吳興凌迪知稚哲輯，同郡閔一箇聲甫校，日本播磨赤松鴻國鸞補，男純士孝、門人香太常國典、別處瑾子瑜全較。

◎左國腴詞敘：嘗聞先輩論文有二：有山林草野之文，有廟廊臺閣之文，

枯槁憔悴者山林草野之文也，浸〔註81〕潤豐縟雄偉妍麗者廟廊臺閣之文也。夫言出成文，悉自肺腑，顧岐而二之者，何哉？居使然也。山林之士，偃蹇困厄，其志屈，故其言雖放而若拘；廟廊之士，遭時操柄，其志伸，故其言奮揚而豪宕。此其大較然也。《左》《國》之文，嗣續六經，驅馳屈宋，未暇遡其疇昔之遇、迹其摛詞之葩藻，所謂廟廊臺閣者是已。昔人乃謂《左氏》富而艷，其失也夸，豈其然哉。宣尼父論鄭國之為命，迺以潤色終之，似無嫌於富艷為也。至於以言繫易，又自名曰文。惟文斯美，美斯盡傳而行，於是乎遠富艷也，烏乎詫余讀《左》《國》嗜其詞之腴也。迺摘而錄之，彙編存塾。好事者請梓，遂梓之。噫！良工不示人以樸，學文者其可寂寥於筆楮間乎！敢敘諸首以質同志。萬曆丙子冬十一月長至日，吳興凌迪知書於聽雪山齋。

◎左國腴詞目錄：

卷一左集一：象緯類：八風篇。歲時類：良月篇。災祥類：有蜄篇。邑里類：巖邑篇。山川類：潤溪篇。君道類：完聚篇。設官類：乃老篇、封人篇。臣道類：彊諫篇。人倫類：元妃篇、貳宗篇。性行類：純孝篇、驕奢篇。

卷二左集二：祭禱類：禋祀篇。宴饗類：大羹篇。賞罰類：策勳篇、有寵篇。舉賢類：選親篇。兵戎類：卒乘篇、軍實篇。交際類：辱貺篇。

卷三卷左集三：盟要類：交質篇。愛民類：告饑篇。法制類：請囚篇。文學類：問名篇。言語類：徵辭篇。動靜類：釋憾篇。身體類：假手篇。飲食類：肉食篇。冠服類：袞冕篇。

卷四左集四：良賤類：義士篇。婦人類：美艷篇。宮室類：考宮篇。旅寓類：羇旅篇。凶喪類：歸賵篇。音樂類：六羽篇。器皿類：筐筥篇。

卷五左集五：舟車類：挾輈篇。寶貨類：五穀篇。蔬穀類：滋蔓篇。果木類：檽木篇。羽族類：鶴乘篇。毛羣類：牲牷篇、魚龍類：觀魚篇。發語類：覤覤篇、誰能篇。雙字類：融融篇。

卷六國集一：象緯類：天馭篇。歲時類：先時篇。山川類：墮山篇。邑里類：甸服篇。祭禱類：祇祓篇。災祥類：薦降篇。建儲類：順德篇。治道類：守命篇。臣道類：獻詩篇、保任篇。人倫類：主子篇。福德類：逢福篇。鑑戒類：追鑑篇。

〔註81〕日本刻本「浸」作「溫」。

卷七國集二：德行類：文恭篇。自修類：月會篇。謀慮類：老謀篇。言語類：語犯篇。風俗類：曹好篇。愛民類：惠本篇。求賢類：國子篇。兵戎類：耀德篇。交鄰類：郊勞篇。官制類：舟虞篇。

卷八國集二。職守類：御事篇。財用類：農桑篇。禮儀類：火朝篇。功賞類：庸勳篇。宴樂類：湛樂篇。肢體類：視遠篇。宮室類：甯宇篇。法度類：步武篇。刑獄類：詰姦篇。服飾類：采章篇。珍寶類：改玉篇。飲食類：啗我篇。音樂類：中德篇。役使類：隸農篇。澤物類：夏槁篇。器用類：金櫝篇。寵嬖類：女粲篇。背叛類：藏惡篇。患難類：疾憤篇。傲戾類：苛慝篇。雜類：何德篇。

《左氏內外傳》，無奇不搜，無美不備，汎濫淫泆，極文章之大觀。顧《內傳》卷帙浩繁，《外傳》尤多佶屈聱牙之處，讀之者如遊都市如入寶山，目眩神迷而訖無所得，輒自空手以回。前明凌氏稚哲憫之，爰有《左國腴詞》之輯。惜書行已久，善本無存，而以譌傳譌，不無顛倒錯亂之弊。因詳加釐訂，交正梓行。庶使味是書者沿流泝源，不至迷於所向云。光緒八年壬午春仲，八杉齋主人識。

◎四庫提要：是編採《左傳》、《國語》字句，分類編輯。凡《左傳》五卷，為類四十；《國語》三卷，為類四十有三。所摘皆僅存一二語，既不具其始末，又不標為何人之言。且注與正文混淆不辨。非惟不足以資考證，並不可以供持撹。與所撰《太史華句》、《兩漢雋言》、《文選錦字》諸書，體例皆仿林越《漢雋》，而冗雜破碎又出《漢雋》之下。如以「從欲鮮濟」一語列之《潤溪類》中，蓋誤以為「濟川」之濟也。是尚足與論乎？

◎凌迪知，字稚哲。烏程（今浙江湖州）人。嘉靖三十五年（1556）進士，官至兵部員外郎。著有《左國腴詞》八卷、《文選錦字》二十一卷、《名世類苑》、《太史華句》八卷、《名公翰藻》等書。

凌鴻圖 左傳講義 一卷 佚

◎吳茂雲、鄭偉榮編著《台州古籍存佚錄》卷四《經部五・春秋類》：《左傳講義》一卷，清天台凌鴻圖撰，是書係任台州府中學堂經席時作，今未見。

◎凌鴻圖，字雲階。天台（今浙江天台）人。光緒十七年（1891）副貢。著有《左傳講義》一卷。

凌堃 學春秋理辯 一卷 存

國圖藏道光吳興凌氏刻凌氏傳經堂叢書本

◎僅刻卷之三《王朝列國紀年》。

◎卷首：古以歲星紀年，以干支紀日，歲星與太歲恒相應。歲星右轉，太歲左行，大歲之前二辰為太陰，亦為歲陰（太歲為陽，猶言天盤是也。太陰為歲陰，猶言太歲天盤上之地盤也）。《天官書》云：「以攝提格歲：歲陰左行在寅，歲星右轉居丑（丑謂星紀）。」星居丑則太歲在子，攝提格十而名主太陰非主大歲也。後太陰太歲溷而為一，班氏《天文志》承用史公之文，乃曰太歲在寅曰攝提格云云，於是太歲超辰之法凶，而歲星亦不可以紀歲。疇人子弟但據六十甲子逆推往古，如《漢志》高帝元年太歲在午，而後人以為乙未；太初元年漢史謂太歲在子，而後人以為丁丑。何況遠溯春秋時之年紀哉？！雖然，好古拔俗，眂乎其人。若服氏之注《左傳》、鄭氏之注《周官》，於古法猶有紀及之者。孔沖遠雖不明于其術，然于《詩正義》以武王伐紂為歲在辛未，于《春秋正義》十二公之首必云是歲歲在某次，則先儒相承之古法未盡沒也。知歲星即知太歲所在，知太歲所在則王朝列國之年可紀矣。余故于學《春秋》之暇，既表其嬗代興廢，而尤亟亟歲星之辯以存古法于未墜，俾後之學者知所攷焉。

◎安璿珠《周易翼釋義序》：珠入侍經帷，得見《易翼》、《學春秋理辯》初藳，盈各數尺。乙丑易弟二藳。《易翼》四十八卷、《學春秋理辯》七十二卷。越歲戊寅，《易翼》已五易藳，《學春秋理辯》已七易藳。

◎戴望《謫麐堂遺集》文卷二《凌教諭墓志銘》：阮文達公，兵部公座主也，君就請業，文達命治經，始辯別禮宮室服食制度，撰《尚書述》《周易翼》《學春秋理辯》數十萬言。於《書》不廢梅賾古文；於《易》兼宗孟、京、虞、鄭諸家；於《春秋》條貫《左氏》，該以《周禮》，深懲鄉壁虛造之言，而尤惡新說，謂其以禮殺人，如酷吏舞法，致人骨肉遭變，不得盡其情，聞者咸駭其言……君於望，始成儻即折節與交，後以女女焉。而望言《春秋》主《公羊》，數與君乖迕。

◎張桂麗輯校李慈銘著《越縵堂讀書記全編》同治十一年十月「《傳經堂叢書》」條：《學春秋理辯》一卷，凌堃著。據安璿珠跋，稱此書有七十二卷，稿已七易，今所刻僅第三卷《王朝列國紀年》而已。

◎上海古籍出版社 2015 年《續修四庫全書總目提要・春秋類》「《學春秋理辯》一卷」：據李慈銘《越縵堂讀書記》，《學春秋理辯》本有七十二卷，此

書僅為其第三卷，所記者為《王朝列國紀年》。古以歲星紀年，以干支紀日。然星紀有歲差，其積年愈遠而差算愈多，約百四十四年而超一辰，凡千七百二十八年而周十二辰。至東漢改為干支紀年，以六十甲子為一輪迴，逆推往古，遂不復知古有超辰之法。春秋二百四十二年中，有魯莊二十三年和昭十五年兩次超辰，後人所推甲子因此多有訛誤。具體言之，昭十五年後相差三辰，如哀十六年本己未而今以為壬戌；昭十五年前則相差四辰，如閔公昭公元年本皆丙辰而今以為庚申；莊二十三年前更相差五辰，如隱元年本甲寅而今以為己未。此書於此皆推算校正，並改魯公紀年為周王紀年，於王之元年書其歲次及甲子與列國之時君年份。其所更改，雖不免抹殺孔子新周王魯之微言大義，然於紀年之法不無比照校勘之補益。此本據國家圖書館分館藏清道光凌氏刻《傳經堂叢書》本影印。（齊義虎）

◎凌堃（1796～1862），堃一作遙，字厚堂，一字仲訥，自號鐵簫子。烏程（今浙江湖州）人。兵部郎中鳴喈子，世居縣之晟舍。幼隨父宦居京師，失後母歡，避走山西。道光二十一年（1841）中順天鄉試，阮元命治經，遂辨別禮宮室服食制度。好經世之略。晚授金華教諭。咸豐十一年（1861）太平軍攻佔金華，死之。著有《易林》四卷、《周易翼》十卷、《尚書述》、《學春秋理辯》一卷、《德輿子》、《醫宗寶笈》一卷、《評校吳子》、《相地指迷》。

凌曙 春秋繁露注 十七卷 缺

上海藏稿本（缺卷十四）

國圖、北師大藏嘉慶二十年（1815）金陵洪萬盈刻本

天津藏光緒五年（1879）刻畿輔叢書本（附張駒賢注校正十七卷）

中華書局 1975 年版

◎題跋附錄一卷。

◎目錄：卷一楚莊王、玉杯。卷二竹林。卷三玉英、精華。卷四王道。卷五滅國上、滅國下、隨本消息、會盟要（計臺本作盟會要）、正貫、十指、重政。卷六服制像、二端、符瑞、俞序、離合根、立元神、保位權。卷七考功名、通國身、三代改制、官制象天、堯舜湯武、服制。卷八度制（一名調均篇。萍鄉本在三十五）、爵國、仁義法、必仁且知。卷九身之養、對膠西王、觀德、奉本。卷十深察名號、實性、諸侯、五行對、闕文、闕文。卷十一為人者天、五行之義、陽尊陰卑、王道通、天容、天辨、陰陽位。卷十二陰陽終始、陰陽義、陰

陽出入、天道無二、暖燠孰多、基義、闕文。卷十三四時之副、人副天數、同類相動、五行相勝、五行相生、五行順逆、治水五行。卷十四治亂五行、五行變救、五行五事、郊語。卷十五郊義、郊祭、四祭、郊祀、順命、郊事對。卷十六執贄、山川頌、求雨、止雨、祭義、循天之道。卷十七天地之行、威德所生、如天之為、天地陰陽、天道施。

◎序：昔仲尼志在《春秋》行在《孝經》，《春秋》為撥亂反正之書，聖德在庶修素王之文焉。周室既衰，秦并天下，焚書阬儒，先王之道蕩焉泯焉。炎漢肇興，鴻儒蔚起，各執遺經，抱殘守闕。《公羊》至漢始著竹帛，書紀散而不絕，此中蓋有天焉。廣川董生下帷講誦，實治《公羊》。維時古學未出，《左氏》不傳，《公羊》為全孔經，而仲舒獨得其精義，說《春秋》之得失頗詳。蓋自西狩獲麟為漢制法，知劉季之將興，識仲舒之能亂，受授之義，豈偶然哉！据百國之寶書，乃九月而經立，于是以《春秋》屬商，商乃傳與公羊高，高傳與其子平，平傳與其子地，地傳與其子敢，敢傳與其子壽，自高至壽，五葉相承，師法不墜。壽乃一傳而為胡母生，再傳而為董仲舒。太史公謂漢興五世之間，唯仲舒名明於《春秋》，其傳公羊氏也，觀諸藝文所載著述甚夥，今不概見，所存者唯《春秋繁露》十有七卷。原書亦皆失次，然就其完善者讀之，識禮義之宗，達經權之用，行仁為本，正名為先，測陰陽五行之變，明制禮作樂之原，體大思精，推見至隱，可謂善發微言大義者已。漢武即位，以文學為公卿，欲議古立明堂城南以朝諸侯，草巡狩封禪改麻服色事未就，及仲舒對冊，推明孔氏，抑黜百家，立學校之官，州郡舉茂才孝廉，皆自仲舒始之。然終未盡其用。當武帝時，公卿以下爭於奢侈，僭上亡度，民皆背本趨末，仲舒乃從容說上，切中當世之弊。及仲舒死後，功費愈甚，天下虛耗，武帝乃悔征伐之事無益也。劉向謂仲舒有王佐之才，雖伊、呂無以加，筦、晏之屬殆不及也。今其書流傳既久，魚魯雜揉，篇第襍落，致難卒讀。淺嘗之夫，橫生訾議，經心聖符，不絕如線。心竊傷之，遂乃購求善本，重加釐正。又復采列代之舊聞，集先儒之成說，為之注釋。及隋唐以後諸書之引《繁露》者，莫不考其異同，校其詳略，書目姓氏咸臚列於下方。夫聖情幽遠末學難窺，賴彼先賢以啟禰昧，事跡既理，義例斯得，輔翼經傳，舍此何從。曙也不敏，耽慕其書，傳習有年，弗忍棄置。至於是書之善，正誼明道，貫通天人，非予膚淺之識所能推見。登堂食葳，願以俟諸好學深思之士。嘉慶二十年四月既望，國子學生江都凌曙書于蜃雲閣。

◎凡例：

一、是書以聚珍本為主，按語臚列于下，凡「官本按某」、「他本作某」者皆是。

一、是書明王道焜本向有注者加「原注」二字，引盧學士抱經本加「盧注」二字。

一、是書缺文據聚珍本增入。

一、是書錯簡凡有「此下當接某處」者，皆依官本及武進張皋文編修讀本、盧學士刻本改正。

一、是書所引《春秋》皆《公羊》家言，故兩傳不敢羼入，惟書中引《穀梁》之文僅一條，故引《穀梁》以注之；至於土地人名，間有引杜注者，以無關義例故也。

一、諸書之列出處，與今本有異同者皆補注于下，其有為今本所無者則附于後。

◎孫殿起《販書偶記》卷二：《春秋繁露注》十七卷，江都凌曙撰。嘉慶乙亥蜚雲閣刊。

◎包世臣《小倦遊閣集》卷二七《清故國子監生凌君墓表》（摘錄）：江都有生于孤露、不假師資、自力學以成名者二人，曰拔貢生汪中容甫、國子生凌曙曉樓。予以嘉慶六年遊揚州，則汪君前卒。及十年再至，乃識凌君。君生貧而居市，十歲就塾，年餘讀四子書未畢，即去香作雜傭保，然停作輒默誦所已讀書，苦不明詁解。鄰之富人為子弟延經義師，君乘夜狙其軒外聽講論。數月，其師覺之，乃閉外戶不納君，君憤甚，求得已離句之舊籍于市，私讀之達旦，而日中傭作如故。年二十乃棄舊業，集童子為塾師，稍稍近士人，然或僿陋不足當君意，故君學為世俗制舉文無尺度，同人亦莫肯為言者。而童子嘗從君遊，則書必熟作字正楷，以故信從。眾脩脯入稍多，益市書。君有甥儀徵優貢生劉文淇，少貧如君，君愛其穎悟，不忍棄之逐末，自課之，且教且學。劉君齒未壯即以淹通經史知名江淮間，而其學實自君出。君初識予，問所當治業，予曰：「治經必守家法，專治一家以立其基，則諸家可漸通。然心之為用，苦則機窒，樂則慧生。機窒者常不卒其業，凡讀書不熟則心以為苦，君自取熟者治之可也。」以君熟于禮，遂勸君治鄭氏。又以古注義皆激射回互，非深通文法則蒼皇不能得情事，因勸君先誦嘉隆經義三十首，每苗以三百過為度。君既習之，得體勢，乃出故編脩武進張惠言所輯四子書漢說數十事及予與庶常陽湖李兆

洛增輟未就之稿授君，以為治經式。君既明古人文法隱顯疾徐之故，益樂益憤，歲餘稽典禮，考故訓，補其不備，為《四書典故覈》六卷，以見知于故梅花山長、沂州知府歙洪梧。君既治鄭氏得要領，又從今寧國訓導吳沈欽韓問疑義，益貫串精審。嗣聞今儀制武進劉逢祿論何氏《春秋》而好之。及入都，為雲貴總督儀徵阮芸臺校輯《經郛》，盡見魏晉來諸家《春秋說》，深念《春秋》之義存于《公羊》，而公羊之學傳自董子，董子《春秋繁露》原天以尊禮，援比以貫類，旨奧詞賾，莫得其會通。乃博稽旁討，承意儀志，梳其章，櫛其句，為注十七卷以昌絕學。又別為《公羊禮疏》十一卷、《公羊禮說》一卷、《公羊問答》二卷。嗣阮公出鎮，延君入粵課公子。君時方家居讀禮，以喪服為人倫大經，後儒舛議，是非頗謬，作《禮論》百篇引伸鄭義。洎至粵，與阮公商榷，刪合為三十九篇，為一卷。凡君所著書三十八卷五十餘萬言，皆有顯證，絕雷同附會之說，足為來學先路。

◎趙爾巽《清史稿》卷一百四十五志一百二十《藝文》一：《公羊禮疏》十一卷、《公羊禮說》一卷、《公羊答問》二卷、《春秋繁露注》十七卷，凌曙撰。

◎同治《續纂揚州府志》卷十三《人物志》五：治經傳不為俗學，初成《四書典故覈》六卷，嗣讀《公羊》何休注，好之，以《公羊》多言禮，因益精鄭氏學。又以《公羊》義存董子《春秋繁露》，為注十七卷。又別為《公羊禮疏》十一卷、《公羊禮說》一卷、《公羊答問》二卷、《禮論》百篇。嘗從阮文達公入都校輯《經郛》、刪訂《江蘇詩徵》，復隨入粵，皆以校書授讀為事。子鏞諸生，今名毓瑞（《挈經室集》並《傳略》）。

◎同治《續纂揚州府志》卷二十二《藝文志》上：《公羊禮疏》十一卷、《公羊答問》二卷、《春秋繁露注》十七卷（凌曙撰）。

◎張之洞《書目答問》卷一《經部》：《春秋繁露注》十七卷（凌曙注。《古經解彙函》本）。

◎上海古籍出版社 2015 年《續修四庫全書總目提要・春秋類》「《春秋繁露注》十七卷題跋附錄一卷」：凌氏長於以禮解《春秋》，著有《公羊禮疏》、《公羊禮說》。又以董仲舒獨得《公羊》精義，說《春秋》得失頗詳，故賈其餘勇，為《繁露》作注。其自序云：「《繁露》流傳既久，魚魯雜糅，篇第褫落，致難卒讀。淺嘗之夫橫生訾議，經心聖符，不絕若線，心竊傷之。遂乃購求善本，重加釐正。又復采列代之舊聞，集先儒之成說，為之註釋。及隋唐以後諸

書之引《繁露》者,莫不考其異同,校其詳略。」是書以聚珍本為主,參以盧文弨校本、張惠言讀本,另附《史記》董仲舒本傳,及樓郁序文,並為之作注。今觀其書,凡涉及《公羊》之處,皆列傳文,或引何休《解詁》疏證之,裁剪至當。若董、何義異,則不引何注。如楚公子比之事,經書「楚公子棄疾弒公子比」,董仲舒以為,此《春秋》赦比之文;何注則以為,此條主貶棄疾,非赦比也,故凌氏不采。所引諸家之說,能申傳義,而不至於穿鑿。如《玉杯篇》論及許世子止、趙盾之加弒,引《太史公自序》「為人臣子而不通《春秋》之義者,必陷篡弒之誅,死罪之名」解說之。又注《玉英篇》之「詭辭」,援引莊存與之說,廣論《春秋》之書與不書,及其中緣由,皆精確至當,有舉一反三之效。是書持論平實,然不免有疏漏之處。如董仲舒分《春秋》三世,以昭、定、哀為所見世。顏安樂則以襄公二十一年孔子生,之後便為所見世,與董說不同。注文雖提及顏說,而未加辨證。又如董仲舒以為趙盾「弗誅無傳」。翻檢傳文,許世子止之「弗誅」則「有傳」,即昭公十九年「曰許世子弒其君買,是君子之聽止也。葬許悼公,是君子之赦止也」,當引以證之,而凌氏未及。又有若干董學之重要概念,未舉《春秋》之例證之。諸如此類,皆失於過簡。又云:「公羊壽一傳而為胡毋生,再傳而為董仲舒。」然據《漢書》之文,董、胡為同業,非師徒也。凌氏蓋誤信徐疏之言。反之,是書亦有瑣碎之弊,如詳述列國國名之由來、姓氏之源流,至於「子曰」、「嗚呼」之類,亦詳考之,已為蘇輿所譏。又如注「《春秋》二百四十年」之文,歷數十二公在位年限,則過於枝蔓。此蓋當時風尚,未足為病也。要之,是書持論平實,引證有據,雖不及後出之《繁露義證》細密,然其嚴守家法則過之,是大有功於董子者也。此本據上海圖書館藏稿本影印。(黃銘)

　　◎凌曙(1775～1829),字曉樓,一字子升。江都(今江蘇揚州)人。國子監生。好學根性,家貧績學,雜作傭保。嘗問所當治業於涇包世臣,世臣謂治經必守家法,專法一家以立其基,則諸家漸通。著有《禮論》百篇、《公羊禮疏》十一卷、《公羊禮說》一卷、《公羊問答》二卷、《四書典故核》六卷。

凌曙　春秋公羊禮疏　十一卷　存

　　國圖藏嘉慶二十四年(1819)蜚雲閣刻本

　　哈佛、國圖、北師大、金陵藏光緒九年(1883)歸安姚覲元咫進齋輯刻咫進齋叢書本

國圖藏光緒十五年（1889）上海蜚英館石印本（一卷）

商務印書館 1937 年叢書集成初編排印本

叢書集成新編本

上海古籍出版社 2015 年清代春秋學匯刊黃銘楊柳青徐淵點校本

廣陵書社 2015 年揚州文庫影印本

◎一名《公羊禮疏》。

◎序曰：禮有三起，禮理起於大乙，禮事起於遂皇，禮名起於黃帝。迨至唐虞，命秩宗典三禮而祭天地宗廟之屬，爰分為天地人，而三禮之名乃立。降至夏殷，互有損益。商辛不道，彝倫乖舛，治法淪亡。維時西伯目擊王章禮壞樂崩，故設禮經三百威儀三千，官禮萌牙造端於此，亦越武王克商反政，當其所重，民食喪祭。文公繼志，經曲粲然。禮有五經，吉凶軍賓嘉也。以吉禮敬鬼神，以凶禮哀邦國，以賓禮親賓客，以軍禮討不庭，以嘉禮合昏冠，父作子述，蔑以加矣。東遷而後，九服徒存，一線未絕，宗邦積弱，盡失侯度，親盡之廟不毀，召穆之主逆祀，是祠祭不以禮而吉禮亡矣。亂聖人之制，欲久喪而不能，是喪祭不以禮而凶禮亡矣。以大夫而會諸侯，以諸侯而召天子，是朝觀不以禮而賓禮亡矣。作三軍作邱甲，逾時不蒐而忘武備，是師旅不以禮而軍禮亡矣。取同姓以為昏，立妾媵而為適，是昏姻不以禮而嘉禮亡矣。觀夫古帝王之經理天下也，得禮治、失禮亂，得失之所關、治亂之所本也，可不慎與！是以淫辟之罪多，昏姻之禮廢也；爭鬬之獄蕃，鄉飲之禮廢也；骨肉之恩薄，喪祭之禮廢也；君臣之位失，朝聘之禮廢也。由是觀之，六經之道同歸，禮樂之用尤急。周禮在魯，何以視為具文也？然道無終晦，聖不虛生，倉帝失權，水精繼王，孔子以有宋之裔生衰周之末，自衛反魯，道曀不行，乃退考五代之禮，修六藝之文，因魯史而制《春秋》焉。睹東門化鳥之書，創西狩獲麟之制，五始提要，三統參微，承百王而號素王，祖千聖而為元聖。經立九月，道光奕世，治國之體備矣，生民之紀在焉。在昔三王之道一質一文，若順連環。春秋改周之文從殷之質，捄溢扶衰，非故相反，亦所適之變然也。說者謂《春秋》為漢帝制法，故其制度文為多所採擇。魏晉而後，沿襲相承。元魏景明時孫惠蔚因禘祫上言，謂今之取證唯有《王制》一簡、《公羊》一冊，考此二書以求厥旨，是以兩漢淵儒、魏晉碩學咸據斯文以為朝典。原夫《公羊》，至漢始著竹帛，鄒、夾無傳，嚴、顏最盛，然是非不明，句讀亦失，於是任城何君起而修之，探東國之微言，闡西河之至教，依經立注，厥功偉矣。觀其解詁言禮亦詳，徐

氏之疏乃詳於例而略於禮，未能如孔賈之該洽也。今取徐氏之疏而補疏之義，若隱略則更表明。如有不同，便徵他議。自鄭氏《三禮》注、晉宋諸志、《通典》、《唐志》，苟有合於何義者，罔不甄綜，凡以疏通證明而詳其論說云爾。嘉慶歲在己卯後四月上浣，江都凌曙撰於粵東之節署。

◎序：公羊之學弊冒久矣！言之失實者是蕞殘也，議之蹈空者猶拾藩也，君子何貴乎譸言！自七十子之後，一卷之書不勝異說焉。於是奮其私智創為流說者有之，師資既無，功力亦薄，世有如仲舒之下帷、邵甫之閉門，知幾藏往而潛心大業者乎？班固以董生為儒宗，王嘉以何氏為學海，後有作者，漢儒弗可及矣。若夫視皮面牆要眇之論，無由而知，雖有日月之光盲者不能見，雷霆之聲聾人不能聞，是至明無補於瞍矇、至震無救於聾聵也。欲治《公羊》，而末學膚淺亦終不能精已。荀卿曰「《春秋》之微也」，又曰「《春秋》約而不速」，太史公曰「約其文辭而旨博」，范甯曰「君子之於《春秋》，沒身而已矣」，由是觀之，口傳耳剽之譚，無怪乎億錯之妄也。大抵空言無補，惟實事求是庶幾近之。而事之切實，無有過於禮者。舊疏嫌其闕略，故撰《公羊禮疏》十有一卷正徐氏解禮之失，破諸儒持論之偏。引据經史，疏通而證明之。復撰《禮論》三十篇，都為一卷。又有緒論未著於篇，而不盡涉乎禮者，撰《公羊問答》二卷。在昔荀爽有《公羊問答》五卷，荀爽問，魏安平太守徐欽答，今自為問答，變其例而仍襲其名，其間有與惠定宇先生之《九經古義》、錢竹汀先生之《答問》相同者，諸如此類，一概從刪，恐不知者以為似伯尊之攘善矣。蓋自隨唐以後，儒者以為孤經，幾不厝懷。何氏之學雖盛行於河北，而北方之明《公羊》者，魏梁祚一人而已。漢儒之書遺佚殆盡，猶幸仲舒之《繁露》十有七卷尚在人間。曩已為之注釋，固表裏而相資矣。舉凡所著之書，冀成一家之學，不欲揑扯《左》《穀》為三傳之調人。先儒為事莫詳於《左氏》、義莫精於《公羊》，《春秋》乃明義之書，非紀事之書也。若云紀事，一良史之才已足，何至游夏之徒一辭莫贊？將謂《春秋》非事實不明，孔子不能逆料，邱明為之作傳，世無《左傳》而聖經亦因之而廰乎？似非通論也。《春秋》固無傳而明者也。孔子假當日之行事而王法寄焉，謂其事實不足繫有無之數也，故《公羊》略之。史重事，經重義，未修之《春秋》，魯史也；既修之《春秋》，孔經也。古者人君動則左史書之，言則右史書之，《春秋》是動作之事，左史其職也，此指未修之《春秋》而言。若已修之《春秋》，重義而不重事矣。孟子曰：「其事則齊桓、晉文，其文則史」，孔子曰：「其義則邱竊取之矣」，事與義之辨，豈不彰

明較著也哉！若舍《公羊》而求義，是水行而棄舟楫也、陸行而無橇樏也。江河之惡沱不可知，況滄海乎？眾山之岊㐌不可知，況東岳乎？然則《公羊》其治經之梯航也乎？吾以為治是經者，由聲音訓詁而明乎制度典章，以進求夫微言大義，猶魯人將有事於泰山必先有事於頖宮、晉人將有事於河必先有事於惡池也。僕以闒茸之資，無摩研編削之才，亦無游博持掩之好，唯篤嗜《公羊春秋》，覃精竭思力索有年矣。然窮其枝葉而未及宗原，是知執寸莛以撞鐘，爇一炬而爨鑊，其無益也明甚。不有賢哲，何足以知《春秋》？管子云：「老馬識途」，予雖駑駘，亦既為之前驅矣。士有志於《春秋》者，尚或覽焉，不致驚瀇洋而悲跂道也乎！嘉慶歲在己卯秋八月既望，江都凌曙撰於粵東之節署。

◎陳澧序：叢書之刻至今日而極盛，亦至今日而更難。其真偽不分、雅俗不辨、刪削脫誤為盧抱經學士之所譏者無論已，即祛此數弊，而或憚於訪求，取盈卷帙，其祕籍之罕傳於世者反遺焉亦未善也。近者直省多開書局，印行日夥，自非博觀於古、慎取於今，此事正未易易。孫頤谷謂刻書之難與著書等，亶其然乎！歸安姚彥侍方伯承其祖文僖公家學，好傳古籍，尤精於聲音訓詁，故搜采獨多，皆世間不傳之本。而又虛懷博訪，往往從故家藏本暨通人寫本輾轉錄出，好古之士有終身求之而不得者。每刻一書，必期盡善而後止得之。若是其艱刻之，更若是其慎，而求書之志固未有艾也。十年來刻成三十餘種，彙為《咫進齋叢書》。舉以示澧，澧受而讀之，見其別擇精而校讎善，足補從前叢書所未備。爰屬及門陶春海孝廉，署以刻書年月之先後編為三集，集以四部為次。攷叢書編次之善者，前明毛氏汲古閣之《津逮祕書》、我朝鮑氏之《知不足齋叢書》，皆以一集起數，源源相繼，月異而歲不同，所以餉海內之學者，用意至為深遠。今仍其例，先編三集。從此廣搜祕本，將於方伯厚期之。澧老矣，恐不獲見全書，然就茲而觀，知必不為盧抱經之所譏，而孫頤谷以為難者，亦克任其難矣。光緒七年番禺陳澧序。

◎凡例：

疏不破注，向例如此。今間有未安者引先儒之說以正之，實事求是，非敢難詰也。

注中雜引四代之禮，不盡周制也。可證者證之，無則闕疑。若舊疏概以為時王之禮，殊失明晰。

注中如郊禘、六宗、明堂、祥禫之制，異議紛如，今但取其合於何義者引一二以證之，餘則不敢濫登。

疏中所引皆序而不斷，然觀其去取亦可知從違之所在矣。若臚列諸說而上下其議論，是經說而非疏體。

《漢書·藝文志》，《公羊》經傳各十一卷，宋王儉《七志》、梁阮孝緒《七錄》皆云何注十一卷，以閔公附莊公也，今疏之卷數一仍何注之舊。

◎李慈銘《越縵堂讀書記·經部·春秋類》：閱江都凌曉樓先生（曙）《公羊禮疏》。乾嘉間諸儒多尚《公羊》之學，以西漢特重《公羊》，首立學官博士，而何氏作注又在東漢，遂謂《公羊》最存古義，何注又最有師法。自武進莊氏方耕、曲阜孔氏㦛軒皆專精其業，著有成書，凌氏與武進劉申甫起而和之。蓋自兩漢以來，言《公羊》者莫之先也。此書皆取其注之有關禮學者，條分件繫，博引群書以證之，俱詳瞻而不蕪、名通而不滯，可謂必傳之作。凌氏字子昇，以諸生貢太學，著有《四書典故覈》六卷、《春秋繁露注》十七卷、《禮論》一卷、《公羊禮說》一卷、《公羊問答》二卷及《禮疏》十一卷，總為《蜚英閣叢書》，皆精確得漢儒家法。先生食貧力學，阮儀徵督兩廣時，曾延教其子，並刻其《禮論》等入《皇清經解》。先生有自撰《禮論》前後序，述其貧悴之況，令人酸鼻。三旬九食，忍餓著書，真有不媿古人者。同時若戴東原氏，嘗一月斷炊，注《離騷》成始得食。郝蘭皋氏官京師日惟一食，力疾作《爾雅義疏》，為戶部主事二十年不遷，皆貧而樂道者矣。咸豐辛酉六月初七日。

◎同治《續纂揚州府志》卷十三《人物志》五：治經傳不為俗學，初成《四書典故覈》六卷，嗣讀《公羊》何休注，好之，以《公羊》多言禮，因益精鄭氏學。又以《公羊》義存董子《春秋繁露》，為注十七卷。又別為《公羊禮疏》十一卷、《公羊禮說》一卷、《公羊答問》二卷、《禮論》百篇。嘗從阮文達公入都校輯《經郛》、刪訂《江蘇詩徵》，復隨入粵，皆以校書授讀為事。子鏞諸生，今名毓瑞（《犖經室集》並《傳略》）。

◎孫殿起《販書偶記》卷二：《春秋公羊禮疏》十一卷，江都凌曙撰。嘉慶己卯夏蜚雲閣刊。

◎趙爾巽《清史稿》卷一百四十五志一百二十《藝文》一：《公羊禮疏》十一卷、《公羊禮說》一卷、《公羊答問》二卷、《春秋繁露注》十七卷，凌曙撰。

◎同治《續纂揚州府志》卷二十二《藝文志》上：《公羊禮疏》十一卷、《公羊答問》二卷、《春秋繁露注》十七卷（凌曙撰）。

◎張之洞《書目答問》卷一《經部》：《公羊禮說》一卷（凌曙。學海堂本。別有《公羊禮疏》十一卷、《公羊問答》二卷，未見傳本）。

◎上海古籍出版社2015年《續修四庫全書總目提要・春秋類》「《春秋公羊禮疏》十一卷」：是書首有凌氏嘉慶二十四年（1819）四月、八月二序，謂六經之道同歸，而禮樂之用為急。《春秋》撥亂反正，文質之改，所變者禮也，故為禮義之大宗。何休之《解詁》，言禮亦詳。徐彥之疏，詳於例而略於禮，未能如孔、賈之該洽。故取徐氏疏而補疏之，義若隱略，則更表明，如有不同，便徵他議，自鄭氏《三禮注》、晉宋諸志、《通典》、《唐志》，苟有合於何義者，罔不甄宗，凡以疏通證明，而詳其論說云云，乃作是書。序後有凡例，云書中所引，皆無裁斷，「觀其去取，亦可知從違之所在矣。若臚列諸說，而上下其議論，是經說而非疏體」，而於所著《公羊禮說》中，則詳加辨析，施以裁斷。如論親迎之禮，《禮疏》引《五經異義》，《春秋公羊》說以為，自天子至庶人皆親迎；《左氏》說以為，天子至尊無敵，故無親迎之禮，諸侯有故若疾病，則使上大夫迎，上卿臨之。許慎從《左氏》說，而鄭玄取《公羊》說，凌氏未有裁斷。至《禮說》「譏不親迎條」方辨之，以為大夫越竟逆女，於政事有所損曠，故《春秋》譏之。天子、諸侯之任，重於大夫，無越竟逆女之事，當是卿為君逆可知。故凌氏二書，需合而觀之。然《禮說》所言，未盡《禮疏》之內容，猶有未斷者。故是書體例，雖有述而不作之古風，恐未便於來者。前人多謂清代公羊學主於微言大義，故以莊存與、孔廣森、劉逢祿為正宗，所謂賢者識其大；凌氏之學，未善於訓詁，又不涉微言大義，所謂識其小者。如隱公「元年春王正月」條，凌氏僅對「惟王者然後改元立號」詳加論述，認定非天子不得改元，卻不言此條有王魯之微言。然凌氏治《春秋》，由聲音訓詁而至禮樂制度，再及微言大義。先明天子改元之禮，方可言王魯之義，若諸侯亦得改元，則無所謂微言，故有先後次第之別。又此書本言禮制，限於主題，故未及王魯，不宜苛責。觀凌氏之序，詳論經史之別，及重義不重事之旨，是深於《春秋》者也。要之，凌氏以禮解《春秋》，平正篤實，自比識途老馬，為之前驅，以為有志於《春秋》者讀其書，不致驚瀇洋而悲歧道。此本據北京大學圖書館藏清嘉慶二十四年蜚雲閣刻本影印。（黃銘）

凌曙 公羊禮說 一卷 存

國圖、湖南、蘇州、南開大學藏嘉慶二十四年（1819）蜚雲閣刻本

　　國圖藏道光九年（1829）廣東學海堂刻本

　　國圖藏光緒十七年（1891）上海鴻寶齋石印本

　　◎孫殿起《販書偶記》卷二：《春秋公羊禮說》一卷《禮論略鈔》一卷，江都凌曙撰。嘉慶己卯至道光丙戌蜚雲閣刊。

　　◎劉文淇《公羊問答序》（摘錄）：昔《春秋》一經，親授子夏，公羊六傳，始著竹帛。秦燔書而行口說，漢崇儒而立學官。鄒夾二氏俱亡佚於建武，嚴顏兩家均淵源於董相。瑕邱屈而學聿興，張湯傳而道益顯。其由博士為丞相，以經義斷庶事者，《賢良》三策、《決獄》十卷不啻為之指南，導以先路。厥後鄭眾舉十七事，賈逵作四十條，咸難《公羊》以崇《左氏》。而張霸仍授樊侯之書，何君復述李育之義。竊悲二創，覃思三闕，守羊弼緒說，依子都條例，三科九旨以經之，七等六輔以緯之，墨守之稱，良不誣矣。學海之譽諒非徒爾，世不能考其聲音訓詁與夫典章制度，但詆其為漢制法，以緯汩經，幾何不以《春秋》為司空爰書、邵甫為《公羊》罪人乎？！乃若氾毓釋疑之篇，劉兆調人之什，欲殊塗而同歸，究南轅而北轍。然則《隋志》所云《公羊》之學至晉「但試讀文，今殆絕無師說」者，其信然已。舅氏曉樓先生專治《公羊》，謹守家法，嘗以董子之書合乎聖人之旨，深悲其生見嫉於主父，沒被詆於劉蘭。又其甚者，謂《繁露》之名取象古冕玉杯之例，殆等運珠，厚誣古人，貽誤來學，乃注《春秋繁露》十有七卷。昔毛公出守北海，康成為其郡人，故其箋《詩》不忘崇敬，此則懷蛟徵夢，下馬名陵，式祠堂于舊治，想謦欬於遺書，斐然之思不能自已者也。又以《公羊》舊疏不著撰人，言例雖詳，考禮則略，遂乃覃精研思，遐稽博覽，著《公羊禮疏》十一卷、《禮說》一卷。

　　◎劉文淇《青溪舊屋文集》卷六《句溪雜著序》：嘉慶庚辰冬，先舅氏凌曉樓先生自粵中返里，家居授徒，卓人年甫舞勺，受業於門，天資穎悟，已具成人之概。道光甲申，先舅氏客授他氏，卓人遂學於梅君蘊生，受詩文之法，學日進。己酉春，先舅氏復家居，閉戶箸述，精《公羊春秋》，兼通鄭氏禮。卓人復從受經，飫聞緒論，斐然有著述之志。洎先舅氏臥病董子祠中，令卓人間字於余。余學殖荒落，於先舅氏無所肖似，而《公羊》禮服之學卓人蚤得其傳，遂乃博稽載籍，凡有關於何鄭之學者，手自抄錄，推闡其義，所著《白虎通疏證》十二卷實能條舉舊聞，絕無嚮壁虛造之說，今歲季夏發行。篋中說經之文若干篇先付諸梓，而乞序於余。余維漢儒之學，經唐人作疏而其義益晦，徐彥疏《公羊》空言無當；賈孔禮疏亦少發明；近人如曲阜孔氏、武進劉氏謹

守何氏之說，詳義例而略典禮訓詁；歆金氏、程氏習鄭氏禮，顧其所著書往往自立新義，顯違鄭說。先舅氏怒然憂之，慨然發憤，其於《公羊》也，思別為義疏，章比句櫛，以補徐氏所未逮。其於禮也，思舉後儒之背鄭氏者，一一駁正之。惜晚年病風，精力不逮，僅成《公羊禮疏》十一卷、《禮論》百餘篇。卓人行將校文東觀、會議石渠，讀生平未見之書，以續成先舅氏未竟之志。是則余所深望，知卓人亦必有樂乎此也。

◎同治《續纂揚州府志》卷十三《人物志》五：治經傳不為俗學，初成《四書典故覈》六卷，嗣讀《公羊》何休注，好之，以《公羊》多言禮，因益精鄭氏學。又以《公羊》義存董子《春秋繁露》，為注十七卷。又別為《公羊禮疏》十一卷、《公羊禮說》一卷、《公羊答問》二卷、《禮論》百篇。嘗從阮文達公入都校輯《經郛》、刪訂《江蘇詩徵》，復隨入粵，皆以校書授讀為事。子鏞諸生，今名毓瑞（《揅經室集》並《傳略》）。

◎張之洞《書目答問》卷一《經部》：《公羊禮說》一卷（凌曙。學海堂本。別有《公羊禮疏》十一卷、《公羊問答》二卷，未見傳本）。

◎趙爾巽《清史稿》卷一百四十五志一百二十《藝文》一：《公羊禮疏》十一卷、《公羊禮說》一卷、《公羊答問》二卷、《春秋繁露注》十七卷，凌曙撰。

凌曙 公羊問答 二卷 存

道光元年（1821）蜚雲閣刻本
哈佛藏光緒九年（1883）刻咫進齋叢書第一集本
商務印書館 1937 年叢書集成初編排印本
中華書局 1985 年新 1 版叢書集成初編本
◎目錄〔註82〕：
卷上：例、三公、掾、三府掾、百二十國寶書、公羊疏所据之本、隱括、徙居處、立子、原心定罪、駕六、乘馬、二歸、春王二月三月、子、分陝、書外取邑、書首時、歷、禰、許田、婿、僅、送女、周之正月、三老五更、縣車、寔來、以不教民戰、權、三等五等、衛侯朔、岱宗、負茲、九命、紀季、魯子、

〔註82〕周按：卷上四十九事，卷下六十六事，計一百一十五事。目錄與正文偶不相
　　　　應，如卷上「僅」條正文在「送女」條後、「妻事夫有四義」條正文在「操」
　　　　條後，卷下「雙輪」條正文在「六宗」條後，「拜如轉」作「拜如蹲」在「誄」
　　　　條後。

星霣、國氏、搏戲、乳犬噬虎、瀸、蜮、大災、跌、僂、妻事夫有四義、椷、操。

卷下：宿留、詐謏劫質、撟、雨升、崇朝、四望、隻輪、拜如蹲、六宗、謏、大夫以碧、昳、崢、河曲、黨所、出、接菑、集、荷畚、赫然、逡巡、超遽、周狗、暴桑、不毛、搛軍退舍、杼、詳、秫、堙距、廬舍、井田之義、荻、撰土易居、辯護、得乘馬、三老孝弟、里正、一月得四十五日作、大學、壇、甒、踊、鼷鼠、坐盜天牲、侈、鑿行、稟稟、閽、傅母、大原、我知之矣、時孔子年二十三、王城、鈇鑕、盱、公扈子、桯、格、逆祀、白藏青藏、吳、晡、魚菽之祭、用田賦、為漢制法。

◎公羊問答序〔註83〕：昔《春秋》一經親授子夏，《公羊》六傳始著竹帛。秦燔書而行口說，漢崇儒而立學官。鄒、夾二氏俱亡佚於建武，嚴、顏兩家均淵源於董相。瑕邱屈而學聿興，張湯傳而道益顯。其由博士為丞相，以經義斷庶事者，不啻為之指南，導以先路。厥後鄭眾舉十七事、賈逵作四十條，咸難《公羊》以崇《左氏》。而張霸仍授樊侯之書，何君復述李育之義。竊悲二創，覃思三闕，守羊弼緒說，依子都條例，三科九旨以經之，七等六輔以緯之。墨守之稱良不誣矣，學海之譽諒非徒爾。世不能考其聲音訓詁與夫典章制度，但詆其為漢制法、以緯汩經，幾何不以《春秋》為司空爰書、邵甫為《公羊》罪人乎！乃若氾毓《釋疑》之篇、劉兆《調人》之作，欲殊途而同歸，究南轅而北轍。然則《隋志》所云「《公羊》之學至晉但試讀文，今殆絕無師說」者，其信然已。舅氏曉樓先生專治《公羊》，謹守家法，嘗以董子之書合乎聖人之旨，深悲其生見嫉於主父，沒被詆於劉蘭，又其甚者謂《繁露》之名取象古冕玉杯之例，殆等連珠，厚誣古人，貽誤來學，乃注《春秋繁露》十有七卷。昔毛公出守北海，康成為其郡人，故其箋《詩》不忘崇敬。此則懷蛟徵夢，下馬名陵，式祠堂于舊治，想聲欬於遺書，斐然之思不能自已者也。又以《公羊》舊疏不著撰人，言例雖詳，考禮則略，遂乃覃精研思，迆稽博覽，著《公羊禮疏》十一卷、《禮說》一卷。馮君《章句》旁通禮經，纍信《漢議》獨理何氏。方諸前賢，如合符契。若其暴桑、周狗、伏雞、搏狸，大義無關，識小斯在；僂疾、黨所、聞上、鑿行，咸屬方言，俱非雅訓，亦必疏其由來，為之左證，作《公羊問答》一卷。荀慈明之問徐欽、王愆期之答庾翼，昔有其書，今存其

〔註83〕此序又見於劉文淇《青溪舊屋文集》卷五，題《凌氏叢書序》，無末「道光元年二月，受業甥儀徵劉文淇謹譔」句。

目。舊疏自為問答，茲編蓋仍其例，凡以導揚古義、遵守舊聞。文淇賦質樗昧，莫測涯涘，猥忘譾陋，重荷詆諉，但乏孝綽之奇作，未許同遊；試元幹之藏書，或堪授讀云爾。道光元年二月，受業甥儀徵劉文淇謹譔。

◎摘錄卷上「例條」：問：《春秋》何為以例言也？曰：禮曰：「屬辭比事，《春秋》之教也」，《漢書・陳寵傳》注：「比例也」，《刑法志》師古曰：「比，以例相比況也」，春秋之世，功有小大，罪有淺深，非例不明。管子《春秋》之記注周公凡例，諸侯國史也。例之說由來久矣。何氏《解詁》之例非其自創，略依胡毋生之條例。何氏之文謚例，疏中所引之外，餘不概見。又《公羊傳條例》一卷見於《七錄》，今佚。董仲舒有《春秋決事比》，《漢志》云十六篇，今佚。今《繁露・精華篇》曰「詩無達詁，《易》無達占，《春秋》無達例」，王充曰：「仲舒表《春秋》之義，稽合於律，無乖異者」，故例莫詳於《公羊》。至於《左氏》之例，始於鄭興、賈徽，徽從劉歆受《左氏春秋》，興從博士金子嚴為《左氏春秋》，其子鄭眾、賈逵各傳家學，亦有條例以釋《春秋》。《穀梁》之例始於范甯，別為《略例》一百餘條。唐以前無有不言例者，至宋人以為都無義例，全憑赴告之辭，始置例於不講矣。

◎孫殿起《販書偶記》卷二：《春秋公羊答問》二卷，江都凌曙撰。道光辛巳夏蜚雲閣刊。

◎趙爾巽《清史稿》卷一百四十五志一百二十《藝文》一：《公羊禮疏》十一卷、《公羊禮說》一卷、《公羊答問》二卷、《春秋繁露注》十七卷，凌曙撰。

◎同治《續纂揚州府志》卷二十二《藝文志》上：《公羊禮疏》十一卷、《公羊答問》二卷、《春秋繁露注》十七卷（凌曙撰）。

◎同治《續纂揚州府志》卷十三《人物志》五：治經傳不為俗學，初成《四書典故覈》六卷，嗣讀《公羊》何休注，好之，以《公羊》多言禮，因益精鄭氏學。又以《公羊》義存董子《春秋繁露》，為注十七卷。又別為《公羊禮疏》十一卷、《公羊禮說》一卷、《公羊答問》二卷、《禮論》百篇。嘗從阮文達公入都校輯《經郛》、刪訂《江蘇詩徵》，復隨入粵，皆以校書授讀為事。子鑛諸生，今名毓瑞（《墼經室集》並《傳略》）。

◎張之洞《書目答問》卷一《經部》：《公羊禮說》一卷（凌曙。學海堂本。別有《公羊禮疏》十一卷、《公羊問答》二卷，未見傳本）。

◎上海古籍出版社 2015 年《續修四庫全書總目提要・春秋類》「《春秋公羊問答》二卷」：凌曙治《春秋》，以為當由聲音訓詁而明乎制度典章，以進求

夫微言大義。所著《春秋公羊禮疏》，於傳注所言之禮制，疏通甚詳。然拘於體例，尚有「緒論未著於篇，而不盡涉乎禮者」，故撰《公羊問答》二卷。昔荀爽有《公羊問答》五卷，荀爽問，魏安平太守徐欽答。凌氏仿其體，而自為問答。是書前有道光元年（1821）劉文淇序、嘉慶二十四年（1819）凌氏自序，序後為目錄，正文分上下二卷，問答一百一十五事，其中卷上四十九事，卷下六十六事。是書於聲音訓詁，多有發明。注疏所涉之漢制、地名、亦詳加考訂。又徵引他書，證明《公羊》之說，淵源有自。兩漢君臣引《公羊》以決事之文，亦廣為羅列，所涉甚廣。然是書非全為識小之學，故於《春秋》大義，間有發明。如論劫質之事，引後漢橋玄、韓浩之例，以為當迫殺盜賊。又引申之，以為諸侯死國不死邑，國君被執，求邑則可與之，求國則不可。更論劫人之臣子以要其君父，並擊之可也；劫人君父以要其臣子，並擊之則不可。分別至當。其論紀季之事，則引董仲舒《春秋繁露》，以為紀季之降齊，實紀侯所命，若紀季自主之，《春秋》方且罪之不暇，而又何賢乎？持論嚴正，可補傳文之未備。要之，是書為羽翼《公羊禮疏》而作，徵引廣博，持論平實，識大識小，皆有功於《春秋》。此本據復旦大學圖書館藏清道光元年蜚雲閣刻本影印。（黃銘）

凌璹玉　左氏節萃　十卷　存

上海、寧波藏乾隆二十六年（1749）慎修堂刻本

北大、上海、南京、湖北、陝西藏乾隆四十年（1775）金閶書業堂刻本

◎凌璹玉，號斗隍。上海人。祖籍歙縣沙溪。凌如煥長子。以子應龍封刑部主事。著有《左氏節萃》十卷。

凌揚藻　春秋咫聞鈔　十二卷　存

重慶藏清刻本

道光刻海雅堂全集本

◎孫殿起《販書偶記》卷二：《春秋咫聞鈔》十二卷，番禺凌揚藻撰。同治間刊。

◎陳璞《尺岡草堂遺集》卷四《擬廣東文苑傳》：其論學以躬行為本，以無自欺為端，以期於有用為歸宿。所著有《藥洲詩略》六卷、《藥洲文略》十六卷續編十二卷、《拄楣蒩記》六卷、《四書紀疑錄》六卷、《春秋咫聞鈔》十二卷、《蠡勺編》四十卷、《嶺海詩鈔》三十四卷。

◎凌揚藻（1760～1845），字譽釗，號藥洲（種）花農，又號果哉史。廣東番禺譚村人，原籍安徽涇縣。乾隆諸生。曾從朱珪問學。工詩文。著有《春秋咫聞鈔》十二卷、《四書紀疑錄》六卷、《藥洲詩略》六卷、《藥洲文略》十六卷、《藥洲文略續編》十二卷、《蠡勺編》四十卷、《拄楣葹記》六卷，編選有《停雲集》、《國朝嶺海詩鈔》二十四卷，合為《海雅堂全集》。

劉本忠　春秋指掌圖　佚

◎光緒《湖南通志》卷二百四十六《藝文志》二：《春秋指掌圖》，衡陽劉本忠撰（《縣志》）。

◎劉本忠，湖南衡陽人。著有《春秋指掌圖》。

劉城　春秋左傳地名錄　二卷　存

崇禎刻本

◎卷首：國名。

◎序〔註84〕：五經誌地理者，《禹貢》而外，《詩》亦頗著，然無若《春秋》之賾且多矣。予少讀《左氏傳》，苦繁多靡記〔註85〕，意欲小摘之〔註86〕，便記識也已。按《文獻通考》及國史《經籍志》，漢嚴彭祖、晉裴秀／杜預、宋楊湜／張洽／鄭樵，元杜英輩〔註87〕，各有《春秋》地名圖譜諸〔註88〕書，私儗得其一〔註89〕本，綜同異、覈事情、畫方輿、紀因革，可判若列眉矣。而藏書弗廣，載籍亦湮，每以為憾。茲者消夏九華，參觀三傳，隨筆輒有疏議，頗〔註90〕與諸說〔註91〕相出入。因以餘便別錄地名，析為二卷〔註92〕。此在經義，最為粗末，然可備遺忘云，顧不知于漢晉宋元〔註93〕諸圖譜為何如也。崇禎癸酉夏五月，貴池劉城識〔註94〕。

〔註84〕又見於劉城《嶧桐集》卷一，題《春秋左傳地名錄序》。
〔註85〕劉城《嶧桐集》卷一《春秋左傳地名錄序》「憶」作「記」。
〔註86〕劉城《嶧桐集》卷一《春秋左傳地名錄序》「意欲小摘之」作「欲小撮之」。
〔註87〕劉城《嶧桐集》卷一《春秋左傳地名錄序》「元杜英輩」作「元杜英、明楊慎」。
〔註88〕劉城《嶧桐集》卷一《春秋左傳地名錄序》無「諸」字。
〔註89〕劉城《嶧桐集》卷一《春秋左傳地名錄序》無「一」字。
〔註90〕劉城《嶧桐集》卷一《春秋左傳地名錄序》無「頗」字。
〔註91〕劉城《嶧桐集》卷一《春秋左傳地名錄序》「說」作「家」。
〔註92〕劉城《嶧桐集》卷一《春秋左傳地名錄序》「因以餘便別錄地名，析為二卷」作「因以其餘，別錄地名二卷」。
〔註93〕劉城《嶧桐集》卷一《春秋左傳地名錄序》無「漢晉宋元」四字。
〔註94〕劉城《嶧桐集》卷一《春秋左傳地名錄序》無「貴池劉誠識」五字。

◎凡例：

五經圖有春秋諸國所都，地理又有諸國屬地，其間多遺逸錯雜，有以采地而入于國都者，有以小國而列之屬地者，又無別白經傳之辭以便省覽。今特錄列國名繫之首卷以為綱，而屬地則次為二卷。

京師未可夷于屬地，故列之諸國之前。

夏商以前，國名多有散見者，別錄之諸國之後。

杜預注《左氏》，其所釋以《晉地理志》為主。五經圖則間以宋地名參之矣。其所次諸國，今所屬圖殊為未備，茲錄一遵杜注，從其始也。

《晉地理志》曰：「春秋之初，尚有千二百國，迄獲麟之末二百四十二年，弑君三十六，亡國五十二，諸侯奔走，不得保其社稷者，不可勝數，而見於《春秋》經傳者，百有七十國焉。百三十九知其所居（魯邾鄭宋紀衞西虢莒齊陳杞蔡邢郕晉薛許鄧秦曹楚隨黃梁虞鄎小邾徐燕郜廖舒庸鄌萊吳越有窮三苗瓜州有虞東虢共宿申夷向南燕滕凡戴息鄑芮魏淳于穀巴州蓼羅賴牟葛譚蕭遂滑權彰霍耿江冀弦道柏微鄅鄬項密任須句頓史頓管雍畢豐邘應蔣茅胙鄤介焦沈六巢根牟唐黎郇瑕寒有鬲斟灌斟鄩過有過戈偪陽邾鑄豕韋唐杜楊幽鄶觀扈邳胡黎大庭駘岐邶鍾吾蒲姑昆吾房密須甲父鄋桐亳韓趙），三十一國盡亡其處（祭、極、荀、賈、貳、軫、絞、於餘丘、陽、箕英氏毛、羽荦、偪、封父、仍、有仍、崇、鄩、庸、姚、奄、商奄、褒姒、蓐、有、緡、闞、蟁、瞍、鄶、窮桑、羣），蠻夷戎狄不在其間。五伯迭興，總其盟會。」今按有、鬲、有仍、大庭、封父之屬，皆在夏商以前，未可槩以《春秋》。且淳于州所都瓜州居戎之地，亦未可謂之國也。錄中皆分別著之。

《春秋列國圖說》曰：「春秋之世，見于經傳者，總一百二十四國（魯晉楚齊秦吳越宋衞鄭陳蔡邾曹許莒杞滕薛小邾息隨虞北燕紀巴鄧郕徐鄋芮胡南燕州梁荀賈凡祭宿鄅原鄬舒鳩滑鄬黃羅邢魏霍郜鄭瑕向偪陽韓舒庸焦楊夷申密耿廖萊弦頓沈穀譚舒邿白狄賴肥鼓戎蠻唐潞江鄌權道柏貳軫絞蓼六遂崇戴冀溫鄬項英氏介巢盧根牟無終邾姒蓐狄房鮮虞陸渾桐郜於餘丘須句頓史任葛蕭牟鄭極鄶），蠻夷戎狄不在其間。」今按此《圖說》舊以為宋蘇子瞻作。先輩嘗辨其非矣。其中取舍考據，蓋以《左傳》《漢書》《春秋纂例》參定之。然應、畢、豐、邘之類皆周初所封建，豈可以其人不著于盟會而刪之邪？且白狄、陸渾雖有國爵，實四夷之尤著者，又安可謂蠻夷戎狄不在其間邪？茲錄于列國之後特書四夷，以有國爵者列于前，其餘以種別焉。

地名如宿、向之類，《公》《穀》以為邑，杜注以為國，今併著之。

曲沃翼鄂皆以晉亂而分，雖歷年未久，亦既各君其國矣，今併錄之。

州國有二，一在城陽淳于，一在南郡華容，未可混而為一。舊圖無別言之者，今特並存之。

蓼亦有二，一在安豐郡，一在義陽郡，但未知其果皆國否也，今存疑，亦別錄之。

國有名同而字異者，如邾《公羊傳》作邾婁、郕《公羊傳》作盛之類。若屬地則異同者尤眾，錄中皆並存之。

國名地名皆以所見之先後為次。有先見傳而後見經者，注曰某公某年見經。

宮廟之名多從其謚，如武宮、大宮、仲子之宮，皆弗錄。如渚宮之類則錄之，以其繫乎地也。

城名、門名、里名、市名皆著之地，故亦附焉。

城門名稱東西南北者弗錄，其異者間附之。然亦隨筆抄存，此類尚多遺漏。

古地名有見于人所稱述者，亦附錄其中。

◎劉城《春秋外傳國語地名錄自序》〔註95〕：予既詮次《內傳》地名，置之篋中蓋數歲矣。後此讀《春秋》輒觀大義，不復比類求之。近偶一巡攬焉，亦自謂粗有考索也。旋以《國語》參定〔註96〕，其間同者什之七、異者什之三。又周晉采地多散見卿士姓號中（如召、樊、范、單、趙、樂、羊舌之類）〔註97〕。予參《內傳》時〔註98〕皆棄而弗取，今併褒採補〔註99〕其闕遺，試以合諸前錄，庶幾備《春秋》之版籍云爾。雖甚寥寥，為猶賢乎雞肋也。崇禎丁丑夏五月戊辰，貴池劉城識〔註100〕。

〔註95〕又見於劉城《嶧桐集》卷一，題《春秋左傳國語地名錄序》。

〔註96〕劉城《嶧桐文集》卷一《春秋左傳國語地名錄序》「近偶一巡攬焉，亦自謂粗有考索也。旋以《國語》參定」作「近以《國語》參定」。

〔註97〕劉城《嶧桐文集》卷一《春秋左傳國語地名錄序》以「如召、樊、范、單、趙、樂、羊舌之類」為正文，非注。

〔註98〕劉城《嶧桐文集》卷一《春秋左傳國語地名錄序》「予參《內傳》時」作「前錄」。

〔註99〕劉城《嶧桐文集》卷一《春秋左傳國語地名錄序》「今併褒採補其闕遺，試以合諸前錄，庶幾備《春秋》之版籍云爾」作「今併褒采以補闕遺，庶幾備其版籍焉爾」。

〔註100〕劉城《嶧桐文集》卷一《春秋左傳國語地名錄序》無「崇禎丁丑夏五月戊辰，貴池劉城識」句。

◎《明史》卷九十六《志》第七十二《藝文》一《春秋》：劉城《春秋左傳地名錄》二卷。

◎提要：是編前列國名，後列地名，各以十二公時代為序。地名之下各有註，少僅一二字，多亦不過六七字。蓋隨手集錄，姑備記誦，無所考正。視後來高士奇、江永二家之書不及遠矣。

◎劉世珩《貴池先哲遺書》卷首《貴池先哲遺書待訪目》「劉城」：《春秋左傳地名錄》二卷（見《四庫存目提要》）、《春秋左傳人名錄》六卷、《春秋外傳國語地名錄》一卷、《春秋外傳國語人名錄》二卷、《古今名賢年譜》二十卷、《池州雜記》八卷、《讀書略記》二十卷、《古今廟學記》四十卷、《遜國貴池三忠錄》三卷（編黃觀、陳敬宗、金焦事）、《九華遊記》一卷、《遊杉山日記》一卷（以上見《縣志》）、《南宋文鑑》（見陳士業《墓志》）、《古事異同》、《今事異同》、《後通志略》、《後樂苑》、《選明人韋布詩》、《劉氏家訓》、《劉氏藏書題跋》（以上見徐世溥《傳》）。

◎劉世珩《貴池二妙集》附錄卷第四「劉伯宗先生所著書目」：《春秋左傳人名錄》六卷、《春秋左傳地名錄》二卷、《春秋外傳人名錄》二卷、《春秋外傳地名錄》一卷、《古今名賢年譜》二十卷、《池州雜記》八卷（以上見《通志》，均未見）、《嶧桐集》二十卷（存）、《古今廟學記》、《古事異同》、《今事異同》、《劉氏家訓》、《劉氏藏書題跋》、《後通志略》、《後樂苑》、《選明人韋布詩》（以上見徐《傳》，均未見）。

◎《浙江採集遺書總錄・乙集・經部・春秋類》：《春秋左傳地名錄》二卷（刊本），右明諸生貴池劉城撰。參考《三傳》所載地名，分別注釋之。崇禎癸酉自序云：此在經義最為龘末，顧可備遺忘耳。

◎劉城（1598～1650），字伯宗，改字存宗，號嶧桐。安徽貴池人。明諸生。與吳應箕合稱「貴池二妙」。入清屢薦不起，隱居以終。著有《春秋左傳地名錄》二卷、《春秋左傳人名錄》六卷、《春秋外傳國語地名錄》一卷、《春秋外傳國語人名錄》二卷、《古今名賢年譜》二十卷、《池州雜記》八卷、《讀書略記》二十卷、《古今廟學記》四十卷、《遜國貴池三忠錄》三卷、《九華遊記》一卷、《遊杉山日記》一卷，《南宋文鑑》、《古事異同》、《今事異同》、《後通志略》、《後樂苑》、《選明人韋布詩》、《劉氏家訓》、《劉氏藏書題跋》、《嶧桐文集》十卷、《峽川集》十卷。

劉城 春秋左傳人名錄 六卷

◎《春秋左傳人名錄序》〔註101〕：余既為《春秋左傳地名錄》矣，復錄人名焉。蓋春秋中人，自天王世辟，而外氏或以地以官以祖父，載筆者或名之字之諡之，一人數稱，前後貿易，類聚而繫之一身，然後無錯惑也。焦氏《經籍志》有《春秋宗族名氏譜》五卷、《春秋諡族譜》一卷、《春秋名號歸一圖》二卷、《春秋名字異同錄》五卷，今惟《歸一圖》盛傳，則予錄之亦未可少矣。抑有感焉：諸人什三見經、什七見《左傳》，按左本以氏行，漢儒以降，遂定為丘明。或疑「丘明恥之，丘亦恥之」之云，其辭氣近于竊比，恐丘明未為受業弟子。即傳內筆理參錯，至假借楚芊，纏繞特甚，安知非左史諸家人成贖其間邪？余至今思之，亦無確據。是則左氏一人已有疑義，況左所傳之人哉？又烏知人之果有無而名之果是否也？錄成，為一歎云。

◎光緒《貴池縣志》卷二十七《人物志·文苑》：劉城《池州雜記》八卷（見舊志。其書可補郡志之闕）、《嶧桐集》十卷、《峽川集》十卷（均見舊志）、《春秋左傳人名錄》六卷（以上均見舊志）、《春秋左傳地名錄》二卷（見《明史》）、《春秋外傳國語人名錄》二卷、《春秋外傳國語地名錄》一卷、《讀書略記》二十卷、《古今廟學記》四十卷（以上均見舊志）、《古今名賢年譜》二十卷（見《通志》）、《遜國貴池三忠錄》三卷（編黃觀、陳敬宗、金焦事）、《九華遊記》一卷、《遊杉山日記》一卷（以上俱舊志）。

劉承幹 春秋公羊疏殘校勘記 一卷 存

民國刻嘉業堂叢書本

◎唐徐彥原撰。

劉承幹 春秋公羊疏校勘記 一卷 存

民國刻嘉業堂叢書本

◎劉承幹（1881～1963），字貞一，號翰怡、求恕居士，晚自號嘉業老人。浙江吳興（今湖州）南潯人。幼就讀潯溪書院，光緒三十一年（1905）中秀才。曾任《浙江通志》分纂、清史館名譽纂修，以藏書名。著有《周易正義校勘記》二卷、《春秋公羊疏校勘記》一卷、《春秋正義校勘記》二卷、《穀梁疏存校勘記》二卷、《穀梁疏校勘記》二卷。

〔註101〕錄自劉城《嶧桐文集》卷一。劉世珩《貴池先哲遺書》亦收錄此序。

劉承幹 春秋正義校勘記 二卷 存

民國刻嘉業堂叢書本

劉承幹 穀梁疏存校勘記 二卷 存

復旦藏稿本

民國刻嘉業堂叢書本

◎唐楊士勛原撰。

劉承幹 穀梁疏校勘記 二卷 存

復旦藏稿本

民國刻嘉業堂叢書本

劉大櫆 評點左傳 佚

◎劉聲木《桐城文學撰述考》卷一「劉大櫆撰述」:《歷代詩約選》九十二卷、《七律正宗》四卷、《唐宋八家古文約選》四十八卷、《劉海峰制藝》三卷、《劉氏族譜》、《小稱集》一卷、《刪錄荀子》(節錄得十之四五)、《選評八家文序目》、《歸震川文集選本》、《評點孟子》、《評點左傳》、《評點莊子》、《評點國語》、《評點揚子法言》、《評點古詩選》、《評點錢箋杜詩》(原本藏新建吳壽生家)、《評點唐人萬首絕句》、《評點詩經》□卷、《歙縣志》二十卷、《黃志》二卷、《評點楚詞》□卷、《五言正宗》八卷、《唐人萬首絕句鈔》□二卷、《五七言古近體詩鈔》□卷(方苞同選)、《評點文選》□卷(舊藏同邑程氏)、《歷代古文約選》廿餘卷、《評點杜詩》□□卷(極為精細,五言長律凡轉折段落,筋絡一一分明,舊藏同邑張氏)、《評點王阮亭詩集》□卷(舊藏徐氏)、《評點高季迪大全集半部》、《唐宋八家古文約選》十卷(錄五百三十八篇,末附歸有光文三十三篇)、《評點茅坤唐宋八家文鈔》□□卷(舊藏吳棣村家)。

◎劉大櫆(1698～1780),字才甫,一字耕南,號海峰。安徽桐城樅陽人。與方苞、姚鼐合稱「桐城三祖」。早抱明經致用之志而屢試不售。雍正七年(1729)、十年(1732)兩登副榜。乾隆六年(1741)參試博學鴻詞、十五年(1750)參試經學落選。乾隆三十二年(1767)執教黟縣,三十六年(1771)歸里講學。著有《評點詩經》、《評點孟子》、《評點左傳》、《劉海峰制藝》三卷、《劉氏族譜》、《小稱集》一卷、《刪錄荀子》、《選評八家文序目》、《歸震川文集選本》、《評點莊子》、《評點國語》、《評點揚子法言》、《評點古詩選》、《評點

錢箋杜詩》、《評點唐人萬首絕句》、《歙縣志》二十卷、《黃志》二卷、《評點楚
詞》、《評點文選》、《評點杜詩》、《評點王阮亭詩集》、《評點高季迪大全集半部》、
《評點茅坤唐宋八家文鈔》，編有《歷代詩約選》九十二卷、《七律正宗》四卷、
《唐宋八家古文約選》四十八卷、《五言正宗》八卷、《唐人萬首絕句鈔》、《唐
宋八家古文約選》十卷、《歷代古文約選》廿餘卷，與方苞同選《五七言古近
體詩鈔》。

劉東曦 春秋解 佚

◎光緒《湖南通志》卷二百四十六《藝文志》二：《春秋解》，南鄉劉東曦
撰（《縣志》）。◎劉東曦，湖南寧鄉人。著有《易經解》、《春秋解》。

劉爾炘 春秋大旨提綱表 四卷 存

青海、寧夏回族自治區、陝西師範大學、蘭州文理學院藏光緒三十四年
（1908）甘肅高等學堂刻本

◎劉爾炘（1864～1931），字又寬，號曉嵐，又號果齋，別號五泉山人，
私謚文毅。甘肅蘭州鹽場堡人。光緒十五年（1889）進士，授翰林院庶吉士、
翰林院編修。任京職三年，辭官歸里，主講五泉書院。復任甘肅文高等學堂總
教習、甘肅省臨時議會副議長、豫陝甘及行政院賑災委員會委員。創隴右樂善
書局，刊行隴上先賢著作。著有《尚書授經日記》、《周易授經日記》、《詩經授
經日記》、《春秋大旨提綱表》四卷、《春秋授經日記》、《果齋一隙記》、《勸學
邇言》一卷、《果齋日記》六卷、《果齋前集》、《果齋續集》、《果齋別集》、《辛
壬販災記》、《蘭州五泉山修建記》、《拙修子太平書》、《小兒語摘抄說意》及《隴
右鐵餘集》諸書。

劉爾炘 春秋授經日記 存

天津社科院藏光緒三十年（1904）高等學堂鉛印授經日記本
天津社科院藏光緒三十四年（1908）甘肅高等學堂刻授經日記本

劉芳 左傳提綱 佚

◎民國《南宮縣志》卷十八《文獻志》：著有《易學入門》《左傳提綱》《駢
字類編》，俱若干卷待梓。

◎劉芳，字信庵。河北南宮縣人。歲貢生。四赴京兆試，三薦不售。尤邃於易，旁通六壬奇門之學。卒年八十三。著有《易學入門》《左傳提綱》《駢字類編》。

劉逢祿　春秋公羊何氏解詁箋　一卷　存

道光九年（1829）廣東學海堂刻本

復旦藏咸豐十年（1860）補刻本

光緒十七年（1891）上海鴻寶齋石印皇清經解本

國圖、北大、浙大、湖南、南京、北京師大藏光緒二十三年（1897）廣州太清樓刻本

國家圖書館出版社2014年晁岳佩宋志英選編春秋研究文獻輯刊影印道光九年（1829）廣東學海堂刻本

◎一名《公羊春秋何氏解詁箋》《劉禮部公羊何氏解詁箋》。

◎劉逢祿《春秋公羊釋例後錄》卷一：《公羊申墨守》（原名《解詁箋》）。

◎公羊春秋何氏解詁箋敘〔註102〕：余嘗以為經之可以條例求者惟《禮‧喪服》及《春秋》而已，經之有師傳者惟《禮‧喪服》有子夏氏、《春秋》有公羊氏而已。漢人治經首辨家法，《易》施、孟、梁邱，《書》歐陽、大小夏侯，《詩》齊韓轉師說，今皆散佚，十亾二三。世之言經者，于先漢則古《詩》毛氏、于後漢則今《易》虞氏，文辭稍為完具。然毛公詳詁訓而畧微言，虞翻〔註103〕精象變而罕大義，求其知類通達、微顯闡幽，則《公羊傳》在先漢有董仲舒氏，後漢有何劭公氏，子夏《傳》有鄭康成氏而已。先漢之學務乎大體，故董生所傳非章何訓詁之學也。後漢條理精密，要以何劭公、鄭康成二氏為宗。《喪服》之於五禮〔註104〕，一端而已，《春秋》〔註105〕始元終麟，天道浹，人事備，以之網羅眾經，若數一二辨白黑也。故董生下帷講誦三年、何君閉戶十有七年，自來治經孰有如二君之專且久哉！余自童子時癖嗜二君之書，若出天性，以為一話一言，非精微眇、通倫類，未易窺其蘊奧。何君生古文盛行之

〔註102〕又見於劉逢祿《春秋公羊釋例後錄》卷一，題《公羊解詁箋原序》。又見於劉逢祿《劉禮部集》卷三，題《春秋公羊解詁箋序》。

〔註103〕劉逢祿《春秋公羊釋例後錄》卷一《公羊解詁箋原序》「虞翻」作「虞君」。

〔註104〕劉逢祿《春秋公羊釋例後錄》卷一《公羊解詁箋原序》「《喪服》之於五禮」作「然《喪服》特於五禮」。

〔註105〕劉逢祿《春秋公羊釋例後錄》卷一《公羊解詁箋原序》「《春秋》」下有「則」字。

日，廓開眾說，整齊傳義，傳經之功時罕其匹。余寶持篤信，謂晉唐以來之非何氏者皆不得其門不升其堂者也。康成兼治三傳，故于經不精，今所存《發墨守》可指說者惟一條〔註106〕，然多牽引《左氏》。其于董生、胡毋生之書研之未深，概可想見。而何君稱為入室操矛，宏獎之風斯異于專己黨同者哉！余初為《何氏釋例》，專明《墨守》之學。因析其條例，以申何氏之未著及他說之可兼者〔註107〕。非敢云彌縫匡救營衛益謹，自信於何氏〔註108〕繩墨少所出入云爾。康成《六藝論》曰〔註109〕：「注《詩》宗毛為主，毛義若隱略則更表明；如有不同，即下己意，使可識別。」余遵奉〔註110〕何氏，竊取斯旨，以俟後〔註111〕之能墨守者董理焉。嘉慶十四年〔註112〕，武進劉逢祿譔。

　　◎郭嵩燾《郭嵩燾日記》光緒七年七月初一日辛酉：何京山、曹識山、歐陽季臨、朱香蓀過談。接易卓超揚州信，並擬致友民函稿。馮琴西之意良亦拳拳，容當一言之。檢校陳子瀟、江竹仙二人功課，並習《左氏春秋》者也。子瀟採錄劉申受《春秋義證》之說，專以攻左為義。國朝治經崇尚漢學，漢儒所傳授，表章之；其所不尚，必曲誣之。劉氏以表章公羊為義，攻擊左氏，深文周內，不遺餘力。頗力與辨正之，不能以班史所錄、許鄭諸儒所傳，概斥為劉子駿之偽託也。

　　◎李兆洛《養一齋文集》卷十六《禮部劉君傳》：其於學務深造自得，禮侍公兼通五經，各有論述，著《春秋正辭》，涵濡聖真，執權至道，取資三傳，通會羣儒，君乃研精《公羊》，探源董生，發揮何氏，成《釋例》三十篇，以微言大義刺譏褒諱，挹損之文辭洞然，推極屬辭比事之道，又成《箋說》《荅難》《決獄》等凡十一書，自漢以來未嘗有也。中交張翰林皋文，其通虞氏易為《六爻發揮旁通表》《虞氏易變表》《卦象陰陽大義》《易言補》《易象賦》。又旁求之於《書》，掇拾殘缺，兼蒐眾說，為《古今文尚書集解》三十卷。又

〔註106〕劉逢祿《春秋公羊釋例後錄》卷一《公羊解詁箋原序》「一條」作「一二」。
〔註107〕劉逢祿《春秋公羊釋例後錄》卷一《公羊解詁箋原序》「因析其條例，以申何氏之未著及他說之可兼者」作「既又申其條理廣其異義，以裨何氏之未備」。
〔註108〕劉逢祿《春秋公羊釋例後錄》卷一《公羊解詁箋原序》「自信於何氏」作「庶幾于《春秋》」。
〔註109〕劉逢祿《春秋公羊釋例後錄》卷一《公羊解詁箋原序》「曰」作「云」。
〔註110〕劉逢祿《春秋公羊釋例後錄》卷一《公羊解詁箋原序》「遵奉」作「發明」。
〔註111〕劉逢祿《春秋公羊釋例後錄》卷一《公羊解詁箋原序》「後」作「世」。
〔註112〕劉逢祿《春秋公羊釋例後錄》卷一《公羊解詁箋原序》「十四年」作「十有四年十月戊子朔提月」。劉逢祿《劉禮部集》卷三《春秋公羊解詁箋序》無「嘉慶十四年，武進劉逢祿譔」句。

旁求之於《詩》，病古韻未有專書，近人推演遞密，而收字不全，入聲分配無準，為《詩聲演》二十七卷，皆創通奧域，遂於大道，勾萌新意，閟達柯幹者也。又以餘力及九章、小學，成書數卷。取《史記·天官書》及《甘石星經》為之疏證，成書數卷。又欲仿《經典釋文》之例，存異文古訓為《五經考異》，已就兩經而未成。其在官，凡同列有疑不能決者，為引經義別白之。已而公卿亦多就問所疑，無不據經決事，有董相風。在官有《庚辰大禮記注長編》十二卷、《春闈雜錄》一卷、《東陵勘地圖說》一卷、《石渠禮論》一卷。悉事言翔實、疏證確審。大抵君之著書，不泥守章句，不分別門戶，宏而通，密而不縟，其大宗也。《選定八代文苑》四十卷、《唐詩選》四十卷、《絕妙好辭》二十卷、《詞雅》四卷、自著詩文集八卷，《卦氣頌》凡五卷。大都所手輯及著幾二百十餘卷，精力可謂過人矣。

◎趙爾巽《清史稿》卷一百四十五志一百二十《藝文》一：《公羊何氏釋例》十卷、《公羊何氏解詁箋》一卷、《發墨守評》一卷、《箴膏肓評》一卷、《穀梁廢疾申何》二卷，劉逢祿撰。

◎張之洞《書目答問》卷一《經部》：《公羊何氏解詁箋》一卷（劉逢祿。學海堂本）。

◎劉逢祿（1776～1829），字申受，一字申甫，號思誤居士。武進（今江蘇常州）人。少從外祖父莊存與、舅父莊述祖學，盡傳其學。嘉慶十九年（1814）進士，改庶吉士，授禮部主事。精《公羊》，務通大義，不專章句，主漢董仲舒、何休之說。龔自珍、魏源皆從其學。著有《尚書今古文集解》三十卷、《書序述聞》一卷、《左氏春秋考證》二卷、《公羊春秋何氏解詁箋》一卷、《春秋公羊經何氏釋例》十卷《後錄》六卷、《穀梁廢疾申何》二卷、《論語述何》二卷、《四書是訓》十五卷、《箴膏肓評》一卷、《發墨守評》、《詩聲衍》無卷數、《劉禮部集》十二卷、《易虞氏變動表》一卷、《六爻發揮旁通表》一卷、《卦象陰陽大義》一卷、《虞氏易言補》一卷、《庚申大禮記注長編》十二卷、《春闈雜錄》一卷、《東陵勘地圖說》一卷、《石渠禮論》一卷、《說文衍聲記》、《五經考異》，又輯有《八代文苑》四十卷、《唐詩選》四十卷、《絕妙好辭》二十卷、《詞雅》四卷。

劉逢祿 春秋公羊經何氏釋例 十卷 存

國圖、上海、南京、浙江、湖北、中科院藏嘉慶十七年（1812）李氏養一齋刻本

復旦藏咸豐十年（1860）補刻本

遼寧大學藏咸豐十一年（1861）廣東學海堂刻本

國圖、北大、浙大、南京、湖南、山西、北京師大藏光緒二十三年（1897）廣州太清樓刻本

皇清經解本

北京大學出版社 2012 年清代經學著作叢刊鄭任釗校點本

上海古籍出版社 2015 年清代春秋學匯刊點校本

◎敘〔註113〕曰：昔孔子有言：「吾志在《春秋》」，又曰：「知我者其惟《春秋》乎？罪我者其惟《春秋》乎？」蓋孟子所謂行天子之事，繼王者之迹也。傳《春秋》者，言人人殊，惟公羊氏五傳，當漢景時，乃與弟子胡毋子都等記於竹帛。是時大儒董生，下帷三年講明而達其用，而學大興。故其對武帝曰：「非六藝之科、孔子之術，皆絕之，弗使復進。」漢之吏治經術彬彬乎近古者，董生治《春秋》倡之也。胡毋生雖著《條例》，而弟子遂者絕少，故其名不及董生，而其書之顯亦不及《繁露》。綿延迄於東漢之季，鄭眾、賈逵之徒，曲學阿世，扇中壘〔註114〕之毒焰，鼓圖讖之妖氛，幾使羲轢重昏、昆侖絕紐，賴有任城何邵公氏，修學卓識，審決白黑，而定尋董、胡之緒，補莊、顏之缺，斷陳元、范升〔註115〕之訟，鍼明、赤之疾，研精覃思十有七年，密若禽、墨之守禦，義勝桓、文之節制，五經之師，罕能及之。天不祐漢，晉戎亂德，儒風不振，異學爭鳴。杜預、范寧，吹死灰期復然，溉朽壤使樹藝。時無戴宏，莫與辨惑。唐統中外，並立學官。自時厥後，陸淳、啖助之流，或以棄置師法，燕說郢書〔註116〕，開無知之妄；或以和合傳義，斷根取節，生歧〔註117〕出之途，支窒錯迕，千喙一沸，而聖人之微言大義蓋盡晦矣！大〔註118〕清之有天下百年，開獻書之路，招文學之士，以表章六經為首。於是人恥鄉壁虛造，競守漢師家法。若元和惠棟氏之於《易》、歙金榜氏之於《禮》〔註119〕，其善學

〔註113〕又見於劉逢祿《劉禮部集》卷三，題《春秋公羊釋例序》。

〔註114〕劉逢祿《劉禮部集》卷三《春秋公羊釋例序》「中壘」作「國師」。

〔註115〕劉逢祿《劉禮部集》卷三《春秋公羊釋例序》「陳元范升」之「元」「升」為小字注。

〔註116〕劉逢祿《劉禮部集》卷三《春秋公羊釋例序》「棄置師法，燕說郢書」作「棄置師說，改絃更張」。

〔註117〕劉逢祿《劉禮部集》卷三《春秋公羊釋例序》「歧」作「岐」。

〔註118〕劉逢祿《劉禮部集》卷三《春秋公羊釋例序》無「大」字。

〔註119〕劉逢祿《劉禮部集》卷三《春秋公羊釋例序》「元和惠棟氏之於《易》、歙金

者也。祿束髮受經，善董生、何氏之書若合符節，則嘗以為學者莫不求知聖人，聖人之道備乎五經，而《春秋》者五經之管鑰也。先漢師儒畧皆亡闕，惟《詩》毛氏、《禮》鄭氏、《易》虞氏有義例可說，而撥亂反正莫近《春秋》，董何之言受命如響。然則求觀聖人之志、七十子之所傳，舍是奚適焉？故尋其條貫正其統紀，為《釋例》三十篇；又析其凝滯強其守衛，為《箋》一卷〔註120〕、《答難》二卷；又博徵諸史刑禮之不中者，為《禮議》、《決獄》二卷；又推原左氏、穀梁氏之失，為《申何》、《難鄭》五〔註121〕卷。用冀持世之志，牐有折衷。若乃經宜權變，損益制作，則聰明聖知達天德之事，概乎其未之聞也已。嘉慶十年六月，蘭陵申受劉逢祿撰于東魯講舍。

◎目錄：卷一張三世例弟一、通三統例弟二、內外例弟三。卷二時月日例弟四。卷三名例弟五、襃例弟六、譏例弟七。卷四貶例弟八、誅絕例弟九。卷五律意輕重例弟十。卷六王魯例弟十一、建始例弟十二、不書例弟十三、諱例弟十四。卷七朝聘會盟例弟十五、崩薨卒葬例弟十六、大國卒葬表弟十七、小國進黜表弟十八、秦吳楚進黜表弟十九。卷八公終始例弟二十、娶婦終始例弟二十一、致公例弟二十二、公大夫世系表弟二十三、大夫卒例弟二十四。卷九侵伐戰圍八滅取邑例弟二十五、地例弟二十六、郊禘例弟二十七、闕疑例弟二十八、主書例弟二十九。卷十災異例弟三十。

◎陳奐《師友淵源記》：同時江都凌曉樓曙亦習《公羊》，而申受獨持西漢，探賾索隱，條理簡絜，作《釋例》若干卷、《劉禮部集》若干卷。又《說文衍聲記》以舉分韻之要，未刊。

◎趙爾巽《清史稿》卷一百四十五志一百二十《藝文》一：《公羊何氏釋例》十卷、《公羊何氏解詁箋》一卷、《發墨守評》一卷、《箴膏肓評》一卷、《穀梁廢疾申何》二卷，劉逢祿撰。

◎張之洞《書目答問》卷一《經部》：《公羊何氏釋例》十卷（劉逢祿。學海堂本。褚寅亮《公羊釋例》三十卷未刊）。

◎王其淦、吳康壽光緒《武進陽湖縣志》卷二十八《藝文》：劉逢祿《春秋公羊經何氏釋例》十卷、《釋例後錄》六卷、《公羊議禮》（竝存）。

榜氏之於《禮》」作「元和惠棟氏、武進張惠言氏之於《易》，歙程易疇氏之於《禮》」。

〔註120〕劉逢祿《劉禮部集》卷三《春秋公羊釋例序》無「為《箋》一卷」。

〔註121〕劉逢祿《劉禮部集》卷三《春秋公羊釋例序》「五」作「二」。

◎上海古籍出版社 2015 年《續修四庫全書總目提要‧春秋類》「《春秋公羊經何氏釋例》十卷後錄六卷」：漢世治《公羊》者，以胡毋生、董仲舒為最著，漢末何休又本胡毋生《條例》，撰《公羊解詁》。嘉慶十年（1805），逢祿撰成《春秋公羊經何氏釋例》，其自敘謂「善董生、何氏之書若合符節」，又謂「尋其條貫，正其統紀，為《釋例》三十篇」，則《釋例》一書，名為申何，實纂輯胡毋生《春秋條例》；又以董、何「若合符節」，則《釋例》亦以董、何為宗主。是書之體例，蓋先列舉經傳及《解詁》之文，分別歸入相關條例，至於本人見解，則以「釋曰」附於每篇之末。全書凡三十篇，分別總結何休《解詁》三十例。除《釋例》外，另有《後錄》收錄了逢祿其餘《春秋》類著作。嘉慶十四年，逢祿撰成《公羊解詁箋》（《後錄》改題為《公羊申墨守》），是書不同於《釋例》之「專明墨守」，意在「申其條理，廣其異義，以裨何氏之未備」。又自何休追述李育意以難二傳，作《公羊墨守》、《左氏膏肓》、《穀梁廢疾》，鄭玄因撰《發墨守》、《箴膏肓》、《起廢疾》三書以相論難。逢祿右何休，遂就何、鄭之爭重加反省，《後錄》改題逢祿諸書，俱與此有關。故《後錄》所收諸書，除《申墨守》外，尚有《公羊廣墨守》，原稿僅十七條，《清經解》作《發墨守評》，止錄一條而已，《後錄》乃取逢祿讀孔廣森《春秋公羊通義》條記補之；又有《左氏申膏肓》，《清經解》作《箴膏肓評》，蓋排比何、鄭之說以論《左氏》之失；又有《左氏廣膏肓》，《清經解》作《左氏春秋考證》，是書引《左氏》經、傳文，凡一百十九條，證其非《左氏》舊文，而為劉歆所比附；又有《左氏春秋後證》，《清經解》作《左氏春秋考證》卷二，蓋引《國語》、《史記》、兩《漢書》、《說文》等書，專闢劉歆之偽竄；又有《穀梁申廢疾》卷一，《清經解》作《穀梁廢疾申何》，是書旨在「因申何氏《廢疾》之說，難鄭君之所起」；又有《穀梁廣廢疾》卷二，《清經解》作《穀梁廢疾申何》卷二，蓋舉《穀梁》之說以難之。逢祿之學，已受時人推崇。阮元刊刻《皇清經解》，即收錄逢祿之書。同邑李光洛（字申耆）與逢祿齊名，號「常州二申」，嘗撰《禮部劉君傳》，謂「君雖未肯抗行仲舒，以視贏公，固有餘矣」。魏源《劉禮部集》敘則推崇逢祿超乾嘉考據前賢，以進於西漢微言大義。逢祿以後，今文學漸成顯學，而今古之爭亦由此而起，遂因推動晚清學術與思想之轉變。此本據國家圖書館分館藏清嘉慶養一齋刻本影印。（曾亦）

劉逢祿 春秋公羊釋例後錄 六卷 存

國圖、上海、南京、浙江、湖北、中科院藏嘉慶十七年（1812）李氏養一齋刻本

國圖藏光緒二十三年（1897）廣州太清樓刻本

北京大學出版社 2012 年清代經學著作叢刊鄭任釗校點本

上海古籍出版社 2015 年清代春秋學匯刊點校本

◎括《公羊申墨守》《公羊廣墨守》《左氏申膏肓》《左氏廣膏肓》《穀梁申廢疾》《穀梁廣廢疾》。

◎孫殿起《販書偶記》卷二：《春秋公羊經何氏釋例》十卷後錄六卷，武進劉逢祿撰。嘉慶間養一齋刊。

◎蘇宗恩光緒三年（1877）撰《洪北江全集序》〔註122〕：而常州之學尤甲海內，如氏張惠言之治鄭虞易、劉氏逢祿之治《公羊春秋》，皆卓然一家之言也。

◎王其淦、吳康壽光緒《武進陽湖縣志》卷二十八《藝文》：劉逢祿《春秋公羊經何氏釋例》十卷、《釋例後錄》六卷、《公羊議禮》（竝存）。

劉逢祿 春秋賞罰格 二卷 未見

◎劉逢祿《劉禮部集》卷九《春秋賞罰格題辭》：

稗販素王役使先靈匪以呼盧惟以玩經

經寓王法格執聖權猶賢博奕吾無隱焉

鴻寶救時小儒榮古相才史才披圖訕謗

問曰：天王操賞罰之柄者也，今下同于列國，且與大夫士庶同受賞罰，得無僭乎？苔曰：《論語》云：「天下無道，則禮樂征伐自諸侯大夫出。」陪臣執國命，而庶人之議作。周平王倡亂臣賊子之禍者也，故改元之義法首及之。

問曰：盜不繫國，無所容也，可以洊升于三公大夫之位乎？苔曰：昔管仲舉二盜為公臣，孔子躓之。且東周以降，盜賊之世也，《春秋》之例，大夫相殺稱人，賤者窮諸盜。國君、大夫有過，貶而稱人，盜本未命之大夫士也，不為盜則猶是大小國微者稱人之例也。

問曰：盛德之士不名公卿之選也，位為陪臣，賢者何以觀乎？苔曰：自封建尚親之法久，乘田委吏至聖不卑，仲弓季路為宰不恥，且古者貢士三考黜陟，

〔註122〕摘自洪亮吉《洪北江全集序》卷首。

純盜虛聲，移郊移遂。又其甚者如共工、驩兜，屏之遠方可也。歸之國家，為老為宰，何嫌于屈才乎？

問曰：春秋法殷制，爵三等，公侯為大國，伯子男為小國，杞于周為王者之後，本爵稱公，鄭本爵為伯，今以杞為小國鄭為大國何？荅曰：以《春秋》當新王，黜杞之義著矣。陳三恪也，蔡懿親也，然其即楚而無善政，雖不黜，猶黜也。鄭日卒月葬，有命大夫，達于《春秋》，則取為小國張法，何嫌于不進爵乎？

問曰：豹及諸侯之大夫盟于宋，一事也，在魯宋鄭臣，遇此則偏下罰，在晉則中罰，在衛亦然，在陳蔡則下賞，何參差不齊也？荅曰：自此役也，晉楚狎主齊盟，而晉常下楚，漸至京師楚矣，趙武之過也。衛石惡為惡人之徒，甚于豹及向戌、良霄一等。陳孔瑗、蔡歸姓亦亂賊也，然陳蔡大夫無善可錄，久不與中國會盟，兵連禍結無已時，自此盟而少弭，故進之也。

◎劉逢祿《劉禮部集》卷末附錄《先府君行述》：十三歲而十三經及周秦古籍皆畢，嘗讀《漢書‧董江都傳》而慕之，乃求得《春秋繁露》，益知為七十子微言大義，遂發憤研《公羊傳何氏解詁》，不數月盡通其條例。年十有八補府學生，踰年從舅莊先生述祖自濟南乞養歸，與語羣經家法，大稱善。時莊先生有意治《公羊》，遂輟業。府君復從受夏時等例及六書古籀之學，盡得其傳，學益進。莊先生嘗曰：「吾諸甥中，若劉甥可師，若宋甥可友也。」嘉慶五年，年二十有五，學使錢公賞其文，以廩生拔貢，時與同邑李申耆先生齊名，號常州二申。年二十有七入都，朝考時文定公及伯父侍郎公故舊徧京師，府君閉戶不往。初試一等第三，復試竟下第。始識張先生惠言于都，與譚《周易》、三禮之學。旋省親于山東書院而歸。踰年秋聞訃，奔喪至濟南。扶櫬歸里，貧不克舉葬。乙丑年三十歲，服闋，應聘主兗州講席。明年歸，力營葬事，相度經年，始得地丁品于邑之東北鄉，旋搆訟，不克葬。明年丁卯舉順天鄉試，編修孔先生昭虔故世治《公羊春秋》者也，得府君卷大驚，座主戴文端公、桂文敏公、蔣少司農皆國士遇之。明春會試下第，方歸營葬，復丁內艱，治喪悉應禮經，是冬始克合葬。府君以名門之子早負重望，屢困場屋，又拙謀生，喪葬之事積載，瘁瘏兩浙廣陵，連年旅食，尚以其脩脯之餘葺祖祠、嫁季妹，心力交竭，而學古求道益不衰。甲戌年三十有九始成進士，房師程先生祖洛手錄其經策以出，總裁則章文簡公、周大司空、王大宗伯、寶少司空也。殿試二甲，朝考入選庶吉士。是秋乞假南歸，在籍二載。丁丑散館，改禮部主事。道光四

年補儀制司主事。在部十有二載，凡簿書期會胥史所職者，府君無以踰人。至於據古禮以定今制，推經義以決疑難，若嘉慶二十五年睿皇帝升遐，府君居署數旬，晝夜討論，口諮手錄，因成《庚辰大禮記注長編》十二卷……大抵府君于《詩》《書》大義及六書小學多出于外家莊氏，《易》《禮》多出于皋文張氏，至《春秋》則獨抱遺經自發神悟。主山東講舍時為《釋例》三十篇，又析其凝滯強其守衛，為《箋》一卷、《答難》二卷，又推原左氏、穀梁氏之得失為《申何難鄭》四卷。又斷諸史刑禮之不中者為《禮議決獄》四卷，又推其意為《論語述何》《中庸崇禮論》《夏時經傳箋》《漢紀述例》各一卷。其雜涉蔓衍者尚有《緯略》一卷、《春秋賞罰格》二卷。凡為《春秋》之書十有一種，宮保阮公、申耆李公各為梓行于廣東、揚州，咸謂《春秋》自唐宋以來郢書燕說，國朝經學大昌，如嘉定錢氏、河間紀氏、棲霞郝氏皆號通儒，而其說《春秋》皆襲宋元，直錄其事，不煩褒貶之說，其弊不至于等經朝報、束傳高閣不止。近日曲阜檢討孔先生，潛心大業，紹明絕學，著為《公羊通義》，而尚不能信三科九指，大義微言，千鈞一髮。至若鉤幽起墜干城禦侮，張筆削之權于三統之內，續董、胡之薪于二傳之外，擇精語詳，醇乎其醇，則自漢以後，府君一人而已。府君以東漢經師有家法可尋者今惟何虞許鄭四君子，虞氏之《易》雖惠、張創通大義，學者尚罕得其門而入，因別為《易虞氏變動表》一卷、《六爻發揮旁通表》一卷、《卦象陰陽大義》一卷、《易言補》一卷、《易象賦卦氣頌》一卷，撮其旨要，約其義例，以便綴學之士。鄭氏于三禮而外，于《易》《詩》非專門，其《尚書注》已亡，或掇拾殘闕，欲申墨守，或旁蒐眾說，支離雜博，皆淺涉藩籬，未足窺先王之淵奧，乃別為《尚書今古文集解》三十卷，別黑白而定一尊，由訓故以推大義，冀他日與各經傳注竝立學官焉。許君《說文》為形書，而古韻未有專籍。近世顧、江、段、孔推衍遞密，而收字未有全數，入聲未審分配，乃研極精微，分為二十有六部，每部先收《毛詩》字，次收《說文》字，次收《廣韻》字，每字復為推其本音，詳其訓故，又為《條例》一卷，其名《詩聲愆》二十有七卷，集古韻之大成。此四端皆府君所學之大者。又嘗欲為《五經攷異》，仿陸德明《經典釋文》之例，以存異文古訓，先成《易》一卷、《春秋》一卷。又取《史記‧天官書》及《甘石星經》為之疏證二卷。又有少時所箸《毛詩譜》三卷、《詩說》二卷。其未成者尚有《九章舉隅》及《小學啟蒙》二書無卷數。此皆府君手著之書，其裒輯者則有《石渠禮議》一卷、《庚辰大禮紀注長編》十二卷、《春闈雜錄》一卷、《東陵勘地圖說》一卷，

又手摹兩京十六省輿地圖一冊。大抵府君之學，其異于世儒者有二：一曰通大義而不專章句。嘗謂《毛傳》詳詁訓而畧微言，虞翻精象變而罕大義，求其知類通達微顯闡幽者，則《公羊傳》在先漢則有董仲舒氏，後漢則有何劭公氏，子夏《喪服傳》有鄭康成氏而已。先漢之學務乎大體，故董生所傳非章句訓詁之學。後漢條理精密，要以何劭公、鄭康成氏為宗。然二傳雖豈皆可以條例求，而《喪服》于五禮特一端，《春秋》則文成數萬其旨數千，天道浹，人事備，以之貫羣經，無往不得其原；以之斷史，可以決天下之事；以之持身治世，則先王之道可復也。二曰求公是而祛門戶。說者謂府君墨守何學，然箋中規何五十餘事；至于母以子貴及夫人子氏、惠公仲子之屬，則并舍《公羊》而從《穀粱》；甚至宋災故一條則並舍三傳而從宋儒劉原父、胡安國之說。于其不苟為異，益知其同者之非苟同也。其說《詩》《書》與鄭異義十之四五，一洗近世專己守殘之陋。又嘗謂《漢志》有《公羊外傳》五十餘篇，今佚不存，左氏正可補其闕，惟當復其舊名曰《左氏春秋》，而盡刊去劉歆所私改之經文與所增竄之書法凡例，庶幾以《春秋》還之《春秋》，以《左氏》還之《左氏》，離之兩美，俾攻左者不得摘為口實。人知府君為公羊之功臣，不知其尤為左氏之忠臣也。至于近世小學，但知溯源小篆，而古籀幾為絕學。嘗病《說文》多有所從得聲之字反不見于本書，而一字重文別體或分收各部，又部首過繁，稽攷不易，嘗欲仿《爾雅》體并其重俗，補其古訓，增其闕文，以省初學之心力，俾得專心于大業。手書創稿而未能就也，痛哉痛哉！府君于詞章，由六朝以躋兩漢，洞悉其源流正變，故所著述隨物賦形，無體不備，在他人稱絕業，而在府君自視為緒餘。有自著詩文集八卷，又選定《八代文苑》四十卷、《絕妙好詞》二十卷、《唐詩選》四十卷、《詞雅》四卷藏于家。平日師友淵源于先正，則及見大興朱文正公、陽湖孫淵如、金壇段若膺、高郵王懷祖諸先生，同志中與共習莊氏學者則有若莊君綬甲兄弟、宋君翔鳳、丁君履恒，其共習張氏學者則有若張君琦、其姪成孫、其甥董君士錫，其束髮以學行相砥礪者則有李君兆洛、惲君敬、陸君繼輅、周君儀暐、李君復來。又嘗與劉公鳳誥商《五代史》於浙江，與胡君培翬講《儀禮》、王君萱齡／汪君喜孫講《尚書》、徐君松論地理、徐君有壬論九數、陳君奐論小學于都門。為後學接引尤至，一技若己有之。弟子潘準莊繽澍從受公羊禮，而潘早卒，府君痛之，于是有《反招魂》之作。同里董君祐誠高才早歿，于是有《夢董方立》之詩……嘗為阮宮保言重雕宋本《十三經注疏》，又彙本朝說經之書為《皇朝經解》以幸士林，阮公從之，遂衣被海內。

◎劉逢祿《劉禮部集》卷十《汪容甫遺書序》：嘉慶初，余讀儀徵阮侍郎敘錄書，內有《述學》一編，汪容甫先生所撰述也。其學綜周秦兩漢而深通其條貫，其文兼漢魏六朝下止中唐而不苟為。炳炳麟麟，淵源乎文有其質，儒家之雋才也。先生嘗紬校文宗、文瀾二閣全書，繩愆糾繆不下數百萬言。又嘗標舉國初以來大儒七人、通人十九，以詔後學，其自命蓋司馬遷、劉向、揚雄之儔。予獲交其子喜孫于維揚，得盡讀先生遺書。惜其文繁恉博，未成卷帙。蓋先生說經之書多在惠定宇、戴東原、段懋堂、邵二雲諸先生著述未行之前，而默與之合者多，手削之餘，為《春秋》之學往往有如此者，知後人立說之難也。史館諸前輩欲采輯名儒著述，續修本朝藝文志，又攷其人之學行純粹無疵者分入《儒林》《文苑》二傳，以時進御。喜孫奉楹書二種曰《知新記》、曰《強識錄》，皆先生隨筆所記，有前人所未發者。屬為校勘，以附于《述學》之後。將上之史館，因僭畫其端。若夫孝友之性、雪白之仁，高郵王先生原序中已詳之。後之學者，誦其書可以知人焉。

劉逢祿 發墨守評 一卷 存

國圖、北大、浙大、南京藏光緒二十三年（1897）廣州太清樓刻本

復旦藏咸豐十年（1860）補刻本

復旦藏清末南海桂氏謄清稿本

皇清經解本

◎趙爾巽《清史稿》卷一百四十五志一百二十《藝文》一：《公羊何氏釋例》十卷、《公羊何氏解詁箋》一卷、《發墨守評》一卷、《箴膏肓評》一卷、《穀梁廢疾申何》二卷，劉逢祿撰。

◎張之洞《書目答問》卷一《經部》：《發墨守評》一卷、《箴膏肓評》一卷、《穀梁廢疾申何》二卷（劉逢祿。學海堂本）。

◎平步青《霞外攟屑》卷六《玉樹廬芮錄》「武進劉禮部著述」：劉子容（承寬）撰《先府君行述》云：「君于《詩》《書》大義及六書小學多出于外家莊氏，《易》《禮》多出于皋文張氏，至《春秋》則獨抱遺經自發神悟。主山東講舍（兗州）時（乙丑、丙寅）為《釋例》三十篇，又析其凝滯強其守衛，為《箋》一卷、《答難》二卷，又推原左氏、穀梁氏之得失為《申何難鄭》四卷。又斷諸史刑禮之不中者為《禮議決獄》四卷，又推其意為《論語述何》《中庸崇禮論》《夏時經傳箋》《漢紀述例》各一卷。其雜涉蔓衍者尚有《緯略》一卷、《春

秋賞罰格》二卷。凡為《春秋》之書十有一種，宮保阮公、申耆李公各為梓行
于廣東、揚州。」又云：「虞氏之《易》雖惠、張創通大義，學者尚罕得其門
而入，因別為《易虞氏變動表》一卷、《六爻發揮旁通表》一卷、《卦象陰陽大
義》一卷、《易言補》一卷、《易象賦卦氣頌》一卷、《尚書今古文集解》三十
卷《詩聲愆》二十七卷、《五經攷異》（成《易》一卷、《春秋》一卷）、《史記・天
官書／甘石星經疏證》二卷／《毛詩譜》三卷、《詩說》二卷（二種少作）、《九
章舉隅》、《小學啟蒙》（二書未成，無卷數）、《石渠禮議》一卷、《庚辰大禮紀注
長編》十二卷、《春闈雜錄》一卷、《東陵勘地圖說》一卷、《詩文集》八卷、
《八代文苑》四十卷、《絕妙好詞》二十卷、《唐詩選》四十卷、《詞雅》四卷，
大凡三十四種。」（庸）按：禮部《春秋》之學，初為《箴膏肓評》一卷、《發
墨守評》一卷，後改名《春秋答難》，凡二卷。《春秋十七諸侯終始表》一卷、
《春秋秦楚等進黜表》一卷，後改名《穀梁廢疾申何》，凡二卷。《夏時經傳箋》，
亦名《夏時等列說》。又有《左氏春秋攷證》二卷、《春秋公羊議禮》十四篇。
是為《春秋》之書，凡十有三種。《易》又有《彖象觀變表》一卷、《虞氏卦象
觀變表》一卷。《書》有《書序述聞》一卷。《詩》則《條例》一卷、《表》一
卷、《古今四聲通轉略例表》一卷。《四書是訓》十五卷。今《公羊何氏釋例》
十卷三十篇，內二十五篇刻入文集。《公羊何氏解詁箋》一卷，《發墨守評》一
卷，《穀梁廢疾申何》二卷，《左氏春秋攷證》二卷、《後證》一卷，目脫，《箴
膏肓評》一卷，《論語述何》二卷，七種刻入《學海堂經解》。《條例表通轉略
例表》三卷似即在《詩聲衍》中。《公羊議禮》《書序述聞》》條例表》已刻入
文集。是訓附刻《味經齋遺書》中。其餘各種，惜無有梓行者。

劉逢祿　穀梁廢疾申何　二卷　存

道光九年（1829）廣東學海堂刻皇清經解本

陝西藏光緒二十三年（1897）廣州太清樓刻本

◎敘〔註123〕：穀梁氏之世系微矣（楊士勳云：「名淑，字元始，魯人，一名
赤。受經于子夏」，鄭元《六藝論》云：「親受子夏」，應劭《風俗通》云：「子夏門人」，
魏糜信云：「與秦孝公同時」，桓譚《新論》云：「《左氏傳》世遭戰國寢藏，後百餘年
穀梁赤為《春秋》，殘略多所違失。」謹按穀梁子之受業子夏，不可攺名俶名赤，顏師
古《漢書》亦云名喜。蓋如《公羊》家世相傳，非一人也。其著竹帛，當在孫卿、申

〔註123〕劉逢祿《劉禮部集》卷三亦收錄，題《申穀梁廢疾序》。

公之時。糜信以為與秦孝公同時，見所引有《尸子》說也。桓譚以事說經，其言不足信。孫卿書多《穀梁》說，蓋《穀梁》不傳託王諸例，非微言口授，故可先著錄也），漢孝武時，瑕邱江公受之魯申公，上使與董仲舒議，卒用董黜江（《漢書》：「仲舒能持論，江公訥于口。」然後漢何劭公亦訥于口，而能著書傳于今，其賢遠矣。范甯序云：《公羊》有何、嚴之訓，注中多采何氏，而嚴氏無一存者。蓋何君能以胡母之例正嚴、顏之謬也）。孝宣以衛太子好《穀梁》，愍其學且廢，乃立學官博士。東漢之世，傳者絕少（《隋經籍志》有段肅注十四卷，惠微士棟据班固傳注，以為即宏農功曹吏殷肅。然《儒林傳》不載，又無治《穀梁》者）。竊嘗以為《春秋》微言大義，魯論諸子皆得聞之，而子游、子思、孟子著其綱領。其不可顯言者屬子夏口授之，公羊氏五傳始著竹帛者也。然向微溫城董君、齊胡母生及任城何劭公三君子同道相繼，則《禮運》《中庸》《孟子》所述聖人之志、王者之迹或幾乎息矣。穀梁子不傳建五始、通三統、張三世、異內外諸大旨，蓋其始即夫子所云「中人以下不可語上」者。而其日月之例、災變之說、進退予奪之法，多有出入，固無足怪。玩經文，存典禮，足為公羊氏拾遺補闕，十不得二三焉。其辭同而不推其類焉者，又何足算也？兼之經本錯迕，俗師拊益，起應失指，條例乖舛，信如何氏所名廢疾有不可強起者。余采擇美善，作《春秋通義》及《解詁箋釋》，因申何氏廢疾之論〔註124〕，難鄭君之所起。覃思五日，綴成二卷。藩籬未決，區蓋不言。非敢黨同，徵明法守。世有達士，霍然起之，亦有樂焉。嘉慶元年冬十有一月壬寅朔，武進劉逢祿纂〔註125〕。

　　◎趙爾巽《清史稿》卷一百四十五志一百二十《藝文》一：《公羊何氏釋例》十卷、《公羊何氏解詁箋》一卷、《發墨守評》一卷、《箴膏肓評》一卷、《穀梁廢疾申何》二卷，劉逢祿撰。

　　◎張之洞《書目答問》卷一《經部》：《發墨守評》一卷、《箴膏肓評》一卷、《穀梁廢疾申何》二卷（劉逢祿。學海堂本）。

　　◎上海古籍出版社2015年《續修四庫全書總目提要・春秋類》「《穀梁廢疾申何》二卷」：漢末何休作《穀梁廢疾》，鄭玄因作《起廢疾》以排之。是書久佚，僅存一篇。嘉慶元年（1796），逢祿撰《穀梁廢疾申何》，重就何、鄭之爭論進行反省。是書《清經解》作兩卷，而《後錄》分別作《穀梁申廢疾》與

〔註124〕劉逢祿《劉禮部集》卷三《申穀梁廢疾序》「論」作「說」。
〔註125〕劉逢祿《劉禮部集》卷三《申穀梁廢疾序》無「嘉慶元年冬十有一月壬寅朔，武進劉逢祿纂」句。

《廣廢疾》各一卷。上卷凡四十條，僅四條輯自鄭玄《起廢疾》語，附於卷末；其餘三十六條，或錄經文，或錄《穀梁》傳文，其下皆附何休《穀梁廢疾》與范氏所釋，更下則有逢祿之難辭，以明其「難鄭」之意。下卷凡一百五十一條，皆節引《穀梁》傳文，皆《廢疾》所不具，自為摘出而申之，間及范注，後則為逢祿之申辭，而以「申何」為旨。逢祿以《春秋》有微言大義，而公羊氏皆得傳之，至於《穀梁》，則「不傳建五始、通三統、張三世、異外內諸大旨，蓋其始即夫子所云『中人以下不可語上』者，而其日月之例、災變之說、進退予奪之法，多有出入，固無足怪。玩經文，存典禮，足為公羊氏拾遺補闕，十不得二三焉」。逢祿意以《穀梁》不傳聖人微言，不過為《公羊》「拾遺補闕」而已，故「採擇美善」而為是書耳。可見，逢祿撰此書，雖有禽墨之意，然有折衷三傳之實耳。然清人周中孚謂是書「仍以《公羊》家言作禽墨之守禦耳」，而楊鍾羲亦謂「逢祿護持任城，作禽息之守禦，排斥《左》、《穀》，大放厥詞，自謂非敢黨同，不可信矣」。此本據華東師範大學圖書館藏清道光九年廣東學海堂刻《皇清經解》本影印。（曾亦）

劉逢祿　公羊春秋論　存

◎上下二篇。本為劉氏作，魏氏修訂。中華書局 1976 年《魏源集》收錄。

◎王其淦、吳康壽光緒《武進陽湖縣志》卷二十三《人物‧經學》：劉逢祿字申受，外祖莊存與、舅述祖立以經術名世，逢祿盡傳其學……治經務通大義，尤精《春秋公羊》家言。天性肫篤謙和，能益一字者應時改定。撰著凡七十餘卷……越道光間，有薛子衡，縣廩生，明提學副使應旂裔，嘗館於其家，獨能私淑其學，研求經訓，《易》《詩》皆有論著，謂逢祿《詩聲衍》及莊述祖《古文甲乙篇》皆釐訂序例，分別部居，而引徵未備，欲補成之，以客游死粵，未及卒業云。

劉逢祿　春秋公羊議禮　佚

◎劉逢祿《劉禮部集》卷五《春秋公羊議禮敘》：昔者董子有言：「《春秋》者禮義之大宗也。」蓋聖人之教，博文約禮，《易象》《詩》《書》皆以禮為本。《春秋》常事不書，固非專為言禮，然而變禮則譏之，辨是非，明治亂，非禮無以正人也。自子游、子思、孟子三賢莫不以禮說《春秋》，而聖人所以損益三代以告顏子者，微言大義，博綜羣經，往往而在。後有王者，儀監于茲，所謂循之則治不循則亂者也。何劭公氏以《周官》為戰國之書，其識固已卓矣，

至其揆文本質，引權取經，使《春秋》貫于百王之道，粲然明白，豈左邱明氏雜采伯國之制所可同日語哉。今以類纂輯，又引申其所未著，付弟子莊繽澍、潘準前後錄成此卷。繽澍已通五經天文之學，準敏又過之。十年樹木，冀其大成，獨余撫今追昔，官舍與味經堂相比也。繽澍與準皆名家子能治經者也，而余學尚無以成，歲華之逝已如斯也。後此者十年，其竟斯業乎？其仍如昔者之廢書不讀乎？茫茫前道，繄可問也。書于簡端以自屬焉。

◎王其淦、吳康壽光緒《武進陽湖縣志》卷二十八《藝文》：劉逢祿《春秋公羊經何氏釋例》十卷、《釋例後錄》六卷、《公羊議禮》（並存）。

劉逢祿 論語述何 二卷 存

道光九年（1829）廣東學海堂刻皇清經解本

復旦大學藏咸豐十年（1860）補刻皇清經解本（一卷）

陝西藏光緒二十三年（1897）廣州太清樓刻本

◎張之洞《書目答問》卷一《經部》：《論語述何》二卷（劉逢祿。學海堂本）。

劉逢祿 秦楚吳進黜表 佚

◎劉逢祿《劉禮部集》卷四《秦楚吳進黜表序》：余覽《春秋》進黜，吳楚之末，未嘗不歎聖人之意至深且密也。昔夫子序東周之書，唯存《文侯之命》及《秦誓》，著其盛衰大旨。其于刪《詩》，則列秦于風，序《蒹葭》曰：「未能用周禮」，序《終南》曰：「能取周地」，然代周而改周法者，斷自秦始，何其辭之博深切明也。秦始小國僻遠，諸夏擯之，比于戎狄，然其地為周之舊，有文武貞信之教，無敖僻驕侈之志，亦無淫泆昏惰之風，故于《詩》為夏聲。其在春秋，無僭王猾夏之行，亦無君臣篡弒之禍，故《春秋》以小國治之，內之也。吳通上國最後，而其強也最驟，故亡也忽焉。秦強于內治，敗殽之後，不勤遠畧，故興也勃焉。楚之長駕遠馭強于秦，而其內治亦強于吳，故秦滅六國，而終覆秦者楚也。聖人以中外狎主承天之運而反之于禮義，所以裁成輔相，天地之道亦不過乎物，故于楚莊、秦穆之賢而予之卒，以為中國無桓、文則久歸之矣，何待定哀之末而後京師楚哉！于吳光之敗陳許，幾以中國聽之，嘅然深思其故，曰：中國亦新夷狄也。黃池之會，《春秋》說曰：齊魯前驅，魯衛驂乘，滕薛夾轂而趨，則豈吳公先歃、晉侯亞之之以禮義動哉！故觀于《詩》《書》知代周者秦，而周法之壞，雖聖人不可復也。觀于《春秋》，知天之以

吳楚狎主中國而進黜之義，雖百世不可易也。張三國以治百世，聖人憂患之心，亦有樂乎此也。

劉逢祿 十七諸侯終始表 佚

◎劉逢祿《劉禮部集》卷四《十七諸侯終始表序》：余覽春秋所治冠帶之倫，東窮齊竝海，南極吳楚，西通秦隴，北絕燕晉，卓哉煌煌，聲名之屆何其侈也！深探其本，皆詳內以署外，究王化之盛，一統中外，未嘗不殊會；夷狄頓胡沈越之邦未嘗通吉凶聘問之禮，其于諸夏挺大小侯各七以張治法而已，形勢雖強，要以仁義為本。允哉允哉！嘗聞賈生之論建侯矣，欲天下之久安長治，莫若眾建而少其力，力少則易使以義，國小則無邪心，斯古今之通論也。余讀《春秋》，強侵弱、眾陵寡，離為十一二，合為六七，晉歸三卿，齊移田氏，秦政乃利觜長距，終得擅場，皿蟲為蠱，其勢然也。故諸侯侈則大夫逼，中國微則戎狄橫。《春秋》本股周方三千里以為諸夏，撻股武以奮伐，錫厥福于封建，不僭不濫，赫聲濯靈，廓如也。故嘗論之，中國齊晉最彊也，晉弒君五（奚齊、卓子、懷公、靈公、屬公）、篡國四（惠公、文公、成公、悼公）；齊弒君六（諸兒、子糾、舍、商人、光、含）、篡國五（小白、商人、元、杵臼、陽生）；魯慕齊晉，則弒君五（隱公、桓公、子般、閔公、子赤）、篡國三（桓公、宣公、定公）；宋衛陳蔡鄭匹也，皆弒君二（宋與夷、杵臼，衛完、剽；陳平國世子、偃師；蔡固申；鄭夷髡、原）。若其篡逐出入遽數不能終也。夷狄，吳楚最彊也，皆弒君二（楚麇、虔；吳餘祭、僚）。秦于《春秋》乃在小國治耳（見哀三年注），曹許邾婁滕杞無兼并之事無弒立之文，非其性異人也，亦形勢然也。《春秋》之義，諸侯不得專殺、臣不討賊、篡不明殺無罪，三者皆去葬殺無罪，罪君也；不討賊，罪臣也；篡則君臣皆罪之而絕其國，故吾以為繼體守文之才僅得中佐，明《春秋》之法以制馭其政，三代之治未嘗不可復，其亂未嘗不可弭，則經制定而統紀一，雖有淫驕之主而無魚爛之禍。封建之于治，如宮室之有楹、舟之有維楫，柞枝之有葉也，其可一日去哉！

劉逢祿 箴膏肓評 一卷 存

復旦藏咸豐十年（1860）補刻本

復旦藏清末南海桂氏謄清稿本

◎劉逢祿《劉禮部集》卷三《申左氏膏肓序》：隨《經籍志》有何氏《春秋左氏膏肓》十卷，又有服虔《膏肓釋痾》十卷，今鄭氏所箴尚存百分之一二，

而服氏之書亡，無由盡見。何劭公申李育之意，甚可惜也。然何君于《左氏》未能深箸其原，于劉歆等之坿會本在議而勿辨之科，則以東漢之季古文盛行，《左氏》雖未立學官，而並列于經傳久矣。左氏以良史之材，博聞多識，本未嘗求坿于《春秋》之義，後人增設條例，推衍事蹟，強以為傳《春秋》，冀以奪《公羊》博士之師法，名為尊之，實則誣之，左氏不任咎也。觀其文章贍逸史筆森嚴，才如遷固，有所不逮，則以所据者多春秋國史及名卿大夫之文，固非後人所能坿會，故審其離合、辨其真偽。其真者，事雖不合于經，益可見經之義例，如宋之盟楚實以衷甲先晉，而《春秋》不予楚，是也；其偽者，文雖似比于經，斷不足以亂經之義例，如展無駭卒而賜氏、單伯為王朝卿子、叔姬為齊侯舍之母、鄫世子巫為魯屬是也。事固有離之則雙美合之則兩傷者，余欲以《春秋》歸之《春秋》、《左氏》歸之《左氏》，而刪其書法凡例及論斷之謬于大義（如「君子曰」之類）、孤章斷句之依坿經文者，冀以存《左氏》之本真。幸《國語》《太史公書》時有以導余先路。而深惜范辨卿（升）、李元春（育）、何劭公諸老先生之書多佚，無能為左氏功臣者。今援羣書引何、鄭之論三十餘篇評之，更推其未及者證之，以質後之知言君子。

　　◎趙爾巽《清史稿》卷一百四十五志一百二十《藝文》一：《公羊何氏釋例》十卷、《公羊何氏解詁箋》一卷、《發墨守評》一卷、《箴膏肓評》一卷、《穀梁廢疾申何》二卷，劉逢祿撰。

　　◎張之洞《書目答問》卷一《經部》：《發墨守評》一卷、《箴膏肓評》一卷、《穀梁廢疾申何》二卷（劉逢祿。學海堂本）。

劉逢祿　左氏春秋考證　二卷　存

　　咸豐十年（1860）廣東學海堂皇清經解補刊本

　　光緒十七年（1891）上海鴻寶齋石印皇清經解本

　　國圖、北大、浙大、山西、陝西、南京、吉林大學、香港中文大學藏光緒二十三年（1897）廣州太清樓刻本

　　上海藏 1933 年樸社辨偽叢刊之一顧頡剛校點本

　　文聽閣圖書有限公司 2008 年民國時期經學叢書第二輯影印 1933 年樸社辨偽叢刊之一顧頡剛校點本

　　◎敘：敘曰：《隋經籍志》有何氏《春秋左氏膏肓》十卷，又有服虔《膏肓釋痾》十卷，今鄭氏所箴尚存百分之一二，而服氏之書亡，無由盡見何邵公申李育之意，甚可惜也。然何君於《左氏》未能深著其原，於劉歆等之附會本

在議而勿辨之科，則以東漢之季古文盛行，《左氏》雖未列學官，而嚴、顏高才生俱舍所學而從之久矣。《左氏》以良史之材，博聞多識，本未嘗求附於《春秋》之義，後人增設條例，推衍事蹟，強以為傳《春秋》，冀以奪《公羊》博士之師法，名為尊之實則誣之，《左氏》不任咎也。觀其文辭瞻逸，史筆精嚴，才如遷、固，有所不逮，則以所据多春秋史乘及名卿大夫之文，固非後人所能附會，故審其離合，辨其真偽，其真者事雖不合於經，益可以見經之義。例如宋之盟，楚實以衷甲先晉，而《春秋》不予楚，是也。其偽者，文雖似比於經，斷不足以亂經之義例。如展無駭卒而賜氏、單伯為王朝卿、子叔姬為齊侯舍之母，酆世子巫為魯之屬是也。事固有離之則雙美合之則兩傷者，余欲以《春秋》還之《春秋》、《左氏》還之《左氏》，而刪其書法凡例，及論斷之謬於大義、孤章絕句之依附經文者，冀以存《左氏》之本真。幸《國語》《太史公書》時有以導余先路，而深惜范辨卿、李元春、何邵公諸老先生之書多佚，無能為《左氏》功臣者。今援羣書所引何、鄭之論三十餘篇評之，更推其未及者證之，以質後之君子，未知其有合焉否也？嘉慶十七年十一月口日，武進劉逢祿纂。

◎《清經解》本卷首云：《左氏春秋》，猶《晏子春秋》《呂氏春秋》也，直稱《春秋》，太史公所据舊名也。冒曰《春秋左氏傳》，則東漢以後之以訛傳訛者矣。此亦可證《尚書序》為東晉人偽作。

◎戴望《謫麐堂遺集》文卷一《故禮部儀制司主事劉先生行狀》（摘錄）：十三而羣經及周秦古籍皆畢。嘗讀《漢書・董仲舒傳》而慕之，迺求得《春秋繁露》，知為七十子相傳大義，遂發憤研《公羊傳何氏解故》，不數月盡通其條例。從舅莊先生述祖自濟南解官歸，與語羣經家法，大稱善。時莊先生有意治《公羊》，遂輟業。先生復從受夏時等例及六書古籀之學。莊先生嘗曰：「吾諸甥中，若劉甥可師，宋生可友也。」嘉慶五年，年二十有五，舉拔貢生，旋入都應朝考，時文定公及世父侍郎公故舊徧京師，先生不往干謁，唯就張編修惠言問虞氏《周》、鄭氏三禮之學，竟以此被黜。十一年舉順天鄉試中式，座主孔編修昭虔故世治《公羊春秋》，得先生卷大驚，國士遇之。十九年成進士，授翰林院庶吉士。踰年散館，改授禮部主事。道光四年補儀制司主事。在部十有二載，每有大疑，先生輒援古事據經義禮以抉之，非徒簿書期會如胥史所職而已。仁宗睿皇帝升遐，先生居署治大喪檔案，以喪紀為禮之極，大喪為國家萬事根本，盡瘁其事，成《庚辰大禮記注長編》十二卷……先生引經決事，傚法先漢諸儒。其為學務通大義，不專章句，由董生《春秋》窺六藝家法，由六

蓺求觀聖人之志。嘗謂世之言經者，於先漢則古《詩》毛氏，後漢則今易虞氏，文詞稍為完具，然毛公詳故訓而略微言，虞翻精象變而罕大義，求其知類通達微顯闡幽者，則《公羊》在先漢有董生，後漢有何劭公，子夏《喪服傳》有鄭康成氏而已。先漢之學務乎大體，故董生所傳非章句訓詁之學。後漢條理精密，要以何劭公、鄭康成氏為宗。然《喪服》于五禮特其一端，《春秋》則文成數萬其旨數千，天道浹，人事備，以之貫羣經，無往不得其原；以之斷史，可以決天下之疑；以之持身治世，則先王之道可復也。於是尋其條貫正其統紀，為《公羊春秋何氏釋例》三十篇，又析其凝滯強其守衞為《箋》一卷、《答難》二卷，又推原穀梁氏、左氏之得失為《申何難鄭》四卷。又斷諸史刑禮之不中者為《議禮決獄》四卷，又推其意為《論語述何》《夏時經傳箋》《中庸崇禮論》《漢紀述例》各一卷。其雜涉蔓衍者尚有《緯略》二卷、《春秋賞罰格》一卷。憫時學者說《春秋》皆襲南宋俗儒「直書其事，不煩褒貶」之詖辭，獨孔檢討為《公羊通義》能抉其蔽，然尚不能信三科九旨為微言大義所在，乃著《春秋論》上下篇以張聖權。其上篇曰：「嘉定錢詹事論《春秋》曰：『《春秋》之法，直書其事，使善惡無所隱而已。魯之桓、宣，皆與聞乎弒，其生也書公，其死也書葬，無異詞。文姜淫而與乎弒，其生也書夫人，其死也書葬，無異詞。公子遂弒其君、季孫意如逐其君亦書卒，無異詞。』應之曰：錢氏以《春秋》無書法也，則隱之不葬、桓之不王、宣之先書子，卒不日，胡為者？公夫人姜氏如齊去及，夫人孫於齊去姜氏、夫人氏之喪至自齊去妻，胡為者？仲遂在所聞世，有罪不日；意如在所見世，有罪無罪例日，皆以其當誅而書卒，見宣定之失刑獎賊也。錢氏又曰：『楚商臣、蔡般之弒，子不子父不父也。許止以不嘗藥書弒，非由君有失德，故楚蔡不書葬而許悼公書葬，以責楚蔡二君之不能正家也。宋襄公用鄫子、楚靈王用蔡世子，皆特書之，以惡其不仁。且明二君之強死，非不幸也。』正之曰：《春秋》之義，君弒賊不討，不書葬，未聞有責君不正家者。許止本未嘗弒君，故書葬以赦之。吳楚之君從無書葬之例，至蔡景公實書葬，三傳經文所同，而謂其不書葬，不知所見何經也？僖十九年夏宋人曹人邾婁人盟於曹南，鄫子會盟於邾婁，己酉邾婁人執鄫子用之，經文瞭然，故二傳均指邾鄫以季姬事相仇為說。如果宋襄用鄫而經歸獄邾婁，則《春秋》其誣罔之書與？《左氏》經文亦同《公羊》，而謂經特書之以著宋襄之罪，又不知所見何經也。且錢氏不過欲以破《綱目》於夷狄賊臣書死之例，不知是例非創自《綱目》也。太史公、班書於《匈奴傳》凡單于及其臣、漢臣之降匈奴

者，皆書死；班書《王莽傳》，於莽臣亦皆書死，蓋本《春秋》吳楚君卒不書葬及君弒賊不討臣子皆當誅絕之義而變其文，不必效《春秋》，亦無倍於《春秋》，錢氏又不過欲破《綱目》季漢中唐正統之說。夫《綱目》所書正統，其悉當與否吾不敢知，若史家正統之例，則實本《春秋》通三統之義。太史公作《五帝本紀》，列黃帝、顓頊、高辛、堯、舜而不數少昊氏，斯義也，本之董生論三統、孔子論五帝德、柳下惠論祀典，蓋少昊氏之衰，九黎亂德，顓頊修之，故柳下惠、孔子、董生、太史公論五帝皆祧少昊一代於不言，是則正統本於三統之明徵，豈徒臚列紀載體同胥史遂並董狐乎？錢氏又曰：『《左氏》之勝《公羊》，宜乎夫人知之，而范升抗議於前，何休申辯於後。漢儒之專己黨同如此。』吾謂此非《公羊》不及《左氏》，乃《春秋》不及《左氏》也。《左氏》詳於事，而《春秋》重義不重事；《左氏》不言例，而《春秋》有例無達例。惟其不重事，故存十一於千百，所不書多於所書。惟其無達例，故有貴賤不嫌同號美惡不嫌同詞、以為待貶絕不待貶絕之分，以寓一見不再見之義。如第以事求《春秋》，則尚不足為《左氏》之目錄，何謂游夏之莫贊也？如第執一例以繩《春秋》，則且不如畫一之良史，何必非斷爛之朝報也？」其下篇曰：「《春秋》之有《公羊》也，豈第異於《左氏》而已，亦且異於《穀梁》。太史公言《春秋》上『記隱下至哀，以制義法，為有所刺譏褒諱挹損之文，不可以書見也，故七十子之徒口受其傳怡』，班固言『仲尼沒而微言絕，七十子喪而大義乖』，夫使無口受之微言大義，則人人可以屬詞比事而得之，趙汸、崔子方何必不與游夏同識？惟其無張三世、通三統之義以貫之，故其例此通而彼礙、左支而右絀。是故以日月名字為褒貶，二傳所同而大義迥異者，則以《穀梁》非卜商高弟，傳章句而不傳微言，所謂中人以下不可語上者與！自百餘年以來，曲阜孔先生始以《公羊春秋》為家法，於以霽清諸儒據赴告、據《左氏》、據《周官》之蔽，箴貶眾說，無日月無名字無褒貶之妄，豈不謂素王之哲孫？乃其三科九旨不同先漢舊說而別立時月日為天道科、譏貶絕為王法科、尊親賢為人情科，如是則《公羊》與《穀梁》奚異？奚大義之與有？推其意，不過以據魯新周故宋之文疑於倍上、治平升平太平之例等於鑿空。不知孟子言《春秋》『繼王者之迹，行天子之事』，『知我罪我其唯《春秋》』，為邦而兼夏殷周之制。既以告顏淵『吾豈為東周』，又見於不狃之召『夏殷周道皆不足觀，吾舍魯何適』，復見於《禮運》之告子游，故曰『我欲載之空言，不如見諸行事之深切著明』，又曰『吾因其行事而加吾王心焉』，憂天閔人不得已之心，百世如將見之。後

世杜預、范甯之徒，曉曉訾議，皆夫子所謂罪我者也。必如其說《春秋》，功則有之，何罪之有？又其意以為三科之義不見傳文，惟出何氏《解故》，疑非《公羊》本義，無論元年、文王、成周、宣謝、杞子、滕侯之明文。且何氏序明言依胡母生《條例》，又有董子之《繁露》、太史公之《自序／孔子世家》，皆公羊先師七十子遺說，不特非何氏臆造，亦非董、胡特創也。無三科九旨則無《公羊》，無《公羊》則無《春秋》，尚奚微言之與有？且孔君之書辟《春秋》當新王之名而未廢其實也。其言曰『《春秋》有變周之文，從殷之質』，非天子之因革邪？『甸服之君三等、蕃衛之君七等、大夫不氏、小國之大夫不以名氏通』，非天子之爵祿邪？上抑杞、下存宋、褒滕／薛／邾婁儀父、賤穀／鄧而貴盛／鄀，非天子之絀陟耶？內其國而外諸夏、內諸夏而外四裔，非天子之尊內重本邪？辟王魯之名而用王魯之實，吾未見其不倍上也。《春秋》因魯史以明王法，改周制而俟後聖，猶六書之假借、說詩之斷章取義，故雖以齊襄／楚靈之無道、祭仲／石曼姑／叔術之嫌疑，皆叚之以明討賊復讎讓國之義，實不予而文予，《春秋》立百王之法，豈為一事一人而設哉？故曰『於所見微其辭、於所聞痛其禍、於所傳聞殺其恩』，此一義也，穀梁氏所不及知也。『於所傳聞世見撥亂致治、於所聞世見治升平、於所見世見太平』，此又一義也，即治公羊者亦或未之信也。孟子述孔子成《春秋》於禹抑洪水、周公兼夷狄之後，為第三治，請引之以告世之以《春秋》罪孔子者。」先生論《春秋左氏傳》，據太史公書本名《左氏春秋》，若《晏子春秋》《呂氏春秋》比自王莽時，國師劉歆增設條例，推衍事跡，強以為傳《春秋》，冀奪《公羊》博士師法，所當以《春秋》歸之《春秋》、《左氏》歸之《左氏》，而刪其書法凡例及論斷之繆於大義、孤章斷句之依附經文者，庶以存左氏之本真，俾攻左者不得為口實，更成《左氏春秋考證》二卷，知者謂與閻、惠之辯《古文尚書》等。先生於易主虞氏，《變動表》《六爻發揮旁通表》《卦象陰陽大義》《虞氏易言補》各一卷，又為《易象賦》《卦氣頌》撮其旨要，文絭不載。《尚書今古文集解》三十卷、《書序述聞》一卷、《詩聲衍》二十七卷。少作《毛詩譜》三卷、《詩說》二卷、《甘石星經疏證》二卷，輯《石渠禮識》一卷。所為詩賦連珠論序碑記之文約五十篇……弟子潘準、莊繽澍、趙振祚皆從學《公羊》及禮。振祚，先生甥也。當世顯學如龔禮部自珍、魏知州源亦皆從先生問故稱親炙……自《公羊》先師劭公而後，聖經賢傳蔽錮二千年，徐彥、殷侑、陸佃、家鉉翁、黃道周、王正中咸相望，數百載雖略窺旨趣，未能昭揭，殆所聞世。莊侍郎、孔檢討起而張之。至於先生，干城禦侮，

其道大光，使董、何之緒幽而復明，殆聖牖其衷，資瞽者以詔相哉！望初溺《左氏》，自謁吳，宋先生詔以先生遺書，狃於習俗，未能信也。其後宋先生沒，望辟難窮，山中徐徐取讀之，一旦發寤於先生及宋先生書，若有神誥，迨然於吾生之晚，不獲侍先生也。及客游金陵，與先生賢孫開孫遇，其學行悉本先生之舊，德量淵然，有黃憲、郭泰之風，於以歎先生之澤孔長也。

◎樸社顧頡剛校點本附錄：康有為《漢書藝文志辨偽》（《春秋》）、崔適《史記探源》（節錄）、崔適《春秋復始》（節錄）。

◎樸社顧頡剛校點本目錄：

卷上：隱公篇、桓公篇、莊公篇、閔公篇、僖公篇、文公篇、宣公篇、成公篇、襄公篇、昭公篇、定公篇、哀公篇、證續經之謬、附證。

卷下：史記十二諸侯年表、漢書藝文志、漢書劉歆傳、漢書王莽傳、漢書儒林傳、後漢書鄭興傳、後漢書范升傳、後漢書賈逵傳、後漢書李育傳、後漢書班彪傳、說文解字敘、孔穎達春秋疏、經典釋文。

◎樸社顧頡剛校點本張西堂序（摘錄）：

顧頡剛先生曾發大願，編印《辨偽叢書》，已出版的有許多種了。這一部劉逢祿的《左氏春秋攷證》在兩年前已經付印，只待作序就可以裝訂成帙的。顧先生因為還有《詩辨妄》《書序辨》等書亟待作序出版，同時他為還有別的許多文章要寫定，他命我代作本書的序。顧先生對於《春秋》是極有研究的，他的才學又是我們所極欽仰的，當然是他自己作序最好。我對于《左氏春秋》並沒有很深的研究，我何敢來代他作一篇序！但是為了本書早與讀者相見的關係，為了顧先生別的大作早與讀者相見的關係，不得已我只得勉強地為本書略作一介紹，來請教於顧先生和本書的讀者了！

現在，我請：一，先略說《左氏春秋》的大概；二，述劉氏《攷證》的幾個特點；三，述康南海、崔觶甫對於劉氏《考證》所補正的地方；四，述章太炎對於劉氏《考證》的反駁，附以我之答辨；五，再說我所感覺現在研究《左氏春秋》應當注意的幾個問題。

◎樸社顧頡剛校點本錢玄同書後（摘錄）：

吾友顧頡剛先生曾發大願，要蒐集古今考辨偽史和偽書的著作，一一校勘印行，名曰《辨偽叢刊》。三四年來，已經出了王魯齋的《詩疑》、胡元瑞的《四部正譌》、姚立方的《古今偽書考》等等數種。近來他又把這部劉申受的《左氏春秋考證》校點完成，我主張把康長素《新學偽經考》的《漢書藝文志辨偽

篇》中辨《左傳》和《國語》的一大段、先師崔觶甫先生《史記探源》的《序
證》和《十二諸侯年表》兩篇中辨《左傳》的幾段，又他的《春秋復始》的《序
證》中辨《左傳》的幾段和《外篇》全卷，都作為本書的「附錄」。顧頡剛先
生完全採納了我這個主張，所以現在把這些「附錄」的材料都加上了。我以為
劉申受發明的是：今之《春秋左氏傳》係劉歆將其原本增竄書法凡例及比年依
經緣飾而成者，《漢書‧劉歆傳》中所云「歆治《左氏》，引傳文以解經，轉相
發明，由是章句義理備焉」者，即是他作偽的明證。這一點，劉氏說得最為明
白詳盡。但是劉氏還不能看清楚《左傳》的原本到底是一部什麼書。他雖然覺
得「《左氏》體例與《國語》相似，不必比附《春秋》年月」，可是他又說：「《左
氏》……惟取所見載籍如《晉乘》《楚檮杌》等，相錯編年為之，本不必比附
夫子之經，故往往比年闕事。」後一語的大意雖與前一語相同，但又說「相錯
編年為之」則他對於此書原本的體例究竟是像《國語》那樣的分國呢，還是像
《春秋》那樣的編年，他自己就不能斷定。他既考明此書本非《春秋》的傳，
自然他不相信原名叫做《春秋左氏傳》；他只好根據今本《史記‧十二諸侯年
表》，說原名叫做《左氏春秋》，且釋之曰：「猶《晏子春秋》《呂氏春秋》也。」
其實《左氏春秋》之名，正與《公羊春秋》《魯詩》《毛詩》是同樣的意義，故
說《春秋左氏傳》原名《左氏春秋》，還是上了劉歆的當。至康長素，他根據
《太史公自序》及《報任少卿書》，又《漢書‧司馬遷傳》，知道左丘明的著作
只有《國語》。他又考《漢書‧藝文志》——《國語》二十一篇（左丘明著）、
《新國語》五十四篇（劉向分《國語》），恍然大悟，於是說：「《國語》僅一書，
而《志》以為二種，可異一也。其一，『二十一篇』即今傳本也；其一，劉向
所分之《新國語》五十四篇，同一《國語》，何篇數相去數倍？可異二也。劉
向之書皆傳於後漢，而五十四篇之《新國語》，後漢人無及之者，可異三也。
蓋五十四篇者，左丘明之原本也。歆既分其大半，凡三十篇，以為《春秋傳》，
於是留其殘剩，掇拾雜書，加以附益，而為今本之《國語》，故僅得二十一篇
也。」這才把《左傳》的原本弄明白了。原來牠不但「體例與《國語》相似」，
簡直就是《國語》，可以斷定牠決非「相錯編年為之」的。這比劉申受又進了
一步了。崔觶甫師繼康氏而考辨此問題，益加精密。他考明《史記‧十二諸侯
年表》中「魯君子左丘明懼弟子人人異端，各安其意，失其真，故因孔子史記
具論其語，成《左氏春秋》。鐸椒為《楚威王傳》，為王不能盡觀《春秋》，採
取成敗，卒四十章，為《鐸氏微》。趙孝成王時，其相虞卿上採《春秋》，下觀

近勢，亦著八篇，為《虞氏春秋》。呂不韋者，秦莊襄王相，亦上觀尚古，刪拾《春秋》，集六國時事，以為八覽、六論、十二紀，為《呂氏春秋》」這一大段皆為劉歆之學者所竄入，臚列七證，層層駁詰，語語精當，於是知不但《左氏春秋》之名應該打倒，即拿牠與《呂氏春秋》相提並論也是儗不於倫。知今本《十二諸侯年表》不足據，則《左傳》原本之為《國語》益可斷定。鞞甫師更進而考明今《左傳》中「分野」「少皞」「劉累」「劉氏」等等都是劉歆增竄的，非原本《國語》所有。今若合劉、康、崔三君之文於一冊之中，則一百餘年以來對於《左傳》之辨偽的成績可以一覽無遺。這就是我主張加這些「附錄」的理由。

　　顧頡剛先生因為我常常要談到《春秋》，對於劉申受這部《左氏春秋考證》又是常常稱道不置的，所以他要我寫點意見出來。我想劉氏此書及康、崔二君之文極明白、極邃密，無須我來作浮淺的說明，我更說不上有什麼出於三君所辨的以外的新發見。但我認為一百年來的「今文學運動」是咱們近代學術史上一件極光榮的事。牠的成績有兩方面：一是思想的解放，一是偽經和偽史料的推翻。關於思想的解放，將來當另為專文以詳述之，茲不贅及。偽經的推翻，劉氏此書為第一部。自此書出而後考辨偽古文經的著作相繼而起，至康長素作《新學偽經考》而偽經之案乃定。康氏又接著作《孔子改制考》，發明「託古改制」這一個極要極確之義，而真經中的史料之真偽又成問題。這樣一步進一步的辨偽運動，實以劉氏此書為起點。我現在就把從劉氏此書出世以來今文學者推翻古文經的情形、今文學者解經的態度、今文經中的史料真偽問題，這幾點說牠一下，作為一百年來「今文學運動」關於辨偽方面的概述。

　　◎趙爾巽《清史稿》卷一百四十五志一百二十《藝文》一：《左氏春秋考證》二卷，劉逢祿撰。

　　◎上海古籍出版社 2015 年《續修四庫全書總目提要・春秋類》「《左氏春秋考證》二卷」：是書主公羊之說，係辨偽之作。劉氏卷端小敘，以為《左氏春秋》猶《晏子春秋》、《呂氏春秋》，直稱《春秋》，乃太史公所據舊名，冒曰《春秋左氏傳》，則東漢以後之以訛傳訛者。因撰此書，以正其名云云。上卷舉《左傳》傳文一百十九條，各證其非左氏舊文，皆為劉歆比附之作，以為凡「書曰」之文皆劉歆所增益，凡例之體皆附益之辭；下卷凡二十四條，摘引《史記》、《漢書》、《後漢書》、《說文解字》、孔穎達《春秋疏》、《經典釋文》諸書，各證左氏不傳《春秋》，統為劉歆所篡改。此書以後，考辨偽古文經著

述相繼出現，引一時之風。此本據復旦大學圖書館藏清咸豐十年廣東學海堂《皇清經解補刊》本影印。（潘華穎）

劉鳳池　左傳便讀　佚

◎光緒《廣德州志》卷三十二《宦績》：著有《左傳便讀》行世（《公舉》）。

◎劉鳳池，字春江。廣德河間人。道光五年（1825）拔貢，二十六年（1846）任州判。清潔自持，公餘講習文藝，嘗校閱復初書院課藝，多識拔知名士。著有《左傳便讀》。

劉工詢　春秋十二公論　二卷　存

嘉慶五年（1800）留研堂刻書堂經學雜著本

◎一名《春秋總論》《春秋十二公總論》。

◎同治《長沙縣志》卷三十五《藝文》二《編輯藝文目錄》：《春秋十二公總論》（劉工詢著）。

◎光緒《湖南通志》卷二百四十六《藝文志》二：《春秋十二公總論》，長沙劉工詢撰（《縣志》）。

◎孫殿起《販書偶記》卷三：《書堂雜著》七卷，長沙劉工詢撰。嘉慶五年留研堂刊。《春秋十二公論》《周禮總論》《禹貢注解》《聘禮譜》《儀禮大射儀》，附《王大射考》並圖等。

◎劉工詢，字次歐，號書堂。湖南長沙人。乾隆三十三年（1768）舉人。官郴州學正。著有《書堂經學雜著》七卷（《春秋十二公論》二卷、《周禮六官總論》一卷、《禹貢集注》一卷、《聘禮譜》一卷、《儀禮大射儀》一卷、《王大射考》一卷）、《書堂古文》。

劉翰棻　春秋鑰　四卷　存

北大、湖北、吉林藏光緒三十二年（1906）劉翰棻刻本

劉鶴鳴　春秋比事錄　四卷　佚

◎民國《滄縣志》卷之八《文獻志》二《人物・儒行》：嘗從戈濤遊，以經學稱於時。及門著錄以百數，沒後，門人醵金葬之。鶴鳴於諸經皆有傳注，而所著《春秋比事錄》四卷授其門人劉曾璇，曾璇本之撰《春秋書法比義》，述鶴鳴說居多。謂隱元年及宋人盟於宿，盟宿諱公而盟浮來（八年）不諱公，

何也？以盟宿為諸侯與大夫盟之始也。如初盟幽（莊十六年）諱公而再盟幽（莊二十七）不諱，初盟為諸侯主諸侯盟之始也。盟齊（僖十九年）諱公而盟蜀（成公二年）不諱，盟齊為楚人與中國盟之始也。盟扈（文公七年）為大夫主諸侯盟之始，故趙盾變文書晉大夫，而新城（文十四年）則書趙盾矣。圍宋（僖二十七）為楚序中國上之始，故楚子變文書楚人，而厥貉（文公十年）、辰陵（宣十一年）則書楚子矣。此皆書始之例也。桓九年紀季姜歸於京師，凡逆稱女者，諸侯與諸侯敵，故本其父而言之。若祭公逆王后於紀、劉夏逆王后於齊，本其夫而言之者，諸侯不敢與天子為禮也，所以明君臣之義也。然伯姬歸於紀、王姬歸於齊，無論天子諸侯之女皆言歸者，其當無違夫子一也。杞的姬來求婦、蕩伯姬來逆婦，無論諸侯大夫之娶女概稱婦者，其當順於舅姑一也，所以明夫婦之義也。《春秋》之義，不以夫婦掩君臣，亦不以君臣掩夫婦。桓十六年蔡季自陳歸於蔡，此與陳侯之弟黃、楚公子比，皆以弟歸者也，而所以歸者不同。黃、比之歸為易詞：比之歸也，楚苦虔之暴而受之，則其易不在自晉而在楚；黃之歸也，楚受黃之懇而納之，則其易不在陳而在自楚，若蔡季之次當立，故蔡人請之，陳人奉之，視黃之以弟抗兄、比之恃公子爭國，其義迥不侔矣，是其歸獨為順詞也。僖九年諸侯盟於葵丘，諸侯既會而盟，有稱諸侯有不稱諸侯，何也？會有王臣者，王臣不與盟則稱諸侯，葵邱、皋鼬是也。王臣與盟則不稱諸侯，柯陵、雞澤、平邱是也。會無王臣者，中有閒事則盟稱諸侯，祝柯、重邱是也。中無閒事則盟不稱諸侯，馬陵、戲、亳城北是也。會盟同地，有再書其地，有不再書其地，何也？同地而再書者，越時越月也，首止、葵邱、平邱是也。同地不再書者，同月同日也，溴梁是也。越時而不再書則已疏，同日而再書則已贅，故文不同也。僖十九年衛人伐邢，師及齊圍郕而郕降齊，怨魯者深也；邢與狄伐衛，而衛伐邢，仇邢者甚也。蓋邢於魯、衛於邢皆兄弟之國，其望之也切，故其怒之也至。然而郕可矜也，衛不可恕也。所謂尤而效之，罪尤甚焉。故邢伐衛則惡邢，衛伐邢則惡衛。《詩》云：「式相好矣，無相猶矣」，《春秋》之志也。僖二十六年，公以楚師伐齊，取穀。公以楚師伐齊，以夷殘夏也。蔡以吳子敗楚，以夷救夏也。楚之以《春秋》所惡而吳之以《春秋》所取乎？曰：皆無取也。以楚病公之殘夏也，固無取；於公以吳病晉之不能救夏也，而亦非有取於蔡與吳。蓋內夏外夷，天下所以理也。外之則不與其干於內，故會孟執宋公、圍陳納頓子，雖仁暴不同，而皆所惡也。乃之則不欲其藉於外，故公以楚伐齊、蔡以吳敗楚，雖殘救不同，而皆所譏也。僖二十八年衛侯鄭自

楚復歸於衛，衛元咺出奔晉，衛侯鄭初歸殺叔武，再歸殺公子瑕，其事同也，而殺瑕書殺，殺武不書，何也？曰：瑕不當殺而武當殺也。或謂武以迎君見戕，千古冤之，何以反言當殺？曰：此可據經而得也。經於殺瑕以公子書，則是未立之詞也。踐土之盟，武實書衛子，且序莒子之上，則是已立之詞也。夫脾洩之事有心以為譏，離衛之設知者以為議，況寡君播越，而儼然列壇坫之上，據非其位，稱非其名，其誰曰非篡？或曰：晉實立之，而非其罪也。然武又以死辭，晉以何能強之者？或曰：武之立，凡以為衛君也。然武之用心自苦，而立乎其位自非，所謂人臣不知《春秋》之義，必蹈篡弒之罪者，正此類也。殺得其罪則不書，故宋公殺其母弟須不書，衛侯之殺武亦若是已矣。然則衛侯何以名？曰：國有疑君則君名，衛侯之名，正以武立而名，非以殺武而名也。僖三十三年晉人及姜戎敗秦師於殽，議者紛錯，自當時欒枝、先軫已然。然比事觀之，《春秋》之志殆非之也。晉稱人，畧詞也，蓋其結戎以殘婚姻則公以楚師伐齊之類也，背殯而從金革則鄭伯伐許（成公四年）之類也，其不顧德施則晉侯及秦伯戰於韓之類也，其不先辭命則公子友敗莒師於酈之類也。雖入滑殘兄弟之國，於殽為門庭之寇，有未可以婚姻、背殯、忘施拘者，然獨不可先以辭命乎？且西師過軼，晉其知之矣。夫以秦師已至滑，而弦高區區尚能以辭命沮其襲鄭之謀，使晉當秦師之方東而遂問師故，則秦將何辭以對？是不惟可以保鄭，且可以全滑，而兄弟無恙，婚媾如故，不亦善乎？乃計不出此，待其入滑也而乃為之罪，待其於殽也而乃迫之險，是志於敗秦也。自此以還，由彭衙至遷延之役（襄十四年伐秦），秦晉交兵者一十有三次，搆禍者六十有八年，孰非殽為之始亂哉？《春秋》之譏貶，以杜亂耳。使於殽而無譏貶，是《春秋》賞亂也。故曰非之。文六年晉殺其大夫陽處父，晉狐射姑出奔狄，凡殺大夫自君殺之者稱國，而下殺之者稱人，例也。然亦有君不在而殺之稱國，君在而殺之稱人者。夫衛殺元咺成未歸也，晉殺處父襄已葬也，而以君殺之為文者，君雖不在，而實與其事，故入之也。成致畧，襄漏言也；宋殺司馬，昭已立矣；晉殺先都，靈已立矣，而以下殺之為文者，君雖在而不與其事，故出之也。宋亂作，盾專權也。然入之者，罪之也，其君無德也；出之者，彌罪之也，其君無威也。無德無威，其何以為君？宣八年辛巳有事於太廟，仲遂卒於垂，壬午猶繹，萬入，去籥，公子遂如齊，至黃乃復，猶昭公如晉，至河有疾乃復也。而公書有疾、遂不書有疾者，君自為，可以疾復也；臣受命，不可以疾復也。至黃乃復，非聘禮，賓入境而死，則遂之義也，故譏之。有事於太廟，仲遂卒，

猶有事於武宮，叔弓卒也，而彼書去樂卒事，此書猶繹、去籥者，去樂不止去籥，卒事謂其可以卒也，去籥不盡去樂，猶繹謂其不當猶也，猶繹去籥，非《大司籥》「大臣死則弛懸」之義矣，故譏之。《春秋》此志，所以見人臣事臣之忠，雖瀕死而有所不敢辭；人君使臣之禮，雖當祭而有所不忍，遂萬世君臣之極則也。成十八年晉弒其君州蒲，殺胥童者欒書、荀偃，而以晉書，從其偽赴也；弒州蒲者欒書、荀偃，而以晉書，不從其偽赴也。蓋其弒之赴不以程滑必以晉人，而《春秋》第以晉書，則見為當國者之詞，而弒之為書偃可想矣。且州蒲既以嬖胥童而見弒，則殺胥童之非州蒲而為書偃亦可想矣。又曰：宋督殺孔父而後弒與夷，書偃殺胥童而後殺州蒲，其事類也，而《春秋》於孔父、與夷則合書，而先與夷於胥童、州蒲，則分書而先胥童者，蓋以與夷之弒先孔父，則見孔父為與夷而死，所以表其殉難之忠也。以胥童之殺先州蒲，則見州蒲因胥童而死，所以著其近佞之殆也。襄二年仲孫蔑會晉荀罃、齊崔杼、宋華元、衛孫林父、曹人、邾人、滕人、薛人、小邾人於戚，遂城虎牢，圍彭城，仍繫之宋虎牢，不繫之鄭，何也？繫之宋者，不許楚之取宋也，攘夷也。不繫之鄭者，不許鄭之從楚也，亦攘夷也。然城虎牢不繫之鄭，戍虎牢又繫之鄭，何也？鄢陵以後，晉師二加而鄭不畏，晉悼師再至而鄭不服，則其從楚者心也，是亦楚也，故城不繫鄭以奪之，所以罪鄭之從夷也。雞澤以後，鄭侵蔡而楚伐之，鄭盟戲而楚伐之，則其從楚者勢也。猶是鄭也，故戍復繫鄭以還之，所以病晉之不能攘夷也。又曰：經書城外邑而不繫國者三：楚邱不繫衛、緣陵不繫杞，內之也，安夏之仁也；虎牢不繫鄭，外之也，攘夷之義也。哀二年晉趙鞅帥師納衛世子蒯聵於戚，此與齊陽生入於齊事異而義相通，故彼書入者，罪陽生之蔑父也；此書納者，罪輒之拒父也。陽生於荼為兄，其當有齊明矣。而立荼者其父也，則當有齊者而不當有齊，何也？父故也，故書入為罪陽生。蒯聵得罪於父，其不當有衛明矣，而君衛者其子也，則不當有衛者而當有衛，何也？父故也，故書納為罪輒。凡鶴鳴所說，比附至精，雖因事立論，而義亦自見也。其所著又有《易經史鑑》《坎卦解》《尚書文鏡》《詩經解》《禮記解》《春秋直解》《四書講義》《左傳文》《離騷讀法》諸書，然多佚，鮮傳世者。

◎劉鶴鳴，字皋聞。河北滄州人。乾隆二十七年（1762）舉人。著有《坎卦解》一卷、《易經解》、《易經史鑑》、《詩經解》、《尚書文鏡》、《禮記解》、《春秋比事錄》四卷、《春秋集解》四卷、《春秋直解》四卷、《左傳文》、《四書講義》、《離騷讀法》。

劉鶴鳴 春秋直解 佚

◎民國《滄縣志》卷之八《文獻志》二：所著又有《易經史鑑》《坎卦解》《尚書文鏡》《詩經解》《禮記解》《春秋直解》《四書講義》《左傳文》《離騷讀法》諸書，然多佚，鮮傳世者。

劉鶴鳴 左傳文 佚

◎民國《滄縣志》卷之八《文獻志》二：所著又有《易經史鑑》《坎卦解》《尚書文鏡》《詩經解》《禮記解》《春秋直解》《四書講義》《左傳文》《離騷讀法》諸書，然多佚，鮮傳世者。

劉鶴中 春秋穀梁古注彙考 一卷 存

國圖藏民國抄本

劉霽先 讀左比事 不分卷 存

中科院藏光緒十九年（1893）岳口李綽裕堂刻字湖軒左緯附本
◎一名《字湖軒讀左比事》。
◎劉霽先，字鼎山，號秋岑。湖北天門人。著有《字湖軒讀左比事》不分卷、《字湖軒左緯》三卷。

劉霽先 字湖軒左緯 三卷 存

中科院藏光緒十九年（1893）岳口李綽裕堂刻本
◎孫殿起《販書偶記》卷二：《字湖軒左緯》三卷，天門劉霽先撰。光緒癸巳岳口李綽裕堂精刊。

劉夢鵬 春秋義解 十二卷 佚

◎春秋義解自序〔註126〕：《公》《穀》比事屬辭，義不詭於儒者，而斤斤於日月、名氏、爵號以求例，曾謂春秋之旨盡如是乎？若左氏紀事多而誤，說經疏而謬。如莒密州之事，經不云子展輿也，而左以為展輿；莒庶其之事，經不云世子僕也，而左以為僕；蔡侯申之事，經賤者書盜也，而左以為公孫翩；晉州蒲之事，經不云樂書、中行偃也，而左以為書與偃；晉夷皋之事，經以為趙盾也，而左以為穿；鄭伯夷之事，經以為歸生也，而左以為宋；吳僚之事，

〔註126〕錄自甘鵬雲等《湖北文徵》卷八，題《春秋義解自序》。

經不云公子光也，而左以為光；鄭髡頑，經以為卒也，而左以為公子騑之謀；楚子麇，經以為卒也，而左以為公子圍之逆；齊陽生，經以卒也，而左以為陳乞以說於吳；其他大夫奔殺，經或止一二人，而左氏增入數人；會盟侵伐，經各有其事，而左或牽移他事；滕薛、杞宋、蔡郳各二國，經載分明，而左誤合為一；緣陵、城杞實係兩地，而左以為俱繫淳于；入祊假田，各有情事，而左以為魯鄭相易；子帛君氏，訛誤字也，而左以為名稱；甲戌、己丑，兩存日也，而左以為再赴。葬桓王，諱也，而左以為改葬；子般卒也，而左以為殺；子牙卒也，而左以為酖。諸如世次增添、事迹引誤，難以理述（《清通考》）。

◎提要：是書卷首列孟子、朱子之論《春秋》者為述孟、述朱。次為王朝世次考、列國世次考、魯世次考。以下十二公為十二卷。大旨尊《公》、《穀》而斥《左氏》。其自序謂：「《公》、《穀》比事屬辭，義不詭於儒者。而斤斤於日月、名氏、爵號以求例，曾謂《春秋》之旨盡如是乎？若《左氏》紀事多而誤，說經疏而謬。如莒密州之事，經不云世子展輿也，而左以為展輿。莒庶其之事，經不云世子僕也，而左以為僕。蔡侯申之事，經賤者書盜也，而左以為公孫翩。晉州蒲之事，經不云欒書中行偃也，而左以為欒書中行偃。晉夷皋之事，經以為趙盾也，而左以為穿。鄭伯夷之事，經以為歸生也，而左以為宋。吳僚之事，經不云公子光也，而左以為公子光。鄭髡頑，經以為卒也，而左以為公子騑之謀。楚子麇，經以為卒也，而左以為公子圍之逆。齊陽生，經以為卒也，而左以為陳乞以說於吳。其他大夫奔殿經或止一二人，而左增入數人。會盟侵伐，經各有其事，而左或牽移他事。滕、薛、杞、宋，蔡、郳，各二國，經載分明，而左誤合為一。緣陵、城杞，實係兩地，而左以為俱係淳於。入祊假田，各有情事，而左以為魯、鄭相易。子帛君氏訛誤字也，而左以為名稱。甲戌、己丑，兩存日也，而左以為再赴。葬桓王諱也，而左以為改葬。子般卒也，而左以為殺。子牙卒也，而左以為酖。諸如世次增添，事蹟舛誤，難以殫述。」其持論甚辨，幾於季本、郝敬、毛奇齡。然經垂書法，傳述事實，必以經所不書即為增設，則河陽之狩，周天子真巡狩矣。其論似通而實謬。至於深文過當憑臆率斷：如以隱為竊國，欺桓幼而攘之，垂涎十有餘年；以子同生為哀姜張本，自子生至婦入，見其過期不取，昏姻不時；以季友志在奉僖援齊得復，故賊閔公者乃季友非慶父；以齊崔杼之事，亦因景公附杼，故杼為立景而和逆謀；以昭公三十二年吳伐越，乃南越芊姓，非於越之越，亦可謂果於自信者矣。

◎阮元《儒林傳稿》卷一《王夫之傳》附：著有《春秋義解》十二卷，大旨推本《公》《穀》，自謂《公》《穀》比事屬辭，義不詭於儒者，其斥《左氏》持論甚辨（《四庫提要》）。

◎《清史列傳》卷六十六《儒林傳》上：著有《春秋義解》十二卷，大旨推本《公》、《穀》比事屬辭，義不詭於儒者。又著有《屈子章句》。

◎甘鵬雲等《湖北文徵》卷八：著有《春秋義解》《屈子章句》。

◎劉夢鵬（1731～1789），字雲翼，號海亭先生。湖北蘄水人。乾隆十六年（1751）進士。官直隸饒陽縣知縣，有循聲。以丁艱歸，尋卒。著有《春秋義解》十二卷、《屈子章句》七卷。

劉盼遂 春秋名字解詁補正 存

1926 年 4 月實學第 1 期

◎續第一期發表於 1926 年 6 月《實學》第 3 期。

◎劉盼遂（1896～1966），原名銘志，字盼遂。河南信陽市淮濱縣人，生地嘗屬息縣，故常署「息縣劉盼遂」。嘗入山西大學國文系，受業於郭象升，得從江書海、黃季剛二先生遊。後入讀清華研究院。曾任教菏澤山東第二女子師範、曲阜山東省立第二師範學校、北京新民大學、河南中州大學、燕京大學。著有《〈春秋名字解詁〉補正》、《文字音韻學論叢》、《光州方言徵故》、《古今稱謂字通考》、《說文聲譜》、《〈天問〉校箋》、《〈世說新語〉校箋》、《光州先賢傳》、《顏氏家訓校箋》、《世說新語集解》《〈論衡〉集解》等。

劉培極〔註127〕 吳闓生 左傳文法讀本 十二卷 存

南開、復旦、吉林、石家莊、首都圖書館、孔子博物館藏宣統元年（1909）桐城吳辟疆鉛印本

臺中縣文聽閣圖書有限公司 2010 年晚清四部叢刊第二編影印宣統元年（1909）鉛印本

◎劉培極，字宗垚。河北任邱人。肄業保定蓮池書院。任深縣知事。嘗創辦私立誠慎中學。著有《周易十翼要旨》、《周禮要義》、《佛經辯冤錄》、《披露誣經毀論內幕》附《砒毒實證》，與吳闓生合著《左傳文法讀本》十二卷。

〔註127〕或題劉培基。